Der verwüstete Weinberg

Dietrich von Hildebrand

Der verwüstete Weinberg

LINS-Verlag

Imprimatur
Regensburg, 1.12.1972
Morgenschweis, Generalvikar
Nr. Exp. 3524

ISBN 978-3-9503780-1-6

Hersteller:
LINS-Verlag, 6800 Feldkirch, Österreich

Dilectissimae amicae

in Jesu Christo D. N.

Mãde

INHALTSVERZEICHNIS

VORWORT

Heute können wir die Situation in der hl. Kirche nicht mehr „Das Trojanische Pferd in der Stadt Gottes" nennen. Die Feinde, die im trojanischen Pferd verborgen waren, sind aus dieser Behausung herausgetreten, und die aktive Zerstörungsarbeit ist in vollem Gange. Die Seuche ist fortgeschritten von kaum bemerkbaren Irrtümern und Verfälschungen des Geistes Christi und der hl. Kirche bis zu den flagrantesten Häresien und Blasphemien.

Aber andererseits ist auch eine große hoffnungsvolle Verbesserung zu verzeichnen. Mehr und mehr wird die Gefahr, die die hl. Kirche von innen her bedroht, erkannt. Viele, die anfangs von den Schlagworten „Erneuerung", „aggiornamento", „Heraus aus dem Ghetto" getäuscht wurden, sind zur Orthodoxie zurückgekehrt. Verschiedene Bewegungen haben sich gebildet, die die Offensive ergreifen gegen die Zerstörung der hl. Kirche und die Verfälschung des christlichen Geistes – und vor allem werden nun auch die Stimmen hoher kirchlicher Würdenträger laut. Die Situation heute ist noch viel deutlicher die eines offenen Kampfes zwischen Satan und Christus, zwischen dem Geist der Welt und dem Geist der hl. Kirche geworden.

Die Aufgabe dieses Buches ist erstens eine kurze klare Darstellung der Hauptirrtümer, die heute als ein Durchbruch zu dem mündig gewordenen, modernen Menschen dargestellt werden, dem man die Lehre der Kirche nicht mehr in ihrer bisherigen Form zumuten könne – Irrtümer, die aber in Wirklichkeit durchaus nicht neu sind und die teils im Tridentinum, teils im 1. Vatikanischen Konzil ausdrücklich verurteilt wurden. Wir können hier von vergessenen Anathemas sprechen. Zweitens sollen besonders die verborgenen, subtilen Irrtümer demaskiert werden, die meist unter schönen, anscheinend edlen Titeln eingeführt werden, und deren Gefahr oft auch von gläubigen Katholiken übersehen wird.

Aber auch auf das Erwachen vieler, auf all das, was uns mit Hoffnung erfüllen muß im gegenwärtigen Moment - auf den nun jeden Tag wachsenden Widerstand gegen die Verfälschung des wahren Geistes des Evangeliums und der hl. Kirche soll in diesem Buch kurz eingegangen werden.

Wenn es mir gelingen sollte, auf dem Hintergrund der Glorie der göttlichen Offenbarung, des Wunders und des unfaßbaren Geschenkes, das die hl. Kirche darstellt, der sieghaften „Überwindung" des Geistes der Welt in den Heiligen - die Schwere der Irrtümer und das Eindringen der Mediokrität in ihrer ganzen verhängnisvollen Natur klar ans Licht zu bringen und endlich den immer wachsenden Widerstand gegen die Verwüstung des Weinbergs des Herrn als ein Morgenrot vor unserer Seele als Trostquelle echter Hoffnung auszubreiten - dann hat dies Buch seinen Zweck erfüllt.

EINLEITUNG

Ein vorurteilsloser Blick auf die gegenwärtige Verwüstung des Weinbergs des Herrn kann die Tatsache nicht übersehen, daß sich eine „Fünfte Kolonne“ in der Kirche gebildet hat (sie wird auch von manchen, sogar von kirchlicher Seite als Mafia bezeichnet), eine Gruppe zielbewußter Zerstörer der Kirche. Wir wiesen ja darauf schon in früheren Werken hin. Die Tatsache, daß Priester, Theologen, Bischöfe, die den Glauben verloren haben, nicht aus der Kirche austreten, sondern in ihr verbleiben – ja sich als Retter der Kirche in der modernen Welt aufspielen – ist ein bedenkliches Symptom. Warum treten sie nicht offen aus – wie ein Voltaire, ein Renan und viele andere?

Aber ihr systematisches und raffiniertes Unterminieren der hl. Kirche legt auch deutlich genug Zeugnis dafür ab, daß es sich um eine bewußte Konspiration handelt und um die Hand der Freimaurer und der Kommunisten, die – trotz ihrer Verschiedenheit und sonstigen Feindschaft – für dieses Ziel zusammenarbeiten. Denn für die Freimaurerei ist die Kirche der Erzfeind und für die Kommunisten das Haupthindernis für die Eroberung der Welt. Natürlich sind die Kommunisten unvergleichlich gefährlicher – aber die Freimaurerei ist inhaltlich nicht so offensichtlich antithetisch zum Christentum, so daß sie ein willkommener Mitarbeiter als „Fünfte Kolonne“ ist.

Das Unfaßbare aber ist, daß diese Konspiration innerhalb der Kirche besteht, daß es Bischöfe und sogar Kardinäle gibt und vor allem Priester und Ordensleute, die eine Art Judas darstellen.

Daß eine solche „Fünfte Kolonne“ existiert, ist nicht meine unmaßgebliche Privatansicht; vielmehr haben mehrere Kardinäle, Bischöfe und Prälaten im Privatgespräch erklärt, jeder, der nicht blind sei, könne diese ungeheuer straff organisierte „Fünfte Kolonne“ innerhalb der Kirche nicht übersehen.

Gewiß, die Zahl der zu dieser „Fünften Kolonne" gehörigen Geistlichen mag verhältnismäßig klein sein – aber es sind zielbewußte und mit der Art von Intelligenz ausgestattete Männer, wie man sie in allen Sowjet- und China-Botschaften findet und die man im Unterschied zu der wahren Intelligenz treffender als Schlauheit und Raffinement bezeichnet.

Es muß aber von Anfang an betont werden, daß die Zerstörung der Kirche aus zwei ganz verschiedenen Motiven angestrebt wird. In einem Fall ist es eine Konspiration, den Glauben zu unterminieren, die Kirche zu zerstören – wie sie zu allen Zeiten bestanden hat – nur mit dem Unterschied, daß man die Kirche nicht von außen, sondern von innen her unterminieren will. Es ist eben das System der „Fünften Kolonne". Personen, die als Katholiken auftreten, die Ämter in der Kirche einnehmen, suchen von innen her unter dem Banner von Reform und Fortschritt die Kirche zu zerstören.

Ganz verschieden davon sind diejenigen, die nicht die Kirche als solche zerstören wollen, d. h., die nicht ein Verschwinden der Kirche anstreben, sondern die Kirche in etwas umwandeln wollen, was dem Sinn und Wesen der Kirche völlig widerspricht. Das sind alle, die aus der Kirche Jesu Christi eine rein humanitäre Gemeinschaft machen wollen, die sie ihres übernatürlichen Charakters berauben, sie säkularisieren und entsakralisieren wollen. Sie teilen mit den Feinden der Kirche die Tarnung unter dem Motto: Reform, Fortschritt, Anpassung an den „modernen" Menschen. Aber sie möchten nicht die Kirche beseitigen – bei ihnen sind die Schlagworte Reform, Fortschritt nicht reine Tricks, sondern sie glauben daran.

Das Resultat der Wirkung dieser Gruppe ist das gleiche – nur ihr Motiv ist verschieden. Sie würden es energisch abstreiten, falls man ihnen vorwerfen würde, daß die Zerstörung der Kirche ihre Absicht sei. Aber sie haben den wahren christlichen Glauben so weit verloren, daß sie nicht klar verstehen, daß die säkularisierte, humanitäre Organisation, die sie aus der hl. Kirche machen wollen, nichts mehr mit der Kirche Jesu

Christi gemein hat und daß, wenn sie ihr Ziel erreichen könnten, dies einer Zerstörung der Kirche gleichkäme.

Henri de Lubac S. J. wies darauf in eindringlichen Worten hin: „Man wird sich bewußt, daß die Kirche mit einer schweren Krise konfrontiert ist. Unter dem Namen einer Neuen Kirche, einer post-konziliaren Kirche, sucht manchmal eine andere Kirche als die Jesu Christi sich zu gründen: eine anthropozentrische Gesellschaft, die von einer ‚immanenten Apostasie' bedroht ist, und die sich in eine Bewegung eines allgemeinen Aufgebens hineinziehen läßt unter dem Vorwand der Verjüngung, des Ökumenismus oder der Anpassung." [1]

[1] Père de Lubac S. J.: aus einer Ansprache, die er am Weltkongreß der Theologie in Toronto (August 1967) gehalten hat; zitiert nach „Témoignage Chrétien" (Paris) 1. September 1967.

I. TEIL

1. Kapitel

LETHARGIE DER WÄCHTER

Eine der erschreckendsten Krankheiten, die heute in der Kirche weit verbreitet sind, ist die Lethargie der Wächter des Glaubens in der Kirche. Ich denke hier nicht an jene Bischöfe, die Mitglieder der „Fünften Kolonne" sind, die die Kirche von innen her zerstören oder in etwas ganz anderes umwandeln wollen, was der Zerstörung der wahren Kirche gleichkommt. Ich denke an die viel zahlreicheren Bischöfe, die keinerlei solche Intentionen haben, die aber, wenn es sich um das Einschreiten gegen häretische Theologen oder Pfarrer handelt oder gegen eine blasphemische Verunstaltung des Kultes – keinerlei Gebrauch von ihrer Autorität machen. Sie schließen entweder die Augen und versuchen durch eine Vogelstrauß-Politik die schweren Mißstände zu ignorieren sowie den Appell, der an ihre Pflicht einzugreifen ergeht. Oder aber sie fürchten, von der Presse oder den Massenmedien angegriffen und als reaktionär, engherzig, mittelalterlich verschrien zu werden. Sie fürchten die Menschen mehr als Gott. Von ihnen gilt das Wort des hl. Don Bosco: „Die Macht der Bösen lebt von der Feigheit der Guten". Gewiß, die Lethargie der Inhaber einer autoritativen Stellung ist eine auch außerhalb der Kirche weit verbreitete Zeitkrankheit. Man findet sie bei den Eltern, bei Präsidenten von Universitäten, Colleges und unzähligen anderen Organisationen, bei Richtern, Staatsoberhäuptern u. a. Aber daß diese Krankheit auch in die Kirche eingedrungen ist, ist eines jener furchtbaren Symptome dafür, daß der Kampf gegen den Geist der Welt unter dem Schlagwort des „aggiornamento" durch ein Mitschwimmen mit dem Zeitgeist ersetzt worden ist. Man muß an den Mietling denken, der seine Herde den Wölfen überläßt – wenn man an die Lethargie so vieler Bischöfe und Ordensoberen denkt, die selbst noch orthodox[1] sind, aber nicht den Mut haben, gegen die flagrantesten Häresien und Mißbräuche aller Art in ihren Diözesen oder in ihrem Orden einzuschreiten. Ganz besonders empörend aber ist es, wenn gewisse Bischöfe, die diese Lethargie gegenüber den Häretikern an den Tag legen, gegen die Gläubigen, die für Orthodoxie kämpfen, die das tun, was sie selbst tun sollten, eine rigorose autoritative Haltung einnehmen. So konnte ich einen Brief von hoher Stelle lesen, der an eine Gruppe, die heroisch für den wahren Glauben, für die reine wahre Lehre der Kirche und für das Papsttum gegen die Häretiker eintritt, die also die „Feigheit" der Guten, von der Don Bosco spricht, überwunden hat und die größte Freude für die Bischöfe sein müßte – gerichtet war. Darin hieß es: als gute Katholiken haben Sie keine andere Aufgabe, als sich gehorsam an alle Verfügungen Ihres Bischofs zu halten.

Diese Auffassung des „guten" Katholiken ist besonders überraschend in einer Zeit, in der fortwährend die Mündigkeit des modernen Laien betont wird. Sie ist aber auch völlig falsch, weil das, was für Zeiten paßt, in denen keine Häresien in der Kirche vorkommen, ohne sofort von Rom verurteilt zu werden – nicht zutrifft und gewissenlos wäre in einer Zeit, in der die Häresien unverurteilt ihr Unwesen in der Kirche treiben – und auch Bischöfe von ihnen angekränkelt sind, ohne abgesetzt zu werden. Sollten etwa in der Zeit des Arianismus, in der die Mehrzahl der Bischöfe Arianer waren, die Gläubigen, statt gegen diese Häresie anzukämpfen, sich darauf beschränken, brav und gehorsam den Verfügungen dieser Bischöfe zu folgen? Ist nicht die Treue zur wahren Lehre der Kirche der Ergebenheit gegenüber dem Bischof übergeordnet? Ist es nicht gerade kraft des Gehorsams gegenüber den vom kirchlichen Lehramt empfangenen Glaubensinhalten, daß die

[1] Wir verstehen unter orthodox den Glauben an die unverfälschte offizielle Lehre der hl. Kirche, die die vom Hl. Geist beschützte authentische geoffenbarte Wahrheit darstellt. In keiner Weise meint der Ausdruck orthodox die Zugehörigkeit zur schismatischen östlichen Kirche.

wahren Gläubigen sich zur Wehr setzen? Erwartet man von dem Gläubigen, er brauche sich nicht darum zu kümmern, wenn Dinge in Predigten verkündet werden, die mit der Lehre der Kirche völlig unverträglich sind – wenn Theologen in ihrer Lehrtätigkeit belassen werden, die behaupten: die Kirche müsse den Pluralismus akzeptieren, es gebe kein Fortleben nach dem Tode, oder die leugnen, daß Promiskuität eine Sünde sei, ja sogar die offen zur Schau getragene Immoralität dulden – wobei sie ein klägliches Maß von Unverständnis für die urchristliche Tugend der Reinheit an den Tag legen? Das Geschwätz der Häretiker – Priester und Laien wird toleriert, die Vergiftung der Gläubigen schweigend hingenommen[2] – aber den treuen Gläubigen, die für Orthodoxie eintreten (die doch die Herzensfreude der Bischöfe sein sollten, ihr Trost, ihre Stärkung für die Überwindung ihrer eigenen Lethargie) will man den Mund schließen, sie werden als Ruhestörer empfunden, ja wenn sie sich in ihrem Eifer zu Taktlosigkeiten oder Übertreibungen hinreißen lassen – so werden sie sogar suspendiert. Dies zeigt auch deutlich die Feigheit, die hinter dem Nichtgebrauch der Autorität steckt. Die Orthodoxen sind nicht zu fürchten. Sie verfügen nicht über die Massenmedien, die Presse, sie sind nicht Vertreter der öffentlichen Meinung. Und wegen ihrer Ergebenheit gegenüber den kirchlichen Autoritäten werden die Kämpfer für Orthodoxie nie so aggressiv werden, wie die sogenannten Progressisten. Wenn man sie maßregelt, riskiert man nicht, von der liberalen Presse angegriffen und als reaktionär verschrien zu werden.

Das Nichtgebrauchmachen von der gottgewollten Autorität ist vielleicht die praktisch folgenschwerste Verirrung innerhalb der heutigen Kirche. Denn durch sie werden die Krankheiten, die Häresien, die offene und vor allem die schleichende

---

[2] Ein erschütterndes Beispiel für das Wirken der „Fünften Kolonne" in der Kirche waren die in Österreich eingeführten Religionsbücher „Glaube gefragt" und „Christus gefragt". Diese Bücher sind zielbewußt auf die Zerstörung des Glaubens in den Seelen der Jugend gerichtet. Dies ist natürlich auch ein krasses Beispiel für die Lethargie der Wächter.

Verwüstung des Weinbergs des Herrn nicht nur nicht aufgehalten – es wird ihnen vielmehr Tür und Tor geöffnet. Dieser Nichtgebrauch der hl. Autorität zum Schutz des hl. Glaubens führt notwendig zu einer Desintegration der Kirche.

Hier – wie beim Auftreten aller Gefahren – gilt das Wort: „principiis obsta". Je länger man einem Übel Zeit läßt, sich zu entfalten, um so schwerer wird es, es wieder auszurotten. Dies gilt für die Erziehung von Kindern, für das Leben des Staates und in besonderer Weise im sittlichen Leben des einzelnen. Aber in ganz neuer Weise gilt dies für das Eingreifen der kirchlichen Autorität in Bezug auf die Gläubigen. Plato sagt: „Wenn Übel weit fortgeschritten sind, ... ist es nie angenehm, sie zu beseitigen".[3]

Nichts ist irriger als die Vorstellung: Man muß vieles sich austoben lassen und mit Geduld warten, bis es von selbst abflaut. Das kann in gewissen Fällen bei Kindern in der Pubertätszeit richtig sein. Aber wenn es sich um das „bonum commune" handelt, ist es ganz falsch. Und erst recht, wenn es sich um das „bonum commune" in der hl. Kirche handelt – um die Verurteilung der Häresien, die sonst unzählige Seelen vergiften, um Blasphemien im Kult. Hier trifft die Parabel vom Weizen und dem Unkraut nicht zu.

---

[3] Plato, „Nomoi" No. 660.

2. Kapitel

GIBT ES EINE ZEITGENÖSSISCHE PHILOSOPHIE?

Wir haben im „Trojanischen Pferd" und in der Einleitung zu „Zölibat und Glaubenskrise" von vielen der verderblichen Tendenzen und schweren häretischen Irrtümer gesprochen, die in der post-konziliaren Zeit in der hl. Kirche ihr Unwesen trieben und noch treiben. Obgleich sie heute weniger als große Novität und Entdeckung proklamiert werden, so leben sie doch fort bei vielen als selbstverständliche Überzeugung, über die man nicht mehr zu diskutieren braucht. Dies gilt auch für den Erzhäresiarchen Teilhard de Chardin.

Hitler schrieb in seinem Buch „Mein Kampf", man brauche nur etwas ständig wiederholen, und wenn es auch an sich nicht wahr ist, so wird es doch am Ende für selbstverständlich gehalten werden. Diese Bemerkung über die Art einer Massenwirkung ist vielleicht das einzig Wahre, was sich in diesem deplorablen Buch findet.

Hier wollen wir zwar auf neue gefährliche Tendenzen und verhängnisvolle Irrtümer eingehen. Nur auf zwei fundamentale Punkte sei hier am Anfang noch einmal kurz hingewiesen: die Legende oder den Mythos vom modernen Menschen und den historischen Relativismus.

Wir zeigten im „Trojanischen Pferd" und in „Zölibat und Glaubenskrise", daß es diesen „modernen Menschen" nicht gibt, daß er eine Erfindung der Soziologen ist. „Solange man nur die ungeheure Veränderung in den äußeren Lebensverhältnissen meint, die durch die enorme Entwicklung der Technik herbeigeführt ist, weist man auf eine unbezweifelbare Tatsache hin. Aber welchen Einfluß diese äußere Veränderung auf den Menschen, auf sein Wesen, auf die Quellen seines Glückes hat, auf den Sinn seines Lebens, auf die metaphysische Situation des Menschen, ist damit in keiner Weise gezeigt. Und doch würde nur eine Änderung des Menschen in dieser Hinsicht in irgendeinem Zusammenhang stehen mit seiner Fähigkeit, die Sprache, in der durch Jahrtausende die Kirche der Menschheit die Botschaft Christi verkündet hat, zu verstehen. Eine bescheidene Kenntnis der Geschichte und ein vorurteilsloser Blick auf sie müssen jeden überzeugen, daß der ‚moderne Mensch', der sich von dem Menschen aller früheren Epochen radikal unterscheidet, eine reine Erfindung oder besser ein typischer ‚Mythos' ist." [1]

Was den historischen Relativismus betrifft – der leider auch in weite Kreise katholischer Theologen eingedrungen ist, wollen wir noch einmal betonen, wie schwerwiegend er ist, wie radikal unverträglich mit der Offenbarung Christi.

Hier wird die objektive Wahrheit durch die historisch-soziologische „Realität" ersetzt, „diese Lebendigkeit bestimmter Ideen, Ideologien oder Haltungen wird mit ihrer objektiven Gültigkeit verwechselt. Man versucht, ihre historische Lebendigkeit für ihre Wahrheit, ihre Gültigkeit und ihren Wert zu substituieren. Die Kategorien von wahr und falsch werden durch die Frage ersetzt, ob etwas heutzutage wirksam ist oder, ob es zu einer früheren Zeit gehört, ob es ‚geschichtsgerecht' oder ‚überholt', ob es ‚lebendig' oder ‚tot' ist. Die Frage, ob etwas ‚dynamisch' ist, scheint wichtiger zu sein, als ob es wahr und gut ist. Diese Substituierung ist ein offenkundiges Symptom für einen intellektuellen und sittlichen Verfall. Wenn in früheren Zeiten bestimmte Ideen und Ideale wegen ihrer historischen Kraft auf viele Geister großen Einfluß gewannen, so waren ihre Anhänger dennoch von ihrer Wahrheit und ihrem Wert überzeugt. Heute genügt jedoch vielfach allein die Tatsache der interpersonal-historischen Realität einer Idee dafür, daß Leute für sie schwärmen und sich unter ihrem Schutz wohlfühlen." „Das auffallendste Beispiel für dieses ausschließliche Interesse an der historisch-soziologischen Lebendigkeit

[1] „Zölibat und Glaubenskrise", S. 8, 9; Josef Habbel, Regensburg, 1970.

und der damit verbundenen Ausschaltung der Wahrheitsfrage ist das ‚Gott-ist-tot'-Gefasel und die Art, wie es ernst genommen wird." [2]

Aber auf einen Aspekt dieser Abhängigkeit vom Zeitgeist, den wir früher noch nicht als solchen besprochen haben, müssen wir hier noch ausführlicher eingehen.

Man kann oft die Ansicht hören – auch bei Katholiken, die noch an dem „depositum catholicae fidei" festhalten, daß es eine lobenswerte Bemühung vieler Theologen sei, Brücken zu der zeitgenössischen Philosophie zu schlagen, die Botschaft Christi in der Sprache und mit den Begriffen der zeitgenössischen Philosophie zu fassen – freilich ohne etwas inhaltlich preiszugeben.

Und hier erhebt sich die Frage: Gibt es überhaupt so etwas wie eine zeitgenössische Philosophie?

Nein, es gibt in Wahrheit keine zeitgenössische Philosophie. Wir finden in vielen Epochen der Geschichte verschiedene, ja manchmal zentral entgegengesetzte Philosophien. Die eine mag weiter verbreitet sein, mehr Anhänger finden – aber es gehört zum geistigen Gesicht derjenigen Epoche, in der ein ausgesprochen philosophisches Leben vorlag, daß es verschiedene Richtungen gab. Parmenides und Heraklit – gewiß verschieden, ja gegensätzlich in ihrer Philosophie – gehören mehr oder weniger derselben historischen Epoche an. Dasselbe gilt für Sokrates und die Sophisten. Wieviele verschiedene und entgegengesetzte Richtungen in der Philosophie finden wir im Hellenismus! Am allerwenigsten kann man aber in der heutigen Zeit – soweit man von Philosophie im echten Sinn des Wortes in ihr sprechen kann – von einer zeitgenössischen Philosophie sprechen; sie weist ganz verschiedene und gegensätzliche Philosophien auf. Wir finden positivistische Empiristen in verschiedensten Spielarten, Pragmatisten, logische Positivisten, Materialisten aller Art, Kantianer, Hegelianer,

---

[2] „Das Trojanische Pferd in der Stadt Gottes", S. 138, 139; Josef Habbel, Regensburg, 1968.

Heideggerianer, Thomisten wie Maritain, Gilson und Marcel de Corte und Gestalten wie Gabriel Marcel, der sich in keinerlei Schule einordnen läßt, und endlich solche, die einen Augustinischen Objektivismus und Realismus vertreten. Welches ist *die* zeitgenössische Philosophie?

Man könnte höchstens von gewissen Zügen sprechen, die sich in vielen der eben aufgezählten Philosophien finden, wie Immanentismus und Subjektivismus, erkenntnistheoretischen und historischen Relativismus, moralischen Relativismus und Atheismus. Diese verhängnisvollen Irrtümer sind allerdings bei vielen der oben genannten philosophischen Richtungen zu finden. Aber Gott sei Dank bei vielen nicht, weder bei den Thomisten, noch bei Gabriel Marcel und am allerwenigsten bei den Objektivisten Augustinischer Prägung.

Die göttliche Offenbarung, setzt „implicite" gewisse absolute natürliche Grundwahrheiten voraus. Wie ich im „Trojanischen Pferd", Kap. 6 ausführte, sind alle Formen des Relativismus, Immanentismus, Materialismus, Determinismus, Subjektivismus mit der christlichen Offenbarung absolut unverträglich. Anzunehmen, man könne, statt diese Irrtümer auf rein rationaler Ebene zu widerlegen, statt ihre völlige Unbewiesenheit, ja ihren Widerspruch in sich selbst aufzudecken – Brücken zu ihnen schlagen, ja man müsse in einer von diesen Irrtümern bestimmten Terminologie die Lehre der Kirche formulieren, ist ein Unsinn in sich. Und sich davon zu erwarten, daß man damit von den heute lebenden Menschen besser verstanden würde – vor allem aber, daß man ihnen damit einen Weg zum wahren Glauben bauen könne, ist eine reine Illusion.

* * *

Die Verwüstung des Weinbergs des Herrn manifestiert sich aber in verhängnisvollster Weise vor allem in der progressistischen Theologie. Wir haben auf viele dieser Häresien schon im „Trojanischen Pferd" hingewiesen. Die Apostasie vom wahren Glauben, die von ihren Vertretern nicht als Apostasie zugegeben wird, sondern als ein „aggiornamento“ interpretiert, ist seit 1967 noch viel größer geworden. Sie hat sowohl an Umfang als auch in ihrer Entfernung vom authentischen christlichen Glauben in erschreckender Weise zugenommen.[3] Denken wir an den Pluralismus bei Rahner, an die Leugnung der Unsterblichkeit der Seele, des Unterschiedes von Leib und Seele bei Schillebeeckx, die Leugnung eines transzendenten Gottes bei Marleth, die Behauptung: Gott offenbare sich im Zeitgeist, bei Gregory Baum, die Leugnung der Unfehlbarkeit der Kirche in Glauben und Moral bei Küng und viele andere – so tritt die fortschreitende Verwüstung des Weinbergs in erschreckender Deutlichkeit hervor. Erschreckend – weil all diese Theologen ungestört weiter dozieren, vortragen, sich als Katholiken proklamieren – weil sie weder ihres Amtes enthoben, suspendiert, noch offiziell verurteilt werden. Wie kann dieses unverantwortliche Treiben auf theologischem Gebiet nicht langsam die Kirche untergraben und zerstören?

Es ist zweifellos richtig, daß man in gewissen Epochen in der hl. Kirche in der Angst vor Häresien vieles für unverträglich mit dem „depositum catholicae fidei“ hielt, was in Wirklichkeit keinen Widerspruch zu der Lehre der hl. Kirche enthielt. So ist es wohl kaum möglich, die Schriften von Descartes – wenn richtig verstanden und in sich und nicht nach ihrem historischen Einfluß beurteilt – für unverträglich mit der Lehre der Kirche zu erklären. Damit soll in keiner Weise gesagt sein, daß seine Philosophie neben ihren großen Einsichten nicht auch Fehler aufweist. Aber hier kommt es darauf an, ob eine These einen Widerspruch zu den fundamentalen natürlichen Wahrheiten enthält, die in der Offenbarung Christi stillschweigend vorausgesetzt sind.

Sobald es sich um philosophische Richtungen handelt, die – wie oben erwähnt – mit der christlichen Offenbarung absolut

[3] Es gibt, Gott sei Dank, auch viele erfreuliche Fälle. So ist z. B. ein 1967 noch vom Progressismus angekränkelter Theologe wieder ganz zur Orthodoxie zurückgekehrt.

unverträglich sind, kann es keinen Pluralismus in der Kirche geben. Eine Philosophie wie die Spinoza's, in der Gott keine Person ist, der Mensch keinen freien Willen hat, ja überhaupt keine Substanz ist, kann niemals objektiv mit dem „depositum catholicae fidei“ verbunden werden.

So bedauerlich eine überängstliche Haltung der Kirche in gewissen Epochen war und ebenso ein weitverbreitetes Mißtrauen gegen alle nicht strikt thomistische Philosophie, so ist diese Enge doch nicht zu vergleichen mit dem Übel des heutigen „Pluralismus“. Die Tatsache, daß Philosophien, die mit dem „depositum catholicae fidei“ absolut unverträglich sind – wie alle Spielarten von transzendentalem Idealismus – ja sogar ausgesprochener Relativismus, in katholischen Universitäten unbehindert gelehrt werden können, hat furchtbare Konsequenzen. Mögen auch diese Theorien im kleinen Kreis vom Heiligen Vater als falsch bezeichnet werden, solange die Vertreter solcher Philosophien – Laien oder Theologen – an Institutionen, die sich katholisch nennen, lehren dürfen, weder verurteilt noch ihrer Lehrstelle enthoben werden, können sie ungestört den Glauben Unzähliger unterminieren und den Sinn für die Unvereinbarkeit gewisser falscher Philosophien mit dem orthodoxen Glauben zerstören. Es ist eine Art von Schizophrenie, die hierdurch großgezogen wird.

Ein unseliger falscher Begriff von „caritas“, eine Überbetonung der Einheit auf Kosten der Wahrheit, ein falscher Irenismus – sind der Grund der Tendenz, solange wie irgend möglich Unvereinbares verbinden zu wollen. Die frühere Enge war keine Gefahr für die Rechtgläubigkeit – während die Duldung der Verbreitung von Theorien, die im Widerspruch stehen zum „depositum catholicae fidei“, für die Rechtgläubigkeit eine tödliche Gefahr darstellt.

3. Kapitel

FALSCHE MITTE

Manchmal kann man die unselige These hören, daß entgegengesetzte Irrtümer gleich gefährlich seien. Man nimmt an, daß, weil etwas falsch, übertrieben ist, weil man es als Extremismus ablehnt – das Gegenteil davon ebenso falsch und gefährlich sein müsse. Man vergißt, daß es eine „Hierarchie" der Übel gibt, eine „Hierarchie" der Gefährlichkeit und daß die Tatsache, daß es entgegengesetzte Übel und Irrtümer sind, dies noch in keiner Weise beweist, daß sie gleich falsch, gleich übel und gleich gefährlich sind.

Dabei wird übersehen, daß man eine Häresie nicht mit einer unerfreulichen Geisteshaltung auf eine Stufe stellen kann. Ich kann wohl einem Rigorismus als zu viel einen Laxismus als zu wenig gegenüberstellen – aber niemals eine Häresie einer engstirnigen Haltung, die keine Häresie darstellt.

In Bezug auf Häresien gibt es kein „minus malum", kein „kleineres Übel" – abgesehen davon, daß gewisse Häresien noch gewichtiger und schlimmer sein können als andere.

In der Politik ist die Einsicht, daß es ein „minus malum" gibt, eine unerläßliche Grundlage.

Wenn es sich aber um entgegengesetzte Strömungen in der Kirche handelt, so ist der entscheidende Unterschied, ob sie häretisch sind oder nur unerfreulich, übertrieben, engstirnig. So sagte mir vor kurzer Zeit ein angesehener und bedeutender französischer Theologe, der die heutige Verwüstung des Weinbergs des Herrn sehr beklagt: Die Integristen seien aber ebenso schlimm wie die Modernisten. Die Integristen – die alles, was nicht strikt thomistisch ist, als Häresie ansehen – seien durch ihre Geistesenge eine ebenso große Gefahr wie die „Progressisten", die einen Pluralismus in die hl. Kirche einführen wollen – oder ein Hans Küng, der die Unfehlbarkeit der Kirche leugnet.

Dies ist offenbar ein großer Irrtum: Die Enge der Integristen mag bedauerlich sein, aber sie ist nicht häretisch, sie ist nicht unverträglich mit der Lehre der hl. Kirche. Sie betrachtet gewisse philosophische Thesen als untrennbar mit der Orthodoxie verbunden – die es in keiner Weise sind. Aber diese philosophischen Thesen sind auch in keiner Weise unverträglich mit der christlichen Offenbarung, und es ist darum völlig unsinnig, diejenigen, die eine philosophische These für unlösbar von der christlichen Offenbarung bzw. der Lehre der hl. Kirche halten, mit denen auf eine Stufe zu stellen, die philosophische Thesen vertreten, die in radikalem Widerspruch zu der Lehre der hl. Kirche stehen, von denen wir im vorigen Kapitel gesprochen haben.

Aber es gibt viele philosophische Fragen, die nicht diesen Zusammenhang mit der christlichen Offenbarung haben. Hier besteht zwar die Alternative, ob eine Theorie wahr oder falsch ist – aber die Verträglichkeit mit der Orthodoxie steht nicht auf dem Spiel. Ob jemand die These „nil erit in intellectu quod non fuerit in sensibus“ [1] annimmt oder sich der Augustinischen Auffassung in diesem Punkt anschließt, hat nichts mit Orthodoxie zu tun.

Es ist aber nicht schwer zu sehen, daß derjenige, der die Grundirrtümer, die mit der christlichen Offenbarung absolut unverträglich sind, für wahr hält und verkündet, ein ausgesprochener Häretiker ist – während derjenige, der philosophische Thesen, die an sich keinen notwendigen Zusammenhang mit der christlichen Offenbarung haben, für unerläßlich hält, damit in keiner Waise ein Häretiker wird.

Aber abgesehen von diesem schweren Fehler, beide inhaltlich auf eine Stufe zu stellen, ist es noch ein großer Fehler, Integristen, die es immer gegeben hat und die fromme, orthodoxe Menschen waren, für ebenso gefährlich zu halten für die

---

[1] „Nichts kann im Intellekt sein, was nicht vorher in den Sinnen war.“

Kirche wie ausgesprochene Häretiker - unter ihnen viele, die die Kirche zerstören („Fünfte Kolonne") oder sie nach ihren Theorien umformen wollen. Und dieser Angriff von innen her wird mit allen Mitteln geführt, propagiert von den Massenmedien - eine täglich wachsende Seuche. Das ist eine wirkliche Gefahr, eine Desintegration der Kirche - von all dem kann bei dem Integrismus nicht die Rede sein.

Der Grund aber für diese Kurzsichtigkeit der Gleichstellung von zwei so unvergleichbaren Übeln kann sehr verschiedener Natur sein. Ich spreche hier nur von Fällen, in denen z. B. ein ganz orthodoxer Priester, der all die heutigen Häresien tief beklagt, dieser Theorie verfällt: daß beide Extreme gleich gefährlich seien und die Wahrheit in der Mitte liege.

Ein Grund ist, daß die Mesotes-Theorie[2], die ja auf vielen Gebieten zutrifft, von vielen leichtsinnig auch auf Gebiete übertragen wird, wo sie in keiner Weise hinpaßt. Wir haben darüber im „Trojanischen Pferd" ausführlich gesprochen und gesagt, daß die Wahrheit nicht in der Mitte zwischen zwei Extremen liegt - sondern jenseits und über ihnen. Während ich sinnvoller Weise sagen kann, etwas soll nicht zu kalt und nicht zu warm sein, nicht zu hell und nicht zu dunkel, nicht zu salzig und nicht zu wenig gesalzen - hat es keinen Sinn zu sagen, man solle nicht zu fromm und nicht zu wenig fromm, zu tugendhaft oder zu wenig tugendhaft sein. Erst recht gibt es keinen Sinn zu sagen, der eine ist zu orthodox und der andere zu wenig - in der Mitte liegt die Wahrheit. Die Orthodoxie *ist* die Wahrheit und alle Häresien sind nicht Extremismus, sie sind nicht etwas Übertriebenes - sondern sie sind einfach falsch, mit der Offenbarung Christi unverträglich. Mag eine Häresie aus einer Überbetonung einer Wahrheit auf Kosten einer anderen psychologisch erwachsen: Sie selbst kann nie als Extremismus betrachtet werden, dem ein entgegengesetzter Extremismus von zu orthodox gegenüber steht - sondern sie ist eben falsch, unwahr.

[2] Die Aristotelische Auffassung, daß die Tugend in der Mitte zwischen zwei Extremen liegt.

Ein anderer Grund, der viele dazu verführt, unvergleichbare Irrtümer auf eine Stufe zu stellen, ist rein psychologischer Natur. Menschen, die viel unter der Geistesenge der Extremisten zu leiden hatten, ungerecht als Häretiker verdächtigt wurden, haben eine solche Antipathie gegen diesen Fanatismus entwickelt, scheuen und fürchten ihn so, daß sie geneigt sind, dieses Übel mit schweren Glaubensirrtümern, ja ausgesprochenen Häresien auf eine Stufe zu stellen. Es ist eben sehr selten, daß Menschen in ihrem Urteil ganz sachlich sind. Meist spielen persönliche Erfahrungen, bzw. Dinge, die für jemand persönlich besonders schmerzlich waren, eine Rolle. Sie lassen ein Übel größer erscheinen als es objektiv ist und umgekehrt. Wenn man von Seiten einer Person oder einer Richtung freundlich behandelt wird und geachtet, so wird man diese Person oder die Geistesrichtung, die von ihr vertreten wird, deren Gefährlichkeit man früher klar sah, günstiger beurteilen, obgleich sie sich objektiv in nichts verändert haben.

Wenn es sich um Obere oder Bischöfe handelt, wird ihr Urteil oft auch dadurch getrübt, daß sie den Mangel an Gehorsam und Unterordnung für wichtiger halten als die Orthodoxie. Gewiß, ich denke hier nur an solche, die selbst orthodox sind und alle Häresien beklagen. Aber die Beleidigung Gottes in der Häresie ist oft für sie nicht so fühlbar und irritant wie ein Akt offener Auflehnung gegen ihre Autorität. Gewiß, sie sollen auch von ihrer Autorität Gebrauch machen, wenn der Untergebene nicht gehorcht. Aber den Vorrang für das autoritative Einschreiten muß die Frage haben, ob der Untergebene in Sachen des Glaubens und der Moral prinzipiell die Wahrheit vertritt.

Man spricht viel von dem Legalismus, der überwunden werden muß. Ja viele bezeichnen den Dekalog als legalistisch. In Wahrheit ist aber seit dem Zweiten Vatikanischen Konzil ein wirklicher, großer Legalismus entstanden. Wir wollen hier nur auf ein Symptom eines wahren Legalismus im negativen Sinn hinweisen: Daß von der Autorität mehr Gebrauch gemacht wird in rein disziplinären Fragen als in Glaubensfragen.

Einen Mangel an Disziplin für ernster zu halten als ein Verbreiten von Häresien, ist ein typischer Legalismus. Alle disziplinäre Autorität, aller Gehorsam gegenüber den Bischöfen setzt ja die reine Lehre der hl. Kirche voraus. Der Gehorsam gegenüber dem Bischof ist im intakten Glauben an die Lehre der hl. Kirche fundiert. Sobald die kirchliche Autorität sich auf einen Pluralismus[3] in Glaubensfragen einläßt, hat sie den Anspruch auf Gehorsam gegenüber ihren disziplinären Verfügungen verloren.

---

[3] Unter Pluralismus verstehe ich die Auffassung, man könne in Bezug auf definierte Glaubensfragen verschiedener Ansicht sein, oder auch, daß jede Philosophie in der Kirche Platz habe – also im Grunde einen absoluten Relativismus. – Solange reine Glaubensfragen nicht definiert sind, können natürlich auch von orthodoxen Katholiken verschiedene Ansichten vertreten werden. So wurden z. B. in Bezug auf die unbefleckte Empfängnis Mariens vom hl. Thomas und Duns Scotus entgegengesetzte Ansichten vertreten. Aber nach der Definitio von 1854 wäre dies nicht mehr möglich. Ebenso gibt es, wie wir an anderer Stelle dieses Buches ausgeführt haben, philosophische Thesen, von denen zwar nur eine wahr sein kann, die aber beide nicht im Widerspruch zur Offenbarung Christi stehen.

Aber diese Art von Pluralismus ist offenbar von dem von Rahner und anderen vertretenen Pluralismus gänzlich verschieden. Vgl. dazu Kap. 2.

4. Kapitel

DIE GROSSE ILLUSION

Mit dem unseligen „Mythos des modernen Menschen", auf den ich im „Trojanischen Pferd" und in „Zölibat und Glaubenskrise" hinwies, geht auch die verhängnisvolle Vorstellung von dem großen Fortschritt Hand in Hand, den die Menschheit heute erreicht habe. Diese Illusion, daß unsere Zeit einen Fortschritt gegenüber früheren Zeiten darstelle, ist ein wichtiger Faktor in der Verwüstung des Weinbergs des Herrn. Wir haben im „Trojanischen Pferd" in Kap. 12 ausführlich vom Wesen des echten Fortschritts gesprochen. Wir haben von dem Unterschied eines Fortschritts im absoluten Sinn gesprochen – dem Fortschritt in der Heiligung der Seele der individuellen Person und in der Ausbreitung des Gottesreiches auf Erden, d. h. dem Wachstum des Mystischen Leibes Christi, der hl. Kirche – gegenüber dem Fortschritt des ganzen menschlichen Lebens und seines Glückes und endlich von dem immanenten Fortschritt auf einem besonderen Gebiet – wie z. B. in Naturwissenschaft, Technik und Medizin.

Wir haben auch die Irrigkeit der Hegelschen Theorie der Entfaltung des Weltgeistes besprochen, sowie die des noch viel weitergehenden Evolutionsfortschritts bei Teilhard de Chardin.

Hier wollen wir nicht wieder auf diese falschen Theorien – die keinerlei sachliche Unterlage haben – eingehen, sondern auf die Blindheit gegenüber der gegenwärtigen Weltlage, die Einbildung „wie herrlich weit wir es gebracht" (um den Famulus Wagner im „Faust" zu zitieren), auf die konkrete falsche Einschätzung unserer Zeitepoche und all ihrer Tendenzen. Wir wollen versuchen, kurz die wahre Situation der Menschheit heute im Vergleich zu früheren Zeiten herauszuarbeiten und zu zeigen, wie unmöglich es ist, von einem Fortschritt im Ganzen zu sprechen.

Wir wollen aber hierbei von Anfang an drei Gebiete scharf voneinander scheiden: Erstens alle Formen von rein immanentem Fortschritt auf einem besonderen Gebiet. So ist zweifellos auf dem Gebiet der Medizin, der Technik und auch vieler Naturwissenschaften heute ein ungeheurer Fortschritt zu verzeichnen. Diese Art des Fortschritts, die fast einen automatischen Charakter hat und sich noch dazu in immer kürzerer Zeit vollzieht, gibt der heutigen Epoche einen glorreichen Anschein.

Eine ganz andere Frage aber ist die, welcher Preis auf der anderen Seite für diese Fortschritte bezahlt wird. Es gibt viele dieser Fortschritte, die auf der einen Seite viele Vorteile und Erleichterungen für das menschliche Leben darstellen – andererseits aber auch große Nachteile.[1]

Von diesen Nachteilen, die so groß sind, daß sie die physische Existenz des Menschen zu untergraben drohen, spricht die Ökologie. Die Verpestung der Luft durch Fabriken und Autos, die Tötung der Fische und anderer Lebewesen in Seen, Flüssen und an der Meeresküste durch all die chemischen Produkte in den Abwässern, ist nur ein Beispiel.

Es gibt aber auch bei vielen Errungenschaften der modernen Technik dieses gleichzeitige Vorhandensein von Vorteilen und Nachteilen vom menschlichen Standpunkt aus. Das elektrische Licht z. B. macht zweifellos das Leben leichter gegenüber der Beleuchtung durch Petroleumlampen oder Kerzen. Aber auf der anderen Seite schränkt es die Freiheit des Einzelnen sehr ein. Unzählige können in Dunkel versetzt werden, wenn in einer Zentrale etwas kaputt geht. Solange jeder seine Petroleumlampe oder Kerzen hatte, war er von keiner Zentrale abhängig. Dasselbe gilt von der Wasserversorgung.

[1] Das einzige Gebiet, auf dem der Fortschritt rein positiver Natur ist und man von keinem Nachteil sprechen kann, den dieser Fortschritt neben den Vorteilen besitzt, ist die Medizin, obgleich auch da ganz neue Probleme auftauchen.

Max Scheler machte schon darauf aufmerksam, wie die fortschreitende Technik das Leben des einzelnen bequemer macht – aber gleichzeitig durch eine Beschränkung seiner Freiheit bezahlt wird.

Aber auch in ganz anderer Hinsicht sind kostbare technische Erfindungen mit Nachteilen menschlicher Art verbunden. Das Automobil ist sicherlich ein großes Geschenk für den Menschen. Ich meine jetzt nicht die Vorteile von Komfort und überhaupt alle Vorteile für die Erreichung praktischer Zwekke. Durch das Auto ist eine intime Kenntnis von Ländern von großer landschaftlicher Schönheit ermöglicht. Das ist für viele – besonders für die Menschen, die einen großen Sinn für Schönheit in Natur und Architektur haben, ein großes Geschenk im Vergleich zu der Eisenbahn. Ein viel intimerer Kontakt ist dadurch ermöglicht. Aber auch hier tötet der Fortschritt durch den Bau von Autobahnen viel von der Intimität des Kontaktes – man ist ebenso getrennt von der lebendigen Umgebung wie in der Eisenbahn. Dazu kommt, daß die Versuchung, auf einer Autobahn mit großer Schnelligkeit zu fahren, den intimen Kontakt selbst mit der Natur, die einen umgibt, verringert. Es ist der alte Konflikt von Nützlichkeit und tiefem Kontakt mit Werten. Wenn ich einen bestimmten Zweck zu erreichen habe, ist die Schnelligkeit ein großer Vorteil – aber für das volle Leben, das Erleben tiefer Eindrücke, das Umfangen-Werden von der uns umgebenden Wirklichkeit, für das unschätzbare Geschenk des Erlebens einer Gegenwart war natürlich ein Reisen, wie zur Zeit Goethes, unvergleichlich beglückender und fruchtbarer. Zwischen dem Fahren durch die Gegend in einem Tempo, das unserer menschlichen Struktur entspricht – bei dem ein Verweilen in einer Gegend mit ihrer besonderen Eigenart, Poesie, Realität möglich ist, viele Pausen gemacht werden und dem Hindurchrasen, wobei man ganz von dem Ziel, das man erreichen möchte, erfüllt ist – ist ein enormer Unterschied. Es ist der ganze Gegensatz zwischen dem praktischen Nützlichkeitsprinzip und dem wahren tiefen

Leben, in dem die Güter mit hohen Werten zu uns sprechen, wo wir wahrhaft leben, wo es eine Gegenwart gibt.

Das Flugzeug ist sicher ein großes Geschenk für die Menschheit. In all den Fällen, wo es darauf ankommt, jemand, der in der Ferne verweilt, möglichst schnell zu erreichen - ist es auch vom rein menschlichen Standpunkt aus ein unschätzbarer Vorteil. Ein geliebter Mensch ist schwerkrank - mit dem Flugzeug ist es möglich, ihn lebend zu erreichen - welch unfaßbares Geschenk! Und durch das Flugzeug ist auch in kultureller Hinsicht vieles erleichtert - große Dirigenten, große Geiger, große Schauspieler können an vielen Stellen Menschen durch ihr Wirken beglücken.

Und welcher Vorteil, wenn man bedenkt, welch ferne Länder man durch das Flugzeug erreichen kann, die sonst nur erreichbar waren, wenn man über seine Zeit frei verfügen konnte oder ein Matrose oder Schiffsarzt war. Und andererseits - die Überdimensionierung unseres menschlichen Verhältnisses zur Zeit, die Zerstörung des Realitätserlebnisses einer ganz anderen Welt, Atmosphäre und Kultur, die diese Überdimensionierung zur Folge hat. Nordamerika ist eine Welt für sich - völlig verschieden von der Welt Südamerikas und erst recht von der Europas. Dem Reichtum der Welt, der durch diese verschiedenen Welten gegeben ist, können wir nicht mehr gerecht werden, wenn wir in New York frühstücken und in Paris zu Abend essen können. Dies ist ein hochinteressantes Problem - diese Entwirklichung der Umwelt, die mit dieser Überdimensionierung des Menschen in unserer Zeit Hand in Hand geht. Aber hier können wir all dem nicht nachgehen - denn es ist nicht das Objekt der Illusion des Fortschritts, die hier unser Thema ist. Es gehört in das Kapitel der Kehrseite vieler positiver Fortschritte, in eine Ökologie der geistigmenschlichen Sphäre.

Unser Thema ist der radikale Niedergang, der Zerfall in der menschlichen, geistigen und kulturellen Sphäre, eine unerhörte Zersetzung, eine Entmenschlichung, die kein vernünftiger Mensch einen Fortschritt nennen kann, wenn er sich die Augen nicht verschließt in einer Vogelstrauß-Politik - oder alles verdrängt. Uns genügt es für unseren Zusammenhang, diesen apokalyptischen Prozeß der Entmenschlichung, den Sieg des Kollektivismus und des Anarchismus in der gegenwärtigen Zeitepoche aufzuweisen, und wir wollen auch darum nicht auf die Frage eingehen, ob ein Zusammenhang besteht zwischen den Fortschritten, die eine gefährliche Kehrseite besitzen und diesem katastrophalen, eindeutig negativen menschlichen Zersetzungsprozeß.

Es ist nicht schwer zu sehen, daß die Worte „Anpassung der Kirche an die moderne Zeit", „Unmöglichkeit, in einem so fortgeschrittenen Zeitalter die Botschaft Christi zu verkünden", mit einem Wort „aggiornamento" (in dem Sinn der „Progressisten") alle einen andern Sinn erhalten je nachdem, ob die gegenwärtige Weltsituation wirklich einen Fortschritt darstellt oder einen furchtbaren Rückschritt.

Daß die göttliche Offenbarung auch in ihrer Form nie einer Zeitepoche - und stellte sie wirklich einen herrlichen Fortschritt dar, - nie dem Zeitgeist angepaßt werden dürfte, haben wir im „Trojanischen Pferd" klar gezeigt, sowie in „Zölibat und Glaubenskrise". Aber die ungeheure Gefahr, einen Rückschritt für einen Fortschritt zu halten, wirkt sich doch, wie wir sehen werden, auch für die Kirche in verhängnisvoller Weise aus.

Man preist gewöhnlich die heutige Epoche wegen des Respektes für die menschliche Person, die Würde des Menschen, die Freiheit, die er errungen. Es genügt aber ein nüchterner Blick auf die Wirklichkeit, um zu sehen, daß davon keine Rede sein kann. Erstens ist die Hälfte der Menschheit in den Händen der Kommunisten. Es ist nicht notwendig zu beweisen, daß dies bedeutet, daß hier das Individuum in einer Weise versklavt ist, wie dies die Welt nie zuvor sah. Die heutige Technik ermöglicht einen Grad der Kontrolle jedes einzelnen, was er sagt, bemerkt, wie er sich in seinem privaten Leben benimmt, wie sie der größte Tyrann früherer Zeiten nicht durchführen könnte. Selbst alle, die sich in höheren Stellen befinden und keine Arbeitssklaven sind, sind eher noch mehr versklavt im geistigen Sinn, sie sind noch kontrollierter in jedem Moment und in ständiger größter Gefahr. Nur eine Loyalität existiert noch: Die dem Staat bzw. der Partei gegenüber. Jede andere Hingabe, jedes andere Interesse ist schon Verrat. Vergleichen wir dies mit der Zeit vor 150 Jahren, in der gewiß in Rußland und China Leibeigenschaft existierte – und in Amerika Sklaverei – so kann doch diese sicher höchst bedauerliche Tatsache nichts daran ändern, daß Nichtachtung der Person, der menschlichen Rechte (im Unterschied zu den politischen Rechten) in einer Hinsicht nie einen solchen Grad erreicht hat wie in den totalitären Staaten.[2] Hier liegt ein Sieg des Kollekti-

[2] Wenn wir sagen, daß in einer Hinsicht die Nichtachtung der Person in den totalitären Staaten einen nie dagewesenen Höhepunkt erreicht hat, so soll damit all das Furchtbare, was die Geschichte früherer Zeitepochen aufweist, nicht geleugnet werden. Die römischen Sklaven, die zur „res" (Sache) erklärt wurden, die ein völlig rechtloses Eigentum der Sklavenbesitzer waren, die Torturen in späterer Zeit, der Sklavenhandel in den Vereinigten Staaten bis 1863 – all dies ist sicher furchtbar und eine radikale Nichtachtung der Person, ihrer Würde und Rechte.

Aber der große Unterschied ist, daß es sich damals um eine bestimmte Gruppe von Menschen handelte – seien es die Parias (die Unberührbaren) in Indien, die Sklaven im Unterschied zu den Bürgern in Rom, die Leibeigenen in späterer Zeit im Unterschied zu den Freien, die Neger in Nordamerika im Unterschied zu den Weißen. Die Sünde, die hier vorlag, war die Nichtachtung der *Gleichheit* der Menschen, insofern sie alle Personen sind und nach dem Ebenbild Gottes geschaffen. In den totalitären Staaten hingegen ist es im Prinzip nicht eine Gruppe von Menschen, sondern alle Bürger, die der Staat ihrer menschlichen Rechte beraubt – also eine Nichtachtung der individuellen Person von Seiten des impersonalen Gebildes des Staates. Zu diesem ersten entscheidenden Unterschied kommt als Zweites dazu, daß diese kollektivistische Beraubung aller Rechte der individuellen Person viel wissenschaftlicher unterbaut und prinzipieller ist als die frühere Sklaverei. Sie tritt als ein Idol auf, als ein Ergebnis des Fortschritts – während die frühere einen viel weniger systematischen Charakter hatte – mehr einen Charakter des primitiven Egoismus. Sie war ein Zeichen primitiver Barbarei, während die totalitäre Erstickung des Eigenlebens eine furchtbare Dekadenzerscheinung ist – eine raffinierte Zersetzung. *(Fortsetzung auf S. 38)* vismus vor, eine völlige Entwertung des Individuums, wie sie die Welt nie vorher sah.

Dazu kommt noch die ständige „Gehirnwäsche", die ständige mechanische Beeinflussung durch die Massenmedien, die Presse, die Erziehung in den Schulen. Diese mechanische, durch ständige Wiederholung arbeitende Beeinflussung des Geistes ist wohl ein Gipfel der Mißachtung der Person in ihrer Würde, den es in früheren Zeiten nicht gab.

Leider ist die Abnahme des Respektes vor der Würde der Person nicht auf die kommunistischen Länder beschränkt. Auch in demokratischen Ländern machen sich der Sieg des Kollektivismus und des totalitären Geistes mehr und mehr geltend. Man denke nur an die Rolle der Massenmedien - auch der an sich harmloseren Reklame - die aber doch eine Art der mechanischen Beeinflussung ist, bei der der Geist umgangen, eine vernünftige Stellungnahme ausgeschaltet wird. Diese Art der Beeinflussung enthält in ihrer Form schon ein Element der Nichtachtung der Würde der Person.

Hier müssen wir zwei Arten des Eindringens der Nichtachtung der Würde der Person unterscheiden. Einerseits in der

---

Dasselbe gilt auch für die körperlichen Qualen. Die Grausamkeit der Folter aller Arten, die Verbrennung von Menschen - ist der Ausfluß einer primitiven Grausamkeit, eines barbarischen, tierischen Verhaltens. Die Grausamkeit in den totalitären Konzentrationslagern ist viel raffinierter, ausgeklügelter, wissenschaftlich durchdachter - sie ist kein Symptom der barbarischen Unerwachtheit, - sondern die Frucht einer prinzipiellen Blindheit für die Würde des Menschen. Sie verhält sich zur barbarischen Grausamkeit wie die Grausamkeit des Menschen zu der eines Raubtiers.

Drittens reicht die totalitäre Nichtachtung in ganz andere Tiefen. Sie beschränkt sich nicht auf die Tortur des Körpers, sondern ist primär auf die Zerstörung des Geistes gerichtet. Die Gehirnwäsche trachtet, den Menschen in seinem Denken, in seiner Urteilsfähigkeit, in seinem freien Willen zu versklaven - die wesentlichen Geschenke Gottes in seiner Eigenart als „imago Dei" zu zerstören. Es ist eine systematisch, mit allen Mitteln der Wissenschaft durchgeführte geistige „Entmannung" und diese prinzipielle Entmannung wird als der Weg zur Vorbereitung des irdischen Paradieses eingeführt. (Vgl. dazu „Brainwashed in Peking", von Father van Coillie).

Stellung des Staates gegenüber der individuellen Person – der totalitäre Eingriff in die elementarsten menschlichen Rechte des Individuums. Zweitens Strömungen innerhalb des Publikums, die staatlich geduldet werden und die diese Nichtachtung der Würde des Menschen enthalten. Wenden wir uns erst dem Einbruch des totalitären Geistes in das Verhältnis von Staat und Familie und Individuum zu.

Die staatliche Erlaubnis der Abtreibung – die sich langsam in Amerika und Europa mehr und mehr durchsetzt – ist wohl der bedenklichste Ausdruck der Nichtachtung der Person. Wenn es erlaubt ist, einem menschlichen Wesen – nicht als Strafe für ein Verbrechen – das Leben zu nehmen (und sei es auch vor der Geburt), sondern aus irgendwelchen praktischen Nützlichkeitsgründen, so ist die Achtung vor dem Leben eines menschlichen Wesens zerstört. Hier wirkt das Wort von Kierkegaard wie prophetisch, wenn er sagt: „. . . Unser Zeitalter gibt als Weisheit aus, was in Wahrheit das Geheimnis des Bösen ist“.[3] Man spielt sich als Herr über Leben und Tod auf. Man vergißt, welche Welt die Todesstrafe für schwere Verbrechen von einer Vernichtung eines Menschenlebens aus Nützlichkeitsgründen trennt. Wenn einem menschlichen Wesen – was das Kind im Mutterleib ohne Zweifel ist – das Leben genommen wird aus irgendwelchen Nützlichkeitsgründen, sei es die wirtschaftliche Belastung, seien es andere Gründe, die den neuen Menschen unerwünscht machen, so ist der Weg offen für die Euthanasie der unheilbar Kranken, der Geisteskranken, wie sie Hitler einführen wollte und zum Teil durchgeführt hat, und auch aller Menschen von einem gewissen Alter ab, wenn sie der Gesellschaft nicht mehr nützlich sind. Damit wird der Mensch zu einer Sache, die man wegwirft, weil sie

[3] Er sagte es in einer Zeit, in der der Prozeß der Entpersonalisierung und des amoralischen Pragmatismus erst begann, der heute voll entfaltet ist. Kierkegaard „Point of view for my work as an Author“, Harper, Torch Book, S. 44.

nicht mehr gut funktioniert.[4] Diese Entpersonalisierung, die den unantastbaren Wert des einzelnen Menschen in sich nicht mehr sieht und ihn wie eine Sache behandelt, ist in sich ein geistiger Niedergang. Gewiß, die Abtreibung wird nicht vorgeschrieben - sie wird nur erlaubt. Aber diese Erlaubnis spricht Bände für den Niedergang des Respektes vor dem menschlichen Leben.

Ein anderes grauenvolles totalitäres Vorgehen aber ist auch die Einführung der Sexualerziehung in die Schulen. Hierbei wird das Recht der Eltern in der Erziehung ihrer Kinder mit Füßen getreten - und das ist ein unerhörter totalitärer Eingriff. Aber noch viel schmählicher ist der Eingriff in die Seele des Kindes, dem man ein Gebiet, das zur spezifischen Intimsphäre des menschlichen Lebens gehört, in einer neutralisierten Form in der Öffentlichkeit der Klasse darbietet. Eine Sphäre, die für jeden sein Geheimnis darstellt, zu deren Wesen es gehört, daß man sie nicht objektivieren und wie andere Gebiete: Sprachen, Naturwissenschaften, Mathematik lehren kann. Jeder einzelne Mensch hat diese Sphäre in seiner besonderen Weise zu entdekken. Es muß ein gewisser Schleier über dieser Sphäre gebreitet bleiben, bevor das Kind die Reife erreicht verstehen zu können, daß diese Sphäre in besonderer Weise der ehelichen Liebe zugeordnet ist, der einzigartigen gegenseitigen Selbstschenkung. Die „wissenschaftliche" Belehrung, die schon Kindern vom sechsten Jahr erteilt wird und die sexuelle Sphäre selbst als eine rein biologische Angelegenheit und in einer nüchternen Weise behandelt, verfälscht diese Sphäre und das richtige Verhältnis zu ihr.

[4] In dem Fall der Euthanasie der für den Staat nicht mehr nützlichen Menschen kommt selbstverständlich noch die Anmaßung hinzu, daß der Staat oder eine von ihm ernannte Kommission darüber entscheiden kann, ob das Fortleben eines Menschen noch einen Wert für den Staat und das Gemeinwesen darstellen kann, ein Grad des Niedergangs ohnegleichen. Erstens die kollektivistische totalitäre Stellung der Nützlichkeit über das Recht zu leben und zweitens die unerhörte Anmaßung, Kommissionen die Kompetenz einzuräumen, selbst über die Frage der Nützlichkeit zu entscheiden.

Der Schaden ist nicht nur groß vom moralischen Standpunkt aus, sondern auch verhängnisvoll vom rein menschlichen. Diese Neutralisierung des sexuellen Gebietes, die schon in der Publizität des Schulzimmers liegt – und erst recht dadurch, daß es als ein Lehrstoff behandelt wird – ist eine Entmenschlichung, ein unerhörter totalitärer Eingriff des Staates.

Eine der bedauerlichsten Folgen dieser Entmenschlichung ist auch das Ersterben des Schamgefühls. Ich habe in meinem Buch „Reinheit und Jungfräulichkeit" über die verschiedenen Arten vom Scham gesprochen: Scham über etwas Häßliches, Scham über etwas Intimes, Scham über etwas Gutes. Wir sollen uns schämen unserer Fehler und Sünden, wir sollen uns schämen, wenn man unsere Tugenden preist und in die Öffentlichkeit zieht – wir sollen Scham empfinden, Dinge, die ihrem Wesen nach intim sind, der Öffentlichkeit auszusetzen. Alle Arten des Sich-Schämens sind tief menschliche, klassische Züge und ganz besonders die Scham, die uns anspornt, Intimes nicht der Öffentlichkeit auszusetzen. Diese letztere Scham, die sich vor allem auf das sexuelle Gebiet bezieht, zu interpretieren als Prüderie, als ein Verachten dieser Sphäre, als Zeichen, daß man sie als Tabu betrachtet, ist ein dummer Irrtum. Gewiß sind Prüderie und eine negative Einstellung zu der sinnlichen Sphäre Züge, die bei gewissen Menschen und besonders in der viktorianischen Epoche verbreitet waren – aber die echte, edle Scham ist eine urmenschliche Haltung, die von diesen Verirrungen radikal verschieden ist. Wir dürfen nie eine Sache, ihr wahres Wesen und ihren Wert danach beurteilen, daß es auch Pervertierungen und Verfälschungen von ihnen gibt. Der Satz von Plato: „Das größte Übel ist der Haß der Vernunft" bleibt wahr, obgleich Rationalismus auch ein großes Übel ist. Nein, die wahre echte Scham dem sexuellen Gebiet gegenüber, die auch die Heiden kannten – man denke an die Geste der Hände bei vielen Venusfiguren, die die Brüste und die Scham verdecken – ist ein klassischer menschlicher Zug, eine adäquate Antwort auf die geheimnisvolle Intimität dieses Gebietes. Ein Blick auf die heutige Zeit genügt, um die unerhörte Schamlosigkeit in Film, Theater, Fernsehen, Presse, Annoncen der pornographischen Literatur und in vielen Universitäten zu konstatieren. Ist dies ein Fortschritt und nicht ein erbärmlicher Niedergang, ein Verkommen unerhörter Art? Nur ein Narr kann, wenn er dies bedenkt, noch von dem Fortschritt unserer Epoche sprechen. Was bedeutet die Tatsache, daß man heute auf den Mond fliegen kann, für das Glück und den humanen Aufstieg des Menschen – gegen diese moralische und menschliche Verrohung?

Eine ähnliche Respektlosigkeit vor der Würde des Menschen liegt auch in dem vielfach eingeführten „sensitivity training" – bei dem man durch körperlichen Kontakt unter Menschen, die sich nicht kennen, Gemeinschaft erzeugen will. Dies zeigt, wie man versucht, von außen her, auf eine mechanische Weise, vom Körper auf den Geist zu wirken.

Auch die Sitten sind ein wichtiges Element im Leben. Gewiß, man soll ihre Bedeutung nicht überschätzen – aber sie haben ihre legitime Stelle im menschlichen Raum und ihr Herunterkommen, ihr Niedergang verrät doch auch einen inneren Verfall.

Wir brauchen nur an die weitverbreitete äußerliche Respektlosigkeit der Kinder gegenüber den Eltern zu denken, oder an zahllose Vorkommnisse, z. B., daß ein Professor in einer amerikanischen Universität nicht entlassen wurde, obgleich er dem Dekan bei einer Meinungsverschiedenheit ins Gesicht spuckte oder an die Studentenrevolutionen und ihre Methoden, oder daran, wie manche Anwälte die Richter ungestraft beschimpfen und bedrohen können! Man denke nur an die Sitten in der Politik und im öffentlichen Leben, wo Entführung von Menschen, die nichts damit zu tun haben, als Druckmittel benützt wird, um ein politisches Ziel zu erreichen, oder an die Entführung von Flugzeugen unter Gefährdung vieler völlig unschuldiger Menschen. Oder man denke an die Lüge der „United Nations" – dem Anschein von Gerechtigkeit und Befriedung, der die größten Verbrechen wie Biafra und die Verstoßung Taiwans aus der UNO deckt; sie treten als unvoreingenommener höchster Gerichtshof auf, aber in diesem Gerichtshof sitzen viele, die prinzipiell das Prinzip der Gerechtigkeit nicht anerkennen. Wenn man all dies sieht, so kann kein Vernünftiger übersehen, daß es bergab geht mit der Menschheit.

Von der Feigheit derer, die von ihrer legitimen, gottgewollten Autorität keinen Gebrauch machen, haben wir schon vorher gesprochen.

Eines der allerbedenklichsten Phänomene des angeblichen Fortschritts unserer Zeit ist der Amoralismus. Immoralität hat es immer gegeben - gesündigt haben Menschen zu allen Zeiten. Aber die Verbannung der Urkategorien von sittlich Gut und Böse, die die Achse der geistigen Welt bilden, ist eine neue Erscheinung. Das Erblinden für diese Urgegebenheit des Bösen, das schwere Sünden zu etwas Neutralem macht, besonders auf sexuellem Gebiet, aber auch sonst, indem man sie als bloße psychologisch interessante Erscheinungen interpretiert, wobei man sich besonders objektiv vorkommt - weil man Objektivität mit Neutralität verwechselt.

Und ist die fortschreitende Zersetzung der Familie vielleicht ein Fortschritt? Ist die Zunahme der geistig Erkrankten und der Selbstmorde ein Symptom dafür, wie herrlich weit wir es gebracht? Die Ökologie hat schon nachgewiesen, mit welch schwerwiegenden Folgen für unsere biologische Existenz und Gesundheit der technische Fortschritt bezahlt wird. Eines der notwendigsten Dinge heute wäre eine Geistes-Ökologie, die die verhängnisvollen Folgen des sogenannten Fortschritts für den Menschen als geistige Person, für den wahren humanen Aufstieg dartun würde.

Jeder vorurteilslose Blick auf den Stand der Kultur unserer Zeit bestätigt die Tatsache ungeheuren Verfalls, eines erschreckenden Rückschritts, nein einer Zersetzung, der wir heute beiwohnen.

Ich will hier nicht auf den Prozeß, der schon im vorigen Jahrhundert um 1840 begann, die Industrialisierung, eingehen. Daß mit dieser Industrialisierung eine Entpoetisierung der

Natur und des Lebens Hand in Hand ging, ist nicht zu verkennen. Es ist der Sieg der Nützlichkeit, des Komforts über die Schönheit. Die langsam zunehmende Zerstörung der Natur durch Eisenbahnen, Telephon und elektrische Leitungen, Fabriken, Reklame aller Art; der Triumph der Maschine und die damit Hand in Hand gehende Mechanisierung des Lebens. Dies alles mag ein Fortschritt in der Zivilisation sein – aber es ist ein Verfall der Kultur.

Und was sollen wir von der Architektur sagen, die keinen neuen Stil und erst recht keinen schönen hervorbrachte, sondern im 19. Jahrhundert meist nur schlechte Imitationen früherer Stile, besonders der Gotik. Damit soll in keiner Weise geleugnet werden, daß einzelne große Künstler auch individuelle herrliche Bauten geschaffen haben, besonders Brunnen. Was uns aber hier beschäftigt, ist der Zerfall der Kultur in der gegenwärtigen Periode. Denn noch ungleich katastrophaler ist die sogenannte moderne Architektur, diese anonymen, seelenlosen, uniformen Häuserreihen, die ein eindeutiges Symptom der Entmenschlichung, Verödung, eines platten Materialismus sind. Wir brauchen nur an den ungeheuren Schatz zu denken, den frühere Zeiten hervorbrachten – an die Herrlichkeit der Architektur von Paestum, einer Hagia Sofia, eines San Marco in Venedig, einer Kathedrale von Chartres, eines Palazzo Farnese, einer Barockkirche wie die Wies, Ottobeuren oder die Karlskirche in Wien – um die Dekadenz der Architektur zu sehen.

Und welcher Mensch mit künstlerischem Sinn würde nicht den Niedergang auf dem Gebiet der Kunst sehen – sei es die bildende Kunst, sei es Musik? Wo findet man in der heutigen Plastik und Malerei etwas, das sich nur von ferne mit den früheren Zeiten vergleichen ließe? Durch alle Zeiten von der ägyptischen und griechischen Antike bis zu den herrlichen Skulpturen in den Domen von Bamberg, Chartres, Reims, den Statuen von Donatello, Michelangelo, Bernini, Schlüter gab es unerhörte Meisterwerke. Auch im 19. Jahrhundert und bis in den Anfang des 20. reichend gab es einzelne große Bildhauer, deren Werke von echter Poesie erfüllt sind. Wer nicht blind ist, sieht aber, wie es um die heutige Plastik steht. Erst recht gilt das für die Malerei. Wie groß ist noch die Malerei bei einem Cézanne, Renoir, van Gogh, Hans von Marées, gar nicht zu reden von der Glorie eines Piero della Francesca, Giorgione, Tizian, Raffael, Rubens und Rembrandt.

Und wer kann in der gegenwärtigen Musik irgendetwas finden, das sich mit Bach, Mozart, Beethoven, Schubert, Wagner und Bruckner vergleichen ließe? Wenn ich von der heutigen Musik spreche, denke ich vor allem an die atonale Musik und nicht an Musiker wie Richard Strauss, Pfitzner, Braunfels u. a.

Was sich heute Kunst nennt, ist weitgehend ein künstlicher, verzweifelter Versuch, originelle Dinge zu schaffen, aber alle wahre Schönheit, Poesie, Tiefe sind verschwunden.[5] Nur in der Literatur finden wir auch heute noch die wahre Kunst wie z. B. in dem grandiosen Werk von Solschenizyn.

Man vergesse nicht, welche Glücksquelle für den Menschen versiegt, wenn er in einer entpoetisierten Welt lebt. Dieser Glücksquelle der Schönheit große Bedeutung zuzusprechen, ist nicht Ästhetizismus, wie von vielen Banausen behauptet wird. Ein Psychiater, Dr. Bettelheim in Chicago, hat sogar nachgewiesen, welche Bedeutung Schönheit für die Gesundheit des Geistes besitzt. Er benützt für die Heilung seiner Patienten Reproduktionen der Bilder großer früherer Meister. Wahre Schönheit ist eben nicht nur eine große und tiefe

[5] Der Verfall der heutigen Kunst zeigt sich ja vor allem darin, daß man die unabänderlichen Wege, die Gott den Sinnen anvertraut hat für die Realisierung künstlerischer Schönheit durch neue künstliche Wege ersetzen will, die dazu nicht fähig sind. Man will auch hier Gott spielen und statt auf den Gott-gegebenen Wegen Neues zu erfinden – die wahre einzig mögliche Sprache durch sinnlose Worte ersetzen. Diese „neuen" Wege der Kunst sind nicht eine natürliche Fortentwicklung oder das Resultat schwacher Talente (schwache und schlechte Kunstwerke gab es immer), sondern der teuflische Hochmut, die Gott-gegebenen Wege durch neue erfundene zu ersetzen, die Erfindung an eine ganz falsche Stelle zu verlegen.

Glücksquelle, sondern auch eine wichtige Nahrung für die Gesundheit unseres Geistes.

Und was sollen wir von vielen heute weit verbreiteten Philosophien sagen? Logistik, die keine wahre Philosophie ist, keine Analysen der großen, wahren philosophischen Probleme mehr bietet – Heideggerianismus, Materialismus und viele Formen des Relativismus und Immanentismus werden von 90 Prozent der Philosophieprofessoren in Europa und Amerika gelehrt; man sollte sie lieber Totengräber der Philosophie nennen. Hier wird der gesunde Menschenverstand systematisch vernichtet und bei dem ungeheuren Anwachsen der Studenten eine Verdummung verbreitet, die vor allem den gesunden Kontakt mit dem Leben zerstört. Aber natürlich ist die Philosophie an sich viel unabhängiger von den herrschenden Tendenzen der Zeit und hier besteht noch ein voller Raum für eine wahre Philosophie.

Das Gesagte mag genügen, um zu zeigen, wie abenteuerlich es ist, in unserer Zeitepoche einen Fortschritt gegenüber früheren Zeiten zu erblicken – es sei denn, man beschränkt sich auf den immanenten Fortschritt auf gewissen Gebieten wie Naturwissenschaften, Technik und vor allem Medizin. Aber niemand kann den furchtbaren Verfall in menschlicher Hinsicht übersehen – die erschütternde Entpersonalisierung, den Sieg des Kollektivismus, die fortschreitende Entmenschlichung, den Rückgang des wahren Glücks, das Verschließen der wahren Glücksquellen. Was bedeutet der immanente Fortschritt auf gewissen Gebieten im Vergleich zur Fäulnis des menschlichen Lebens, zu dem moralischen, geistigen, menschlichen Verkommen der Menschheit?

Gewiß, dieser Prozeß ist nicht unaufhaltbar. Es ist nicht ein Fatum, dem wir nicht entrinnen können. Ganz im Gegenteil. Der Mensch hat einen freien Willen und dieser Prozeß kann aufgehalten werden und einem neuen Aufstieg Platz machen. Aber die erste Voraussetzung ist gerade, daß wir den abenteuerlichen Unsinn erkennen, unsere Zeitepoche im Ganzen und zwar im Wesentlichen und Entscheidenden für einen Fortschritt gegenüber früheren Zeitepochen zu betrachten. Der erste Schritt zur Überwindung des Zerfalls, zu einem erneuten Aufblühen, ist der, den ganzen Ernst der Situation zu erkennen, den apokalyptischen Charakter unserer Zeitepoche.

Papst Johannes XXIII. sagte, die Kirche müsse jedem Zeitalter und jedem Land ihren Stempel aufdrücken - und nicht umgekehrt. Was sehen wir aber heute? Das „aggiornamento" wird so interpretiert, daß die Kirche reformiert werden müsse, um dem großen Fortschritt unserer Zeit gerecht zu werden - um die richtige Sprache für den modernen, „mündig" gewordenen Menschen zu sprechen. Immer wieder hört man auch in Predigten, Hirtenbriefen und Vorträgen von „katholischen" Theologen die Erwähnung des Fortschritts - welche Antwort erhielten auch von höchster Stelle die Fortschritte in der Technik, das Fliegen auf den Mond - und wie schwach ist die empörte Ablehnung der Entmenschlichung dagegen? Was geschieht gegen den Skandal der Sexualbelehrung in den Schulen? In vielen Ländern führen die Bischöfe diese verbrecherische Verstümmelung der Seelen der Kinder in die katholischen Schulen ein. Wo wird der Kollektivismus klar verurteilt? Wo bleibt ein Syllabus wie der des großen Pius IX., in dem die heutige Entpersonalisierung auf allen Gebieten, das Eindringen des Kollektivismus demaskiert und systematisch bekämpft wird?

Nein, was wir sehen, ist nicht der Kampf gegen den Fürsten dieser Welt in dem sogenannten Fortschritt - nicht der Versuch, den Stempel der hl. Kirche der Zeit aufzuprägen, sondern das Gegenteil: Das langsame Einschleichen des Giftes der Zeitepoche, das Nichterkennen des apokalyptischen Niedergangs. Der wunderbare Schatz in Architektur und Kunst wird zum großen Teil nicht geschützt und bewahrt - dieses Dokument einer wahrhaft christlichen Kultur. Eine nicht nur entchristlichte, sondern sogar enthumanisierte Kunst in Kirchen, die keinerlei sakralen Charakter mehr haben, wird als christlich proklamiert. Wir behaupten damit nicht, daß die Kirchen im 19. Jahrhundert in falscher Gotik, unglücklichen

Nachahmungen von romanischen, byzantinischen, Renaissance- und Barockkirchen ihrer Aufgabe gerecht geworden sind. Aber sie sind Zeugnisse einer gut gemeinten, einer frommen Intention, wenn auch dem Erbauer das wahre künstlerische Talent abging. Aber was wir heute erleben, ist nicht nur großenteils der Wegfall künstlerischer Begabung, sondern eine intendierte Entsakralisierung, ein Geist der Verdiesseitigung, ein Verwechseln nüchterner Prosa mit hl. Einfachheit.

Sie legen nur Zeugnis ab von dem Eindringen des Geistes der Zeitepoche mit all ihren verhängnisvollen Elementen.

Statt den geistigen Niedergang zu bekämpfen, statt die Überwindung des apokalyptischen Verfalls zu unterstützen, statt in diese Nacht das „lumen" Christi unverfälscht einstrahlen zu lassen, statt die glorreiche Tradition festzuhalten – läßt die Kirche sich nur allzuoft von diesem Zeitgeist anstecken.

* * *

Eine der grauenvollsten Manifestationen der Entmenschlichung ist die künstliche Insemination. Diese gehört zu den oben erwähnten Mißbräuchen im Unterschied von den menschlichen Schattenseiten des technischen Fortschritts.

Wir beschränken uns darauf, auf den Horror der künstlichen Insemination kurz hinzuweisen, indem wir auf die verschiedenen furchtbaren Unwerte aufmerksam machen, die in ihr vorliegen.[6]

Erstens: Die Loslösung des Prozesses der Konzeption von dem ehelichen Akt. Das große und wunderbare Mysterium zu mißachten, daß diesem Akt, der der Ausdruck und die einzigartige Erfüllung der bräutlichen Liebe ist, der ein gegenseitiges

---

[6] Wir schalten den Fall aus, in dem nach dem normalen Verkehr von zwei Eheleuten ein Arzt einen Eingriff vornimmt, um den Samen rascher an die Gebärmutter zu befördern – da es sich hierbei um etwas ganz anderes handelt. Alle unsere Ausführungen richten sich gegen die künstliche Insemination, bei der der Samen eines Fremden, ohne Zusammenhang mit dem ehelichen Akt eingespritzt wird.

Sich-Schenken darstellt, die Entstehung eines neuen Menschen anvertraut ist, bedeutet eine Entmenschlichung niedrigster Art. Ich habe in verschiedenen Publikationen viel über die Ehe, die gottbestimmte Rolle der sinnlichen Sphäre und den ehelichen Akt geschrieben.[7] Daß das Ein-Fleisch-Werden der zwei Liebenden der Ursprung eines neuen Menschen ist, ja daß auch diese gegenseitige Selbstschenkung mit großer körperlicher Lust verbunden ist, hat einen tiefen, hohen Wert. Dieser wird durch die künstliche Insemination zerstört. Darin liegt eine Entmenschlichung schlimmster Art; die Entstehung eines neuen Menschen sinkt sogar unter das Niveau der tierischen Welt, sie sinkt auf das Niveau des Künstlichen, Technischen herab.

Zweitens: Die Tatsache, daß das Kind nichts mehr mit dem Menschen zu tun hat, den man liebt. Es ist das Kind eines Fremden, Unbekannten. Nicht nur die Tatsache, daß die Frau dabei in einen so engen Kontakt mit einem Fremden tritt, daß sein Samen sich mit ihrem Ei verbindet und sie dieses neue, individuelle menschliche Gebilde unter ihrem Herzen trägt, ist eine grauenvolle Entpersonalisierung, sondern auch die Tatsache, daß der fremde Mann ein bloßes Instrument, ein bloßer Träger von Samen wird, der dabei auf die Stufe eines Antibiotikums herabsinkt, das man gegen eine Krankheit einspritzt.

Drittens: Der Wunsch nach einem Kind, den beide sich liebenden Eltern haben, ist etwas Schönes, Edles, Gott Wohlgefälliges. Aber der Wunsch der Frau, um jeden Preis ein Kind zu haben, nicht ein Kind von ihrem Mann, der sie liebt und den sie liebt, sondern ein Kind als solches, ist schon sehr zweifelhafter Art. Aber wenn der Wunsch, schwanger zu sein und einem Kind das Leben zu geben so weit geht, daß sie es annimmt, durch eine Einspritzung des Samens eines unbekannten Mannes schwanger zu werden, so liegt eine ausgesprochene Perversion vor.

---

[7] „Reinheit und Jungfräulichkeit", „Humanae Vitae, ein Zeichen des Widerspruchs", „Zölibat und Glaubenskrise", „Die Ehe", „Man and Woman".

Es liegt ein Abgrund vor zwischen dem Fall, wenn Eheleute, die kein Kind haben, gemeinsam ein fremdes Kind adoptieren und dem Fall, daß die Frau sich einer künstlichen Insemination unterzieht, weil ihr Wunsch, ein Kind zu gebären, so isoliert ist, daß sie sich auf eine so grauenvolle Degradation einläßt.

Im Grunde liegt in diesem Wunsch nicht nur ein Sprengen der Ehe, sondern auch der Familie.

Aber diese unselige Praxis, die heute noch relativ wenig verbreitet ist, offenbart eine Mentalität, die sich mehr und mehr ausbreitet und für die Zukunft einen völligen Selbstmord alles dessen, was menschliche Würde, wahre Humanität ist, vorbereitet und vor allem ein Greuel in den Augen Gottes ist. Wir denken an die Pläne, daß zum Zweck der Zeugung von Kindern die Erlaubnis des Staates eingeholt werden müsse, bzw. Kinderzeugung ohne staatliche Erlaubnis verboten werden soll. Als Grund dafür wird die Gefahr der Überbevölkerung angeführt. Aber diese Pläne gehen in Wirklichkeit weit darüber hinaus. Es gibt Pläne für eine „Bank", in der Samen aufbewahrt wird, und zwar ein aus den vielversprechendsten Genen von Fachleuten zusammengestellter und präparierter Samen, der allein – durch künstliche Insemination – zur Konzeption der Frau verwandt werden dürfe.

Dieser Plan – Gott sei Dank heute erst ein Plan – erschließt doch eindeutig den furchtbaren Geist, der sich heute mehr und mehr ausbreitet und der die Verwirklichung solcher Pläne durchaus in den Bereich der Möglichkeit rückt.

Hier tritt die diabolische Entmenschlichung klar zu Tage. Erstens würde hier die künstliche Insemination mit ihrer grauenvollen Entmenschlichung als Gesetz für alle vorgeschrieben. Das stellt einen Grad totalitären Eingreifens in das Intimum des Lebens des einzelnen dar, der noch über den Totalitarismus der Kommunisten hinausgeht. Gemessen an einem solchen Eingriff wäre die Vorschrift der Nazis, daß ein SS-Mann nur eine Frau, die eine bestimmte Anzahl Zentimeter kleiner wäre als er, heiraten dürfe, eine harmlose Beschränkung der individuellen Freiheit.

Zweitens wird in diesem Plan alles in die Hände von „Experten" gelegt – ihnen wird die Rolle der Vorsehung übertragen. Ich sprach schon im Jahr 1948 in meinem Buch „The New Tower of Babel" (Der Neue Turm zu Babel) von dieser modernen Geistestendenz: Mehr und mehr Gott spielen zu wollen.

Es ist besonders wichtig zu sehen, wie die zwei anscheinend sich widersprechenden Züge Hand in Hand gehen – einerseits das Trampeln auf der Würde des Menschen, die Entpersonalisierung, andererseits die maßlose Anmaßung des Menschen Gott spielen zu wollen, alles besser wissen zu wollen, als es der Schöpfer weiß.

Sie gehen Hand in Hand, weil in ihnen beiden der Mensch seine metaphysische Situation verkennt, weil sein Verhältnis zu Gott verkannt wird, weil er das Bewußtsein seiner Kreatürlichkeit und seines wahren Adels als „imago Dei" vergessen bzw. verdrängt hat.

Drittens offenbart dieser Plan einen krassen Materialismus. Diese „Experten" sind von der unsinnigen materialistischen Vorstellung beseelt, zu glauben, daß durch die Gene und Chromosomen der Charakter, der Geist, die Persönlichkeit des Menschen kausal bestimmt wird.

Abgesehen davon, daß der Zusammenhang von Genen und geistiger Person noch sehr erforschungsbedürftig ist, liegt hier der allgemeine Grundirrtum allen Materialismus' vor: Die Verwechslung einer kausalen Beziehung im Sinn der „causa efficiens" und der Verbindung, bei der das eine eine Voraussetzung für die ungestörte Entfaltung des anderen ist. Die Farbe kann sich nur auf einer ausgedehnten Fläche oder einem ausgedehnten körperlichen Etwas realisieren – aber die Ausdehnung bringt die Farbe nicht hervor, sie ist nicht die Ursache der Farbe.

So setzt ein geistiger Prozeß – z. B. ein Erkennen – einen physiologischen chemischen Vorgang im Gehirn voraus; wenn man den Menschen auf den Kopf schlägt und er sein

Bewußtsein verliert für eine gewisse Zeit, ist er auch nicht fähig, in diesem Zustand etwas zu erkennen. Aber deshalb das Erkennen für ein Erzeugnis des chemischen Vorgangs zu halten, für ein von dem chemischen Vorgang kausal bestimmtes Phänomen, ist offenbar ein völliger Unsinn und führt zu einem absoluten Widerspruch. Wenn unser Erkennen statt der geistigen Fähigkeit etwas festzustellen, wie es ist, nur ein von dem chemischen Vorgang in unserem Gehirn produzierter psychischer Vorgang wäre – etwa wie ein Schmerz in meinem Bein durch einen physiologischen Vorgang in den Nerven – dann könnte ich ja nie wissen, daß es chemische Vorgänge im Gehirn gibt und auch nichts über ihren Zusammenhang mit unserem geistigen Leben.

Aber der Irrtum des Materialismus ist hier nicht unser Thema.[8] In diesem Plan – der für die entsetzliche Entmenschlichung Bände spricht – tritt die ganze Vergottung der Wissenschaft zu Tage, die in unwissenschaftlicher Weise Probleme, die jenseits aller Wissenschaft liegen und rein philosophischer Natur sind, in die Hände der Wissenschaft legt. Aber der bedrohliche Niedergang der Menschheit liegt vor allem darin, daß es sich nicht mehr um falsche Theorien handelt, sondern daß diese in furchtbarer Weise in unser praktisches Leben eindringen – ja zur schlimmsten totalitären Versklavung führen.

Es ist nicht nur die Zersetzung des menschlichen Lebens durch falsche Theorien – deren Einfluß sich immerhin noch auf geistige Weise vollzieht, z. B. der unselige Einfluß, den Freud auf die praktische Einstellung zur sinnlichen Sphäre des Individuums ausgeübt hat – sondern ein Einfluß auf die Gesetzgebung und damit auf den Einzelmenschen, da sein privates Leben und seine unantastbaren Menschenrechte in totalitärer Weise von außen her verletzt werden. Welcher Mensch, der ein bißchen Verstand hat, kann da von Fortschritt sprechen? Es ist schlimmer als eine bloße Zersetzung – es ist wahrhaft

[8] Die wahre Beziehung von Leib und Seele ist in meisterhafter Weise von Josef Seifert in seinem Buch „Leib und Seele" aufgedeckt, das 1973 bei Pustet, Salzburg, erschienen ist.

eine Hölle, in die dieser „Fortschritt" die Menschheit hineintreibt.

Man könnte einwenden, daß in den Ausführungen über den Mythos des modernen Menschen behauptet wurde, daß es keinen geschlossenen Zeitgeist einer Epoche gebe, der den Menschen zutiefst formt. Aber jetzt, wenn es sich um die Illusion des Fortschritts handelt, werde doch von einem Abstieg, einer Entmenschlichung der Menschheit gesprochen.

Zugegeben, daß dies auf den ersten Blick als ein Widerspruch erscheinen mag: Bei genauerem Zusehen ist dies aber durchaus nicht der Fall. Wir sagten vorher, daß der moderne Mensch, der sich als Persönlichkeit so verändert habe, daß er die Sprache, in der die hl. Kirche zu dem einzelnen fast 2000 Jahre hindurch gesprochen hat, nicht mehr verstehen könne – eine Illusion, ein Mythos ist. Es mag sein, daß viele falsche Modephilosophien ein Hindernis für die Aufnahmefähigkeit des Menschen für die Stimme der hl. Kirche darstellen. Daraus kann aber nur gefolgert werden, daß man diese falschen Modephilosophien gar nicht genug bekämpfen und rational widerlegen muß, um dies Hindernis zu beseitigen – nicht aber, daß der Mensch, der durch diese falschen Modephilosophien verwirrt ist, ein anderer Mensch geworden sei, und die Verkündigung der göttlichen Wahrheit in neuer Form ihm angepaßt werden müsse – wie der Religionsunterricht für ein Kind anders sein muß in der Form als für einen Erwachsenen.

Weiterhin ist nicht geleugnet worden, daß es einen Zeitgeist gibt – und zwar in verschiedenen Formen. Einmal im Stil, dem Lebensgefühl einer Zeitepoche und auch in Ideologien, die in einer Zeitepoche zwar vorherrschen, aber durchaus nicht etwa alle Menschen dieser Zeit umfassen. Das Entscheidende ist aber, daß die Unterschiede von individuellen Menschen in ein und derselben Epoche viel größer und tiefer sind als die Unterschiede zwischen Menschen verschiedener Zeitepochen.

Außerdem wird dieser „moderne Mensch", der mündig gewordene, als ein Beweis des Fortschrittes eingeführt, eines gesunden normalen Wachstums, als etwas Höheres. Und damit berühren wir schon den Zusammenhang mit der Illusion des Fortschritts: Wenn es auch keinen essentiell neuen Menschen gibt, so verrät die Tatsache, daß man den vermeintlichen „modernen" Menschen als eine höhere Stufe der Evolution behandelt, die Wertblindheit, die auch der allgemeinen Illusion des Fortschritts eigen ist. Man hält diesen vermeintlichen – in Wirklichkeit nicht existierenden – „modernen" Menschen (bei dem man einen gewissen Typus von Mensch als ein normales Wachstum des Menschen als solchen und damit der ganzen Menschheit betrachtet) für ein dem früheren Menschen überlegenes, wertvolleres Gebilde.

Aber bei der Entstellung, dem Niedergang, dem Zerfall, der Entmenschlichung der heutigen Weltsituation handelt es sich durchaus nicht um eine Wiedereinführung des „modernen Menschen", sondern darum, das Furchtbare, das von vielen als Fortschritt angesehen und von den meisten in seiner wahren Natur verkannt wird, zu demaskieren. Wir behaupten nicht, daß alle Menschen heute deformiert seien, aber daß eine tödliche Seuche weit verbreitet ist, die unzählige anzustecken droht und daß einige Menschen anstreben, in Verbindung mit den enormen immanenten Fortschritten der Technik und der Naturwissenschaften eine Entmenschlichung herbeizuführen und eine entpersonalisierte und enthumanisierte Welt aufzubauen.

Die Anerkennung der Tatsache, daß ein böser Geist in der heutigen Welt weithin herrscht – was natürlich eine Folge der Abwendung von Gott ist – und die äußere Freiheit des Menschen, seine Würde, sein wahres Glück zerstört, widerspricht in keiner Weise der Leugnung eines „modernen" Menschen als einer durchgängigen und essentiellen Veränderung der individuellen Seele, die obendrein das Resultat einer normalen Evolution sein soll. Die Tatsache, daß die Hälfte der Menschheit sich heute in den Händen kommunistischer Diktatoren befindet, beweist ja in keiner Weise, daß die halbe Menschheit aus Kommunisten besteht.

Dieser „Fortschritt“, diese Richtung, die die Menschheit in unerhörter Weise zu versklaven droht, und eine höllische Entmenschlichung und Entpersonalisierung anstrebt, ist durchaus nicht ein unaufhaltsamer Prozeß. Es ist kein „Fatum“, wie es Karl Rahner 1970 in einem Vortrag in St. Louis darstellte. Wie wir schon vorher betonten, als wir von dem gesamten Phänomen des Zerfalls und der apokalyptischen Entmenschlichung sprachen, muß auch hier mit aller Energie gesagt werden: All diese grauenvolle Mechanisierung des Lebens, das Gottspielen, die Versklavung jeder Einzelperson durch eine Gruppe von „Experten“, kann aufgehalten werden – wenn man mit aller Kraft dagegen ankämpft. Die klare Erkenntnis, daß der beschrittene Weg in den Abgrund führt, kann eine Wendung, ein neues Aufblühen herbeiführen. Analog wie die Ökologie gegen die Zerstörung der äußeren Lebensbedingungen durch die Technik ankämpft, so muß eine geistige Ökologie den Kampf gegen die Entmenschlichung aufnehmen. Aber ein Sieg ist nur zu erhoffen durch die Konversion des einzelnen Menschen, seine Bekehrung zu Gott durch Christus und zu seiner hl. Kirche. Nur Christus kann die Menschheit in dieser vielleicht schlimmsten Gefahr retten. Die hl. Kirche muß den unerbittlichen Kampf aufnehmen gegen diese Entmenschlichung, gegen diese Entpersonalisierung, gegen alle diese Pläne.

Aber alle, die noch gesunde, natürliche Menschen sind mit gesundem Menschenverstand und Menschen, in denen noch ein wahres Humanitätsideal lebt, die – im Gegensatz zu jenen bloßen Professoren, die mit Wissensdünkel erfüllt sind – noch wahrhaft kultiviert sind, müssen zum Kampf mit aufgerufen werden

Rahner erklärte damals in seinem Vortrag: Die Kirche stünde dieser Entwicklung neutral gegenüber; sie fördere sie nicht, sie bekämpfe sie aber auch nicht. Gott sei Dank ist dies nur eine private Behauptung Rahners. Von einer legitimen Neutralität kann keine Rede sein. – Aber leider ist es wahr, daß die Tragweite dieser furchtbaren Tendenz innerhalb der Kirche nicht genügend gesehen wird.

Alle Glieder der „Fünften Kolonne" in der Kirche, von der ich schon sprach, werden natürlich diese Entwicklung begrüßen. Sie paßt in ihr Bestreben, die hl. Kirche zu zerstören. Aber all diese – ganz gleich ob es Laien, Priester oder Bischöfe sind – gehören ja in Wirklichkeit nicht mehr zur hl. Kirche, obgleich sie noch in der Kirche verbleiben, um dort wirksamer ihr Ziel erreichen zu können.

Wir erwähnten schon, daß es aber auch viele Priester und Bischöfe gibt, die durchaus nicht zur „Fünften Kolonne" gehören, die nur geblendet, überrannt sind von den Häresien, die mit der Zeit mitschwimmen wollen, die das Urteil der Welt mehr fürchten als Gott. Sie werden in besonderer Weise alle heutigen Tendenzen und Entwicklungen, die modern sind, für einen Fortschritt halten.

Ganz anders ist die Situation bei denen, die die Tragweite des Niederganges in ihrem Wunsch, positiv zur Welt eingestellt zu sein und dem immanenten Fortschritt in Technik, Medizin usw. gerecht zu werden – die wahre Situation der Menschheit im gegenwärtigen Moment nicht erkennen. Diese Kreise in der Kirche werden die einzelnen Elemente der Fäulnis verurteilen, aber sie erkennen den Zusammenhang derselben mit der Gesamtrichtung nicht. Hier wirkt sich die „Verdiesseitigung" aus, über die ich später noch ausführlich sprechen werde, – die Betonung der Weltverbesserung, des irdischen Fortschritts in der Abschaffung der Armut, der sozialen Ungerechtigkeit, der Kriege usw. gegenüber der Heiligung des Einzelmenschen und der „glorificatio" Gottes, die Betonung der irdischen Zukunft gegenüber der Ewigkeit.

Man hört heute viel Gefasel über das Erwachen zum Menschlichen. Man betont, daß durch das 2. Vatikanische Konzil die Entmenschlichung demaskiert worden sei, die in der Kirche ihr Unwesen trieb und daß jetzt der zur Mündigkeit erwachte Mensch dem Menschlichen wieder seinen gottgewollten Platz einräume.

In Wirklichkeit ist aber die Entmenschlichung im Herabsinken auf das Tierische das spezifische Zeichen unserer Zeit.

Dieselben Katholiken, die der Kirche Entmenschlichung vorwarfen, wollen nicht länger volle, wahre Menschen sein, ihr Vorbild ist das Tier. Sie lassen sich von der weitverbreiteten Mode anstecken, die ein falsches Bild voller Menschlichkeit aufstellt und in Wahrheit eine Revolte gegen das „imago Dei"-Sein darstellt. Man lese nur das Buch „The human Ape" „Der menschliche Affe", in dem diese Tendenz konsequent durchgeführt ist.[9] Es handelt sich dabei nicht um das tierhafte von seinen Trieben Beherrscht-Sein – was wir zu allen Zeiten finden konnten. Es handelt sich um ein Idol, das von Pseudo-Intellektuellen propagiert wird: um eine Revolte gegen das „imago Dei"-Sein – um eine Glorifizierung des Tierhaften: das Tier als Vorbild.[10] Diese Entmenschlichung geht mit der Entgeistigung Hand in Hand. Es ist sehr bezeichnend für den Niedergang der Kultur und der Menschheit, daß gegenüber den edlen Sinnen – dem Sehen und dem Hören – der Tastsinn in den Vordergrund gestellt wird. Man scheint anzunehmen, der Tastsinn vermittle uns die Realität der uns umgebenden Welt mehr als das Auge und das Ohr. Darin liegt eine typische Entgeistigung – ein Absinken auf die Stufe des Tieres.

Wenn wir auch in keiner Weise das große Geschenk *aller* Sinne verkleinern wollen, und den beglückenden Kontakt, den uns der Tastsinn vermittelt, leugnen wollen – so muß doch auf den ungeheuren Vorsprung des Auges und Ohres, ihre spezifische Geistigkeit hingewiesen werden! [11]

Denken wir nur an die Rolle des Auges, des Sehens in der Erkenntnis der uns umgebenden Welt, an die Distanz zum Objekt im Wahrnehmen eines Objektes mit unserem Auge – an die für das Erkennen unerläßliche Distanz zum Objekt, an die Geistigkeit dieses Sinnes. Welche besondere Rolle spielt das Sehen in der Beziehung zu anderen Menschen und erst recht in

[9] „The human Ape", Desmond Morris.

[10] C. S. Lewis charakterisiert dieses Idol treffend als „The trousered Ape" („Der behoste Affe").

[11] Hans Jonas hat sehr schön auf den einzigartigen Adel des Sehens hingewiesen in seinem Aufsatz über „Nobility of Sight".

der Kunst – Architektur, Malerei, Plastik und auch im Erfassen der Schönheit der Natur. Das Sichtbare ist ein eminenter Träger der Schönheit.

Aber auch das Hören – das Ohr besitzt eine analoge Geistigkeit wie das Sehen. Auch hier ist eine analoge „Distanz" zum Objekt zu finden. Auch das Gehörte ist eminenter Träger der Schönheit – denken wir nur an das Reich der Musik! Und welche Rolle spielt das Hören der Worte in der Gemeinschaft mit Menschen. Welche Bedeutung hat das Hören ihrer Stimme! Wir brauchen nur an die vielfältige Rolle der Sprache zu denken in der geistigen Berührung anderer Personen und an die ganze Poesie der tönenden Welt.

Zu glauben, der Tastsinn sei wesentlicher und spiele in der Erkenntnis der Realität eine größere Rolle als das Auge, ist ein großer Irrtum. Gewiß, er vermittelt etwas, das nur er geben kann. Aber zu behaupten, wie es im „sensitivity training" geschieht, die Realität einer anderen Person werde für uns erst durch ein Betasten des Leibes voll erfaßt, ist ein großer Unsinn.

Die Rolle des Tastsinnes für die Gemeinschaft ist gerade die eines Ausdrucks, einer Aktualisierung und in gewissen Fällen der Erfüllung einer schon bestehenden Gemeinschaft. Die Funktion des Sich-die-Hand-Reichens ist nicht die, die Realität der anderen Person festzustellen, sondern die eines Ausdrucks einer Verbundenheit mit ihr. Die große, edle Bedeutung des Kusses ist nur als Ausdruck einer engeren Gemeinschaft möglich und vor allem der Kuß auf den Mund und die Umarmung sind eine einzigartige Verlautbarung der Liebe. Sie setzen nicht nur ein klares Bewußtsein der fremden Person, sondern eine tiefe besondere Verbundenheit der Herzen voraus – wenn sie nicht einen rein konventionellen Charakter haben.

In dieser Überbetonung des Tastsinnes in der heutigen Zeit – in dem Versuch, ihm eine größere Rolle als dem Auge und Gehör zuzuschreiben, ist ein typisches Symptom einer Entgeistigung enthalten. Vielleicht wird eines Tages auch dem Geruchssinn die erste Stelle eingeräumt – womit wir wahrhaft „auf den Hund" kämen.

Wir haben schon in früheren Schriften, besonders im „Tower of Babel" und viel früher in „Reinheit und Jungfräulichkeit" auf das Wesen des Intimen hingewiesen und auf die große Rolle, die das Intime im Leben der Person spielt. Wir müssen aber hier noch einmal auf das Wesen des Intimen und seiner fundamentalen Bedeutung eingehen, da die heute immer weiter um sich greifende Zerstörung der Intimität eine besondere Form der Entpersonalisierung darstellt. Es gehört zum Wesen der menschlichen Person hier auf Erden, daß vieles, was in ihr vorgeht und besonders die tiefen Erlebnisse, nicht in die irdische Öffentlichkeit passen. Es gibt z. B. in den Beziehungen zu gewissen Personen (Beziehungen einer tiefen Liebe, welcher Kategorie sie auch angehöre) immer etwas, das der neutralisierenden, neugierigen, von außen sehenden Haltung des „Publikums" widerstrebt. Die Intimität, die jeder tiefen Liebe eigen ist in allen Kategorien der Liebe, wehrt sich gegen die neutrale Öffentlichkeit, ja jedes von dieser Öffentlichkeit Vergewaltigt-Werden. Es ist eine Entweihung und dem Sinn und Wesen dieser Beziehung radikal entgegengesetzt.

Es gehört zu dem vollen Eigenleben des Menschen, daß er eine intime Sphäre besitzt. Diese spielt sowohl in seinem Verhältnis zu Gott, in dem „commerce intime" mit Jesus – der wichtigsten und höchsten Schicht des Menschen – als auch in allen tiefen Beziehungen zu anderen Menschen eine zentrale Rolle. Sowohl das Öffnen der Intim-Sphäre – je nach dem Logos der jeweiligen Beziehung in verschiedenem Maße – als auch das Eindringen in die intime Sphäre des anderen sind ein wesentlicher Bestandteil der tiefen Beziehungen zu anderen Menschen. Wenn wir von einem Freund sagen, wir sind ihm viel näher gekommen, so zielen wir gerade auf dieses Intimer-Werden ab.

Der Höhepunkt innerhalb aller Intimität findet sich innerhalb der menschlichen Beziehungen in der ehelichen Liebe und Einheit. Wie wir an anderer Stelle ausführten („Reinheit und Jungfräulichkeit“), ist die sexuelle oder sinnliche Sphäre das Geheimnis jedes Menschen. Sie ist spezifisch intim und darum bedeutet die gegenseitige Erschließung dieses Geheimnisses dem Geliebten gegenüber eine einzigartige Erfüllung der „intentio unionis“. Wenn man der sexuellen Sphäre ihre Intimität nimmt, tötet man sie; dann verliert die sexuelle Vereinigung den Charakter der tiefen gegenseitigen Schenkung seiner selbst und sie wird auch all ihres tiefen Zaubers beraubt. Es ist nicht schwer zu sehen, welch systematischer Kampf gegen die Intimität nicht nur auf dem Gebiet des grauenvollen Sexualunterrichtes in der Schule, sondern auf der ganzen Linie des personalen Lebens heute stattfindet. Diese Zerstörung geht mit der Neutralisierung und Entpoetisierung der Welt Hand in Hand. Sie stellt einen wesentlichen Teil der Entpersonalisierung dar. Wir wiederholen: Ohne Intimität gibt es kein wahres personales Leben.

Leider ist diese Zerstörung der Intimität auch in die hl. Kirche eingedrungen. Der verhängnisvolle Sexualunterricht ist in viele katholische Schulen eingedrungen, wird von vielen Bischöfen angeordnet und von Rom zumindest noch nicht streng verurteilt und verboten. Der Einbruch des Kollektivismus, von dem wir schon sprachen, der unter dem Titel des „Kollektivistischen“ in die Liturgie eingedrungen ist, ist schwer zu verkennen. Man verwechselt dabei die irdische und himmlische Öffentlichkeit, die übernatürliche Gemeinschaft in Christus mit einer bourgeoisen Pfarrgemeinschaft, den Nächsten mit dem Nachbarn.

Mit der Zerstörung der Intimität hängt auch die systematische Zerstörung der Schamhaftigkeit eng zusammen. Die echte Schamhaftigkeit – im scharfen Gegensatz zu aller Prüderie – die auch „modestia“ genannt wird und im Englischen neben „bashfulness“ auch „modesty“ genannt wird, ist ebenfalls ein wesentlicher Bestandteil der echten Persönlichkeit und gehört zum wahren personalen Leben.

Sie besteht gerade darin, das Intime als intim zu erleben und es den Augen der Öffentlichkeit zu entziehen. Ein Mensch, der sich nie schämt, weder wenn man seine Tugenden in seiner Gegenwart öffentlich lobt, noch wenn man seine Laster bekannt macht, der vor allem sich nicht schämt, wenn seine Intimsphäre, seine tiefen Gefühle und besonders das, was mit der sinnlichen Sphäre zusammenhängt, in die Öffentlichkeit gezogen werden, ist ein roher, oberflächlicher, gleichsam ausgehöhlter Mensch. Er verliert auch allen Charme, alles Geheimnisvolle und büßt auch seine Tiefe ein.

Es gibt natürlich auch ein öffentlich Zur-Schau-Tragen des Sexuellen, das eine reine Perversion darstellt, den Exhibitionismus. Die Schamlosigkeit ist hier auf das sexuelle Gebiet beschränkt, sie hat nicht das Stumpfe, Neutralisierte, Entpersonalisierte, sondern etwas Ekelhaftes und Peinliches. Aber diese Schamlosigkeit ist nicht die spezifische Gefahr, von der wir hier sprechen; sie ist heute nicht verbreiteter als früher. Der Exhibitionist will sich ja gerade einem Fremden zeigen, weil er sich der intimen Natur des Sexuellen bewußt ist und gerade in der Exposition des Intimen eine perverse Befriedigung findet, sowie in dem Schock, den er bei einer fremden Person, mit der er keinerlei seelische Beziehung hat, hervorruft. Nein, wir denken an die Schamlosigkeit im Ganzen bei dem Menschen, der sich nie schämt, bei dem Stumpfen, der alles Intime öffentlich bespricht wie neutrale Angelegenheiten, dem Menschen, für den das Leben und die Welt ein „Laboratorium" geworden ist. Er spricht über sexuelle Dinge, auch seine eigene Person betreffend, wie man über das Wetter spricht in aller Öffentlichkeit; er neutralisiert alles. Das ist die Tendenz unserer Zeit und ein wesentlicher Zug der Entpersonalisierung. Wie schön, wie edel, wie charmevoll ist das Erröten eines jungen Mädchens in gewissen Situationen. Es ist unfaßbar, wieviel heute unter dem Titel der „Wissenschaft" zerstört wird im menschlichen Leben. Sogar Bischöfe sind gänzlich blind für die Katastrophe der Entpersonalisierung und der Zerstörung natürlicher Glücksquellen des menschlichen Lebens, die bis in das übernatürliche Leben hineinreichen. Sie sehen diejenigen, die gegen dieses Unwesen kämpfen, als prüde, rückständig, an dem Gewohnten haftend an.

Es bleibt wahrhaft unbegreiflich, wie viel man von dem Fortschritt unserer Zeit in Predigten, Hirtenbriefen, katholischen Büchern usw. hört – wie der Glaube an die ungeheure Überlegenheit früheren Zeiten gegenüber in das Bewußtsein der Katholiken eingedrungen ist. Sind etwa die Zeichen der Zeit nicht deutlich genug? Sprechen sie nicht eindeutig genug? Ja, es ist unbegreiflich, daß man das Hineilen zum Untergang als einen Fortschritt ansieht – wo man doch rufen müßte: „Inter vestibulum et altare plorabunt sacerdotes, ministri Domini et dicent: Parce Domine, parce populo tuo!“ („Zwischen dem Vorhof und dem Altar werden die Priester weinen, die Diener Gottes, und sie werden rufen: Schone, o Herr, schone Deines Volkes!“).[12]

---

[12] Joel 2, 15.

Kapitel 4a

BLEIBT NOCH EIN LICHTBLICK?

Guardini hat in seinem Buch „Das Ende der Neuzeit" auf diesen Niedergang der Menschheit hingewiesen und zwar faßte er es als den Untergang der ganzen abendländischen Kultur und Tradition auf. Er sah es als ein unabwendbares Fatum an und als einen Prozeß, den wir nicht aufhalten können. Sein Hauptthema war: Wie wird die hl. Kirche diesen Zusammenbruch der Menschheit überleben, in welcher Form und Weise?

Wir möchten aber angesichts dieses apokalyptischen Niederganges der Menschheit noch einmal betonen, daß es *kein* unabwendbares Fatum ist, daß es mit Gottes Hilfe abwendbar ist durch das freie Eingreifen derer, die klar sehen, daß die Menschheit dem Abgrund – und nicht, wie es der falsche Prophet Teilhard de Chardin behauptet, in herrlicher Evolution dem Christus Omega zusteuert. Es ist höchste Zeit, daß eine Ökologie der geistigen Sphäre auch auf natürlicher Ebene diesen furchtbaren Irrtum entlarvt.

Aber vor allem: Hat nicht Christus die Menschheit erlöst, kann er nicht auch dieses Dem-Abgrund-Zueilen zum Halten bringen in einer Weise, die wir uns nicht vorstellen können, aber auf die wir hoffen können. Und vergessen wir nicht, wieviel herrliche Dinge noch existieren, daß die Botschaft Gottes in dem sonnendurchstrahlten Himmel, in der Schönheit der Natur noch fortlebt. Treffen wir nicht auch heute noch edle, reine Menschen, aus deren Wesen uns ein beglückendes Licht entgegenleuchtet – Menschen, in denen ein tiefer Glaube, eine wahre Liebe zu Christus lebt – ja gibt es nicht auch heute noch viele Heilige?

Nein, der furchtbare Niedergang der Menschheit, die ganze fortschreitende Entmenschlichung soll uns zwar den Ernst der Situation vor Augen führen - aber die Antwort darf nicht eine Entmutigung sein oder gar Verzweiflung, sondern ein verstärkter Glaube, eine unüberwindliche Hoffnung, eine stärkere Liebe – und die Erkenntnis der übermenschlich großen Aufgabe der heiligen Kirche: die Menschheit – wenigstens ihre Kinder – vor diesem Untergang zu retten.

Ist nicht unser Leben ein „status viae"? Ist Hoffnung nicht die Urhaltung, die den „status viae" kennzeichnet? Das Wesen des „status viae" ist das Gerichtetsein auf den „status termini" – der hoffende Ausblick auf diesen. Dieser Ausblick macht uns nicht etwa stumpf und gleichgültig für das, was sich in „statu viae" ereignet und was unsere Aufgaben hier sind. Ganz im Gegenteil, dieser hoffende Ausblick auf die Ewigkeit verleiht uns nicht nur die wahre Wachheit zum Ernstnehmen jedes Augenblicks in unserm Leben, sondern auch die Sicht der wahren Hierarchie aller natürlichen Güter. Dieser Ausblick ist es, der uns davor schützt, den Horror des gegenwärtigen Niedergangs der Menschheit als ein Endgültiges, Unaufhaltsames zu betrachten – denn die überwiegende Realität der Ewigkeit gibt uns Kraft, Mut und Hoffnung, gegen diesen Niedergang anzukämpfen.

Und vor allem müssen wir beten, daß die Menschheit, statt dem Abgrund zuzueilen, wieder umkehre zu den wahren Werten. Aber dies ist nur möglich, wenn der Weinberg des Herrn neu erblüht. Und darum müssen wir vor allem Gott bestürmen, daß der Geist eines hl. Pius X. die Hierarchie erfülle – daß das große Wort „Anathema sit" wieder ertöne gegenüber all den Häretikern und vor allem gegenüber allen Mitgliedern der „Fünften Kolonne" in der Kirche. „Exsurge, quare obdormis, Domine; quare faciem tuam avertis, oblivisceris tribulationem nostram".[1] Ja, bestürmen wir Gott, daß der Weinberg des Herrn wieder in voller Pracht erstehe – beseelt von der

[1] „Steh auf, warum schläfst Du, o Herr, warum wendest Du ab Dein Angesicht und vergißt unsere Bedrängnis." Ps. 43, 23-25.

Hoffnung, die aus den Worten spricht: „In te, Domine, speravi: non confundar in aeternum!“ [2]

[2] „Auf Dich, o Herr, vertraue ich: Ich werde nicht zuschanden werden in Ewigkeit!“ Hymnus des hl. Ambrosius.

5. Kapitel

IST DIE GESCHICHTE QUELLE DER OFFENBARUNG?

Ich habe im „Trojanischen Pferd“ über die verschiedenen Arten der Vergottung der Geschichte gesprochen – sei es in der Form des historischen Relativismus, sei es in der falschen Interpretation des „Kairos“. Hier aber wollen wir uns der Form von Vergottung der Geschichte zuwenden, die behauptet, die Offenbarung schließe nicht mit den Aposteln ab – sondern durch die Geschichte und in der Geschichte fänden wir eine Fortsetzung der Offenbarung. Dieser Irrtum ist leider heute weit verbreitet.

In dieser Behauptung wird zugleich die „Heilsgeschichte“ in ihrer Einzigartigkeit nicht mehr gesehen und die profane Geschichte auf dieselbe Stufe wie die Heilsgeschichte gestellt.

Selbstverständlich meint man damit nicht die mit der Verurteilung der Häresien Hand in Hand gehende fortschreitende Formulierung der von den Aposteln überlieferten göttlichen Offenbarung – die Entwicklung des „Impliziten“ zum „Expliziten“, die in den Dogmen, dem „depositum catholicae fidei“ ihren Niederschlag findet. Diese Entwicklung vollzieht sich unter dem Schutz des Heiligen Geistes. Dies hat aber offensichtlich mit dem Ablauf der profanen Geschichte nichts zu tun und ist auch keine inhaltlich neue Offenbarung.

Diese Behauptung, daß sich die übernatürliche Offenbarung Gottes im strikten Sinn des Wortes in der Geschichte noch fortsetze, ist auch ein Verkennen des radikalen Unterschiedes der Rolle der Geschichte in der „Heilsgeschichte“ und in der profanen Geschichte. Man merkt nicht den Unterschied zwischen dem, was der Geschichte als solcher eigen ist – oder ihr als solcher zugeschrieben wird wie der vermeintliche

Hegel'sche Weltgeist – und dem einzigartigen übernatürlichen Eingreifen in einem bestimmten Moment der Geschichte.

Der Heilige Vater hat auf diese Frage eine eindeutige Antwort gegeben in einer Audienz am 19. Januar 1972: „Die Frage ist die: Ist der sich aus dem Evangelium ergebende Kontakt mit Gott ein Augenblick, der in die natürliche Entwicklung des menschlichen Geistes hineingehört und damit ständigem Wandel und steter Überbietung unterliegt? Oder aber ist er ein einmaliger und entscheidender Augenblick, von dem wir uns unaufhörlich nähren sollen, wobei wir jedoch den wesentlichen Inhalt als unveränderlich erkennen? Die Antwort ist klar: dieser Augenblick ist einmalig und entscheidend. Das heißt, die Offenbarung ist eingefügt in die Zeit, in die Geschichte; sie ist an ein genaues Datum und an ein bestimmtes Ereignis geknüpft, das man mit dem Tod der Apostel als abgeschlossen und für uns vollendet betrachten muß (vgl. Denz. Sch. 3421). Die Offenbarung ist eine Tatsache, ein Ereignis, aber gleichzeitig ein Geheimnis, das nicht aus dem menschlichen Geist stammt, sondern aus göttlicher Initiative, welche sich in fortschreitender Weise im Laufe der Geschichte durch das ganze Alte Testament bekundet und ihren Höhepunkt in Jesus Christus erreicht hat (vgl. Hebr. 1, 1; 1 Jo 1, 2-3; Konzilskonst. Dei Verbum Nr. 1).“ [1]

Die Kirche unterscheidet eindeutig und klar diese einmalige Offenbarung Christi, die mit dem Tode der Apostel ihren Abschluß findet, von allen Privatoffenbarungen – selbst wenn diese als echt anerkannt werden und von allen vermeintlichen, unechten Privatoffenbarungen unterschieden werden. Aber diese Privatoffenbarungen beziehen sich nie auf dogmatische Fragen des Glaubens und der Moral, wie die christliche Offenbarung. Viele Heilige, Mystiker haben Visionen und Dialoge mit Christus gehabt – die hl. Gertrud, die hl. Theresia von Avila, die hl. Katharina von Siena, der hl. Franziskus von As-

[1] Ansprache Papst Paul VI., bei der Generalaudienz am 19. Januar 1972, Deutscher „Osservatore Romano“, Nr. 4, Jg. 2, 28. I. 72.

sisi, der hl. Johannes vom Kreuz – aber all diese beziehen sich auf einzigartige Erlebnisse, auf die Beziehung des Heiligen zu Jesus, oder auf konkrete Aufgaben – alle aber im Rahmen des offiziellen „depositum catholicae fidei". Wenn irgend etwas in diesen Privatoffenbarungen vorkam, das dem „depositum catholicae fidei" widersprach – so wurde es von den hl. Mystikern selbst als Täuschung angesehen.

Aber es liegt keine Verpflichtung vor für den katholischen Gläubigen, den Inhalt dieser Privatoffenbarungen in seinen Glauben einzuschließen.[2]

Wiederum gibt es übernatürliche Erscheinungen – wie in Lourdes oder Fatima – die sich eindeutig von aller Offenbarung Gottes in Christus – die mit den Aposteln abgeschlossen ist – unterscheiden. Es sind große Wunder – teils wunderbare Heilungen, teils übernatürliche Warnungen –, aber sie stellen keinerlei Ergänzungen zu der mit den Aposteln abgeschlossenen Offenbarung im eigentlichen Sinn des Wortes dar. Diese letzteren sind keine Privatoffenbarungen wie die der hl. Mystiker, da sie sich an alle richten – die Personen, die sie erleben, haben mehr den Charakter eines Sprachrohres: In Guadalupe ist es ein schlichter Indianer, der sonst keine Visionen oder mystischen Erlebnisse hatte – in Lourdes ein ganz junges Mädchen, Bernadette – in Fatima Kinder, die zwar Heilige wurden, aber keine typischen Mystiker.

Auch hier handelt es sich nicht um Offenbarung im Sinne der göttlichen Offenbarung von Glaubensinhalten und Moral, wie die Offenbarung, die im „depositum catholicae fidei" niedergelegt ist.

[2] Es genügt, wenn er den hl. Mystiker tief verehrt – womöglich anruft und die Privatoffenbarung als große Gnade Gottes für den Heiligen mit Ehrfurcht behandelt. Dies ist das Geforderte – aber damit soll nicht gesagt sein, daß eine ausdrückliche Beschäftigung mit diesen Privatoffenbarungen nicht eine Quelle der Erbauung und Hilfe im geistlichen Leben sein kann; ja daß es so etwas gibt – diese direkte übernatürliche Beziehung des hl. Mystikers mit Christus soll uns mit Freude erfüllen, und sich daran zu erbauen, gehört wohl zum vollen religiösen Leben jedes wahrhaft gläubigen Katholiken.

Aber viele Progressisten sehen die *Geschichte* als eine Offenbarung im vollen Sinn an, als eine Ergänzung und Fortsetzung der Offenbarung Gottes in Christus durch die Apostel. Man spricht besonders von der Offenbarung durch den Hl. Geist in der Geschichte – und dies ist ausgesprochen falsch und ausdrücklich vom Heiligen Vater als Irrtum gekennzeichnet.

* * *

Aber, so könnte man einwenden – das alte Wort „vox temporis – vox Dei" hat doch einen guten Sinn und kann in keiner Weise als ein Ausdruck des modernen Historizismus gedeutet werden. Dieses Wort bringt doch deutlich zum Ausdruck, daß Gott in der Geschichte und zwar in dem gegenwärtigen Zeitpunkt der Geschichte zu uns spricht. Die gegenwärtige Zeitepoche enthält also doch jeweils eine Botschaft Gottes an den Menschen und diese Botschaft muß verstanden, aufgenommen werden – wir müssen dem in dieser Botschaft gelegenen Ruf folgen. Taub für diese Botschaft zu sein wäre – so meint man – ein großes Unrecht, ein Ungehorsam gegen Gott.

Dies mag für viele plausibel klingen. Sobald man aber genauer untersucht, was der wahre Sinn von „vox temporis – vox Dei" ist, wird es ganz klar, daß damit in keiner Weise dasselbe gemeint ist wie mit dem Schlagwort „Gott offenbart sich in der Geschichte" im oben ausgeführten Sinn. Die „vox Dei" bezieht sich auf besondere Aufgaben, die uns gestellt werden – aber in keiner Weise auf die göttliche Offenbarung. Selbstverständlich stellt die jeweilige Zeitepoche, in der wir leben, uns vor bestimmte Aufgaben. Wenn im Mittelalter Orden gegründet wurden zur Befreiung der Christen, die in mohammedanische Gefangenschaft gefallen waren, so enthielt die besondere historische Situation einen Ruf Gottes für ein solches Unternehmen. Das großartige Hilfswerk von Pater Werenfried van Straaten (dem sog. Speckpater) ist eine typische Antwort auf die furchtbare geistige und physische Notlage, in die viele durch das große Übel des Kommunismus gestürzt wurden.[3] Der Appell Gottes für dieses Hilfswerk bestand nicht vor 100 Jahren. Die Zeitepoche stellt neue Probleme, die früher nicht bestanden. Aber diese neuen Probleme stellt nicht der „Zeitgeist" - sondern neue Fakten. Die Lösung der neuen Probleme soll nie aus dem „Zeitgeist", sondern aus dem Geiste Christi erfolgen. Der „Zeitgeist" im Sinne der vorwiegenden Ideologie hingegen stellt nur die Aufgabe, die Irrtümer zu bekämpfen, die früher nicht aktuell waren. Gewiß, auch die Förderung des Guten, das sich im Zeitgeist finden mag, ist eine gottgewollte Aufgabe. Aber all dies hat offenbar nichts mit einer Offenbarung Gottes zu tun - im Sinne der Erschließung der göttlichen Mysterien; es sind nicht neue Glaubenswahrheiten, sondern ein Ruf, bestimmte Aufgaben zu erfüllen, die die jeweilige Zeitepoche stellt. Die „vox Dei" in einer bestimmten Zeitepoche ist nicht Offenbarung im eigentlichen Sinn des Wortes, sie hat keinen übernatürlichen Charakter.

Die Zeitepoche belehrt uns auch nicht über prinzipielle Wahrheiten in Bezug auf sittliche Fragen. In einer bestimmten historischen Situation treten neue Aufgaben an uns heran - der Ruf Gottes ist hier, sie zu erfüllen - aber die Zeitepoche belehrt uns nicht über Gut und Böse. Der Ruf Gottes besteht oft gerade in dem Widerstand gegen alle Irrlehren, die sich als christlich präsentieren, gemäß dem Wort des hl. Paulus „Denn es kommt eine Zeit, da man die gesunde Lehre unerträglich findet und aus Verlangen nach Ohrenkitzel nach eigenem Sinn sich Lehrer über Lehrer verschafft. Von der Wahrheit wird man das Ohr abwenden und sich Fabeleien zuwenden." [4]

Der radikale Unterschied von dem, was sinnvoller Weise das Wort „vox temporis - vox Dei" ausdrückt, zu der göttlichen Offenbarung tritt klar hervor, wenn wir die profane

---

[3] Diese Aktion begann gleich nach dem Zweiten Weltkrieg, zunächst auch als Hilfe für das ausgehungerte Deutschland und erstreckt sich heute auch auf die „dritte Welt", besonders aber auf die kommunistisch regierten Länder.

[4] 2 Tim 4.

Absender: ______________________________

____

____

Telefon : ______________________________

Telefax: ______________________________

E-Mail: ______________________________

Bitte
ausreichend
frankieren

Deutsche Post

ANTWORT

VAK Verlags GmbH
Eschbachstraße 5
79199 Kirchzarten
Deutschland

Bitte informieren Sie mich regelmäßig

- ❑ per Post
- ❑ Monatsangebot per E-Mail
- ❑ Ich möchte Ihren E-Mail-Newsletter abonnieren:

____
(meine E-Mail-Adresse)

Bitte senden Sie mir

- ❑ **VAK-Gesamtprogramm**
  Bücher rund um Gesundheit, Pädagogik, NLP, Neues Denken, Kinesiologie
- ❑ **X-Sachen-Katalog**
  Lernen, Gesundheit, Nahrungsergänzung, pädagogisches Spielzeug, Kinesiologie
- ❑ **IAK-Kursprogramm**
  Seminarangebot Kinesiologie, Lernen, Gehirntraining und Veranstaltungen mit VAK-Autoren

Diese Karte entnahm ich dem Buch:

Mein Kommentar:

Besuchen Sie uns auf unserer Website: www.vakverlag.de

Geschichte mit der Heilsgeschichte vergleichen. Die Heilsgeschichte im Alten Testament enthält Offenbarungen im vollen Sinn des Wortes. Gottes Offenbarung, sei es an Abraham, sei es durch Moses und die Propheten – ist ein Eingreifen der Offenbarung Gottes in einem bestimmten geschichtlichen Moment. Das gilt noch ungleich mehr von der Selbstoffenbarung Gottes in Christus. Alle Taten Christi spielen sich in der Geschichte ab. Aber dieses direkte Eingreifen Gottes in die Geschichte ist durch eine Welt geschieden von dem, was die profane Geschichte von Gott künden kann. Und erst recht sind alle Worte Christi eine Offenbarung – die zwar in der Geschichte und in einem bestimmten Moment stattfand – aber selbst als solche noch *völlig* über die Heils*geschichte* hinausgehen.

6. Kapitel

„QUI TE FECIT SINE TE ...“ [1]

Ein gefährlicher Irrtum, der leider auch in das Heiligtum der Kirche eingedrungen ist, ist die Vorstellung eines Fortschritts in der Geschichte in Bezug auf unsere objektive Beziehung zu Gott, wobei man annimmt, daß Gott die Menschheit durch den Lauf der Geschichte näher an sich zieht – ohne daß der Einzelne etwas davon weiß. Dies ist besonders eine Frucht des Teilhardismus.

Es ist von großer Bedeutung zu verstehen, daß kein Mensch ohne seine Mitarbeit die ewige Seligkeit erlangen kann.[2] „Qui te fecit sine te, non te justificat sine te“ (Der Dich ohne Dich schuf, rechtfertigt Dich nicht ohne Dich), sagt der hl. Augustinus. Wenn auch die Mitarbeit des Einzelnen nur ein winziger Faktor ist im Vergleich zu der unendlichen Barmherzigkeit Gottes – der Erlösung durch den Kreuzestod Christi, dem Empfang der heiligmachenden Gnade in der Taufe – so ist doch die Kooperation mit der Gnade, der Gehorsam gegenüber den Geboten Gottes, Glaube, Hoffnung und Liebe, die Nachfolge Christi – ein Faktor von entscheidender Bedeutung.

Das Evangelium läßt keinen Zweifel darüber, daß Gott den Menschen als einen Partner behandelt und daß zu unserer Heiligung und der Verherrlichung Gottes durch sie und endlich zu unserer ewigen Seligkeit unser Verhalten, unsere Antwort eine entscheidende Rolle spielt. Christus sagt: „Wahrlich, ich sage euch, wenn eure Gerechtigkeit nicht größer ist als die der

---

[1] St. Augustin: Serm. (de Script. N. T.) CLXIX. XI, 13.

[2] Selbstverständlich denke ich hier an den erwachsenen Menschen, der über den Gebrauch der Vernunft und des freien Willens verfügt. Ein kleines Kind, bei dem dieser noch nicht vorliegt, kann natürlich, wenn es getauft ist, ohne seine Kooperation der ewigen Seligkeit teilhaftig werden.

Schriftgelehrten und Pharisäer, so werdet ihr nicht in das Himmelreich eingehen“ und: „Nicht alle, die zu mir sagen: Herr, Herr, werden in das Himmelreich eingehen, sondern die den Willen des Vaters tun, der im Himmel ist.“ [3]

Es ist offenbar unmöglich, alle Stellen im Evangelium aufzuzählen, in denen auf die Bedeutung unseres Gehorsams gegenüber den Geboten Gottes und unserer Liebe zu Gott und zum Nächsten hingewiesen wird. Das ist ja der Sinn und das Wesen der Offenbarung, daß Gott zu uns als Personen spricht, und wir damit als Personen mit der übernatürlichen Wahrheit bekannt werden und mit unserem Glauben die gottgewollte Antwort geben. Zum Sinn der Offenbarung gehört es auch, daß wir die Gebote Gottes kennenlernen und ihnen gehorchen. Zum Sinn der Offenbarung in dem Gottmenschen Jesus Christus gehört es, daß uns seine anbetungswürdige Heiligkeit aufleuchtet und wir ihm nachfolgen. Glaube, Hoffnung und Liebe sollen in uns erblühen und dazu gehört, abgesehen von dem Geschenk der Gnade, der Mitteilung des göttlichen Lebensprinzips in der Taufe, auch unsere freie Mitarbeit. Wir erlangen darum die ewige Seligkeit nicht über unseren Kopf hinweg. Wenn wir an all die übrigen Geschöpfe denken, z. B. Pflanzen und Tiere, so geschieht alles an ihnen und durch sie ohne ihre freie Mitarbeit. Sie sind keine personalen Wesen – eine Offenbarung hätte für sie keinen Sinn. Sie besitzen weder die Fähigkeiten wahrer Erkenntnis und wahren Verstehens – die dem Menschen als Person allein eigen ist – noch den freien Willen.

Nun kommt es darauf an zu verstehen, welche Dinge auch im menschlichen Leben nur von Gott her, ohne eine Kooperation des Menschen erfolgen und welche die freie Mitwirkung erfordern.

„Qui te fecit sine te“, sagt Augustinus. Daß wir existieren, unser Dasein als Personen, daß wir die Fähigkeit der Erkenntnis, die Freiheit des Willens besitzen – all dies sind reine Ge-

---

[3] Mt 7, 22.

schenke Gottes, die wir erhalten. Hier hätte es keinerlei Sinn, von unserer Kooperation zu sprechen. Aber auch das Wirken der Vorsehung in unserem Leben ist völlig unabhängig von uns. Jeder, der an all die Fügungen seines Lebens denkt, an all die Situationen, in die er geführt worden ohne sein Zutun – erblickt ein riesiges Gewebe von Dingen, die ohne sein Zutun zustande kamen: Welche Eltern er hatte, wie seine Geschwister waren, in welcher Umgebung er aufwachsen durfte, wie seine körperlichen Anlagen beschaffen sind, ob er bei einer Epidemie angesteckt wird oder nicht, ob er Menschen kennenlernt, von denen er vorher nichts wußte und die nachher eine entscheidende Rolle in seinem Leben spielen. Im ganzen Walten der Vorsehung haben wir es mit reinen Fügungen Gottes zu tun, bei denen von unserer Seite keine Mitarbeit vorliegt – die über unsern Kopf hinweg sich einstellen. Auch die besonderen Gnaden, die Gott einzelnen Menschen schenkt, sind reine Geschenke über unseren Kopf hinweg. Es ist unmöglich, hier auf alles einzugehen, was in unserm Leben reines Geschenk Gottes ist – in dem Sinn, daß es ohne unser Wissen und ohne unsere Kooperation sich einstellt – also über unsern Kopf hinweg. Hier wären natürlich viele Stufen zu unterscheiden, viele Dinge, die ganz jenseits unserer Macht liegen, die prinzipiell über unsern Kopf hinweg geschehen, und andere, die im Prinzip auch durch unser Mitwirken zustande kommen können, z. B. die Begegnung mit anderen Menschen: wenn ich jemand ausdrücklich aufsuche, von dem ich gehört habe. Und wiederum die Dinge, die zwar reines Geschenk sind, aber doch in mein Erleben eingehen – wie alle Inspirationen für einen Künstler, wie eine große Liebe zu einem besonderen Menschen, wie die Gnade die Nähe Gottes zu fühlen, eine glühende Liebe zu Christus zu empfinden, alles Geschenke, aber nicht Dinge, die über unsern Kopf hinweg geschehen. Und überdies die vielen Geschenke, die an eine richtige Antwort appellieren.

Der Hauptunterschied ist vielleicht hier: Welche Dinge geschehen über unsern Kopf hinweg, die erst, wenn sie voll real sind, in unser bewußtes Leben eingreifen – z. B. eine Krankheit, die lange unbemerkt sich entwickelt – oder überhaupt unzählige Geschehnisse in unserem Körper und alles, was in unser Bewußtsein eingreift, was zwar ohne uns und unsere Kooperation zustande kommt, aber doch von uns erkannt wird, sich an unser Bewußtsein wendet und zwar an eine Antwort unsererseits appelliert. Aber auf dieses an sich höchst interessante Problem können wir hier nicht weiter eingehen. Für uns ist die Tatsache entscheidend, daß es keine Sittlichkeit gibt ohne unsere freie Kooperation und daß niemand der ewigen Seligkeit teilhaftig werden kann ohne seine Mitwirkung. Ja, daß die Offenbarung Gottes gehört und erfaßt werden muß, daß sie sich an unser Bewußtsein wendet und ein Appell an unsere Kooperation ist; eine Kooperation, die für Heiligkeit und ewige Seligkeit verlangt wird, die uns in „Furcht und Zittern“ versetzt.

Die Vorstellung, daß im Laufe der Geschichte die Menschheit näher zu Gott gezogen wird durch den „Fortschritt“ in der Geschichte, beruht auf dem Hegel'schen Irrtum, über den wir im „Trojanischen Pferd“ ausführlich gesprochen haben: Nie gibt es ein Näher-an-Gott-gezogen-Werden über unsern Kopf hinweg und ohne daß wir es merken und jedes Näher-an-Gott-gezogen-Werden ist etwas, das sich immer nur auf den Einzelnen beziehen kann – mag sein auf viele Einzelne zugleich, aber nie auf die Menschheit oder überhaupt eine Gemeinschaft. Auch hier begegnen wir dem Hegel'schen Irrtum der Entpersonalisierung, dem Primat der Gemeinschaft vor der Einzelperson, der ihn z. B. veranlaßt, den Staat als ein höheres Gebilde zu betrachten als die individuelle Person.

Hier liegt ein besonders gefährlicher Einbruch des Hegel'schen Historizismus vor – wenn das Näher-zu-Gott-gezogen-Werden durch einen vermeintlichen Fortschritt in der Geschichte erfolgt, gleichsam über unsern Kopf hinweg.

7. Kapitel

DIE GROSSE ENTTÄUSCHUNG

Im Zweiten Vatikanischen Konzil sprach man voller Hoffnung von der großen Erneuerung der Religion, ihrer Entkonventionalisierung und Vertiefung. Aber wenn jemand käme und vorurteilslos die Kirche von heute betrachten und mit der Kirche von 1956 vergleichen würde – was würde ihm auffallen? Änderungen, gewiß, aber Erneuerung und Vertiefung des Glaubens an die Offenbarung Christi, wie sie im „depositum catholicae fidei" niedergelegt ist – ein lebendigeres Leben in Christus, eine lebendigere Nachfolge Christi – danach würde er vergebens suchen.

Klosterfrauen, die früher schon durch ihr Gewand ihr ganz Gott geweihtes Leben und ihre Distanz zu allem Weltlichen ausstrahlten, treten uns geschminkt und in Miniröcken entgegen.[1] An vielen Orten wird die hl. Messe mit Jazz und aller Art von Rock and Roll-Musik gefeiert. Aber auch in den korrekt zelebrierten hl. Messen sehen wir in vielen Kirchen die Gläubigen stehend die hl. Kommunion empfangen. Warum, so fragt man sich, ist das Knien durch das Stehen ersetzt? Ist das Knien nicht der klassische Ausdruck der Anbetung? Es ist durchaus nicht nur der edle Ausdruck des Bittens, des Flehens – es ist auch der typische Ausdruck der ehrfürchtigen Ergebenheit, der Unterordnung, des Aufblicks und vor allem ist es der Ausdruck der demütigen Konfrontation mit dem absoluten Herrn – der Anbetung. Chesterton sagt: Der Mensch realisiert nicht, wie groß er ist auf seinen Knien. – Ja, nie ist der Mensch schöner als in der Gott zugewandten, de-

[1] Erfreulicherweise hat Rom in Bezug auf die Frage der Bekleidung der Ordensleute inzwischen konkretere Weisungen erlassen, mit denen man versucht, solchen Mißbräuchen zu steuern.

mütigen Haltung des Kniens. Warum also diese ersetzen durch das Stehen? Sollte vielleicht das Knien verpönt sein, weil es Assoziationen der feudalen Zeit auslöst, weil es für den „demokratischen" modernen Menschen nicht mehr paßt? Besteht die religiöse Erneuerung vielleicht darin, daß man ein Opfer reiner Assoziationen wird (ein eindeutiges Zeichen der Verdummung), oder daß man an unseliger Soziologitis erkrankt ist, die unsinnigerweise menschliche Urphänomene von einer bestimmten historischen Epoche und Geistesart ableiten will? Und warum können die Gläubigen nicht mehr nebeneinander knien[2] an der Kommunionbank – was doch ein so großer Ausdruck der Gemeinschaft ist –, sondern sollen im Gänsemarsch zum Altar gehen? Soll dies vielleicht dem Mahlcharakter der hl. Kommunion, der so viel betont wird, mehr entsprechen als das gesammelte gemeinsame Knien?

An vielen Orten wird unseligerweise die Handkommunion gereicht. Inwiefern soll dies eine Erneuerung und Vertiefung des Empfangs der hl. Kommunion sein? Wird dadurch die zitternde Ehrfurcht, mit der wir dieses unfaßbare Geschenk empfangen, etwa gesteigert, daß wir sie in unsere ungeweihten Hände empfangen, statt von der geweihten Hand des Priesters?

Es ist nicht schwer zu sehen, daß die Gefahr des zu Boden-Fallens von Teilen der konsekrierten Hostie ungleich vergrößert, und die Gefahr einer Verunehrung, ja einer entsetzlichen Blasphemie sehr groß ist. Und was in aller Welt soll dabei gewonnen werden? Daß die Berührung mit den Händen die Hostie realer macht, ist doch wohl der größte Unsinn.[3] Denn die Realität der Materie der Hostie ist ja nicht das Thema hier, sondern das nur aus dem Glauben gegebene Bewußtsein, daß

---

[2] Ferdinand Holböck „Beuget die Knie", Salzburg.

[3] Wir stoßen bei der Propaganda für die Handkommunion auf eine Überbetonung des Tastsinns – die mit der Entgeistigung verbunden ist, von der wir schon gesprochen haben. Nun ist aber selbst diese Überbetonung kein Argument für die Handkommunion, denn der Tastsinn spielt ja auch eine Rolle, wenn die Hostie auf die Zunge gelegt wird. Die Hände sind ja nicht das einzige Organ, das uns Tastempfindungen vermittelt.

die Hostie in Wirklichkeit der Leib Christi geworden ist. Und für die Stärkung dieses Bewußtseins ist das ehrfürchtige Empfangen des Leibes Christi auf unsere Zunge – aus den geweihten Händen des Priesters – viel förderlicher als das Empfangen mit unseren ungeweihten Händen. „Visus, tactus, gustus in te fallitur sed auditu solo tuto creditur“ sagt der hl. Thomas von Aquin in seinem herrlichen Hymnus „Adoro te“. Oder ist es nicht vielleicht der lapidare Irrtum, durch ein Nachmachen der äußeren Sitten der ersten Christen könnten wir den Glauben dieser Christen wieder erlangen? Diese Sitten waren damals gut, weil der unerschütterliche, heroische Glaube vorhanden war – ein Glaube, bei dem sie durch das Bekenntnis zu Christus ihr Leben riskierten. In einer Zeit, wo der Gegensatz von sakral und profan so lebendig war, in der Zeit der Katakomben, wo die Ehrfurcht so groß war, waren gewisse Formen möglich – die aber niemals durch ihre einfache Wiedereinführung den Glauben des konventionellen oder modernistischen Katholiken von heute lebendiger machen oder seine Ehrfurcht vertiefen können. Aber, so werden viele einwenden, der Charakter des Mahles wird dadurch gestärkt. Ist die hl. Kommunion der Moment, Theater zu spielen und ein Mahl, – das ein heiliges Mahl ist und von einem wirklichen Mahl auf alle Fälle ganz verschieden – nachzuahmen, statt uns auf das unsagbare Mysterium der Liebesvereinigung unserer Seele mit Jesus – und durch diese mit allen Gläubigen – zu konzentrieren? Und die wirkliche Nachahmung eines Mahles, das die Formen eines Frühstücks annimmt, ist, wie jeder Vernünftige sehen muß, eine Blasphemie, die zwar leider immer wieder vorkommt, aber noch Gott sei Dank offiziell nicht erlaubt ist. Die Handkommunion ist übrigens zwar in vielen Ländern erlaubt, aber von Rom aus in keiner Weise empfohlen.

Noch viel ernster ist die unselige Verstümmelung des Kirchenjahres und der hl. Messe in dem neuen Ordo. Soll vielleicht die Tatsache, daß die für das wahre christliche Ethos zentral wichtige Gemeinschaft mit den Christen früherer Zeiten ganz abgeschwächt ist, eine Erneuerung und Verlebendigung unseres Glaubens fördern? Glaubt man vielleicht, daß die Gemeinschaft mit den Lebenden, den Zeitgenossen stärker wird dadurch, daß die Gemeinschaft mit den Heiligen früherer Zeiten abgeschwächt wird? Ganz im Gegenteil. Die christliche Gemeinschaft, die übernatürliche Gemeinschaft erstreckt sich notwendig auf die Gegenwart und die Vergangenheit.[4] Das ist gerade ein besonderes Merkmal dieser übernatürlichen Gemeinschaft im Unterschied von allen bloß natürlichen und humanitären Arten der Gemeinschaft. Die reale erlebte Verbundenheit mit den Heiligen früherer Zeiten ist doch eine spezifische Manifestation des wahren Glaubens, ein Durchbruch zu der gültigen, übernatürlichen Realität. Sie fand ihren glorreichen Ausdruck in der Feier der Heiligenfeste – in denen nicht nur der Heilige des Tages, wie jetzt, im Gebet erwähnt wird, Sondern seine Gestalt in einem wundervollen Aufbau der ganzen heiligen Messe – im Text des Introitus, des Graduale, in der Wahl der Epistel und des Evangeliums leuchtend hervortrat. Denken wir etwa an das Fest des hl. Franziskus von Assisi, des hl. Martin, der hl. Agnes, des hl. Andreas und vor allem des Festes der Bekehrung des hl. Paulus, das Fest der hl. Peter und Paul – um zu sehen, wie es die Liturgie verstand, uns völlig in die intime Verbindung mit diesen individuellen Heiligen zu bringen. Und denken wir an die Rolle der Heiligen im „confiteor" und im Kanon. Man klagte sich vor Gott, der hl. Jungfrau und dem ganzen himmlischen Hof an. Man war sich der tiefen Gemeinschaft mit ihnen bewußt, man vollzog diese Anklage vor Gott in der übernatürlichen Wirklichkeit, in der allein die Verbindung von Intimität, höchst persönlicher Verborgenheit mit der heiligen Öffentlichkeit bestehen kann. All dies ist teils verschwunden, teils ganz in den Hintergrund gerückt zugunsten einer Betonung der mehr oder we-

[4] Es ist ein bedauerliches und bedenkliches Symptom, daß, obgleich es der Wahl des Priesters überlassen ist, welchen der vier Kanones er wählt, der römische (jetzt No. 1 genannt) selbst von ganz orthodoxen Priestern so selten gelesen wird. Vgl. besonders Kap. „Die gottgewollte Antwort" Seite 239 ff.

niger zufälligen Pfarrgemeinschaft. Die neue Liturgie ist eben nicht von Heiligen, „homines religiosi" und künstlerischen Menschen gestaltet, sondern von sogenannten Experten ausgearbeitet worden, die sich des Mangels an Begabung für solche Dinge in unserer Zeit gar nicht bewußt werden. Heute ist eine Zeit unerhörter Begabung für Technik, für medizinische Forschung – aber nicht für organische Gestaltung des Ausdrucks der religiösen Welt. Wir leben in einer entpoetisierten Welt und dies bedeutet, daß man mit doppelter Ehrfurcht an die überlieferten Schätze aus glücklicheren Zeiten herangehen soll und nicht mit der Illusion, man könne es besser machen.

Die sogenannte „Erneuerung" der Liturgie hat uns aller Möglichkeit zum wahren Mitvollzug des Kirchenjahres beraubt. In der Tridentinischen Liturgie erlebte man durch die Liturgie den Advent, die Weihnachtszeit, die Epiphanie, Septuagesima, die Fastenzeit und die Karwoche lebendig mit – die Auferstehung Christi, die glorreiche österliche Zeit, Christi Himmelfahrt, das Erwarten des Heiligen Geistes und das beseligende Pfingstfest. Wie sprach alles in dem Aufbau der Messe: Introitus, Lesung, Evangelium von dem Fest, das man feierte! Welche Rolle spielte das Feiern der Feste! Die ganze tiefbedeutsame Dimension des Feierns, die die wahre Gemeinschaft in Christus förderte, die gemeinsame heilige Freude: „Gaudeamus omnes in Domino diem festum celebrantes". Und mit dem Feiern ist auch das Lauschen verschwunden, die heilige Stille in unserer Seele, die vorausgesetzt ist, um erst das Wort Gottes in unsere Seele einstrahlen zu lassen und dann an dem unfaßbaren Mysterium des Opfers Christi teilzunehmen und nachher Jesus, unseren Herrn und unsere Seligkeit in uns aufzunehmen.

Die neue Liturgie ist glanzlos, nivelliert und undifferenziert – sie zieht uns nicht länger in das wahre Miterleben des Kirchenjahres hinein – schon durch die katastrophale Abschaffung der Hierarchie der Feste, der Oktaven, vieler großer Heiligenfeste, und die Reduzierung selbst der gefeierten auf die Orationen.

Wahrhaft – wenn einer der Teufel in C. S. Lewis' „Screwtape Letters" mit der Untergrabung der Liturgie betraut worden wäre, er hätte es nicht besser machen können. An die Stelle des tiefen Ausdrucks, der auch unseren Körper einschaltet: Das Sitzen bei der Lesung und Offertorium, das Stehen bei Gloria, Evangelium, Credo, das anbetende Knien – ist ein ständiges Auf und Ab getreten, das der Sammlung entgegenwirkt.

Welche Idee den Wortgottesdienst (Katechumenenmesse) am Sonntag und in vielen Fällen auch an Wochentagen zu verlängern und das eigentliche „sacrificium" zu verkürzen? Welche Idee zu glauben, in dem belehrenden Teil müsse ein großer Teil des Alten Testamentes vorgelesen werden und müßten alle vier Evangelien nacheinander verkündet werden. Ist die Funktion von Lesung und Evangelium in der hl. Messe nicht eine ganz andere als die einer bloßen Bekanntmachung mit dem Alten und Neuen Testament? Die Lesung der Bibel kann nicht genug empfohlen werden und Bibelabende, wo der Pfarrer mit den Gläubigen Texte aus dem Alten und das ganze Neue Testament liest, würden sicher eine intimere Kenntnis des Wortes Gottes fördern. Aber in der hl. Messe, deren Mittelpunkt das heilige Opfer ist, durch das Gott unendlich verherrlicht wird, und die hl. Kommunion – hat die Lesung und die Verkündigung des Evangeliums doch nicht eine instruktive Funktion, sondern sie dienen der geistigen Vorbereitung unserer Seele für das Opfer und die Kommunion. Die Haltung, die hier diesen Lesungen gegenüber angemessen ist, ist nicht die lernende, sondern das ehrfürchtige Einstrahlen-Lassen des Lichtes der Offenbarung und zwar solcher Teile, die zu dem Fest, das gefeiert wird, in besonderer Beziehung stehen. Die Eigenart des Festes – ob Weihnachten, Epiphanie, Christi Himmelfahrt oder Unbefleckte Empfängnis Mariens oder Mariae Himmelfahrt – legt die Auswahl der Lesung – sei es aus dem Alten Testament oder aus den Briefen der Apostel – nahe, oder des Evangeliums – wie eben der Inhalt zum Fest paßt. Wenn dies auch in der neuen Liturgie für die großen Feste noch vielfach festgehalten ist, so wird bei den Heiligenfesten und im Gesamtkirchenjahr der organische Aufbau durch das mechanische Prinzip ersetzt, das Evangelium des hl. Matthäus, Markus, Lukas und Johannes hintereinander folgen zu lassen, damit im Lauf der Jahre die gesamten Evangelien vorgetragen werden.

Das universale Latein, das durch so viele Zeiten hindurch die sakrale Sprache der römisch-katholischen Kirche war, wurde durch die Landessprache ersetzt und dabei in einer Weise übersetzt, die das Hereingezogenwerden in die sakrale Welt des Übernatürlichen erschwert, ja durch eine banale Welt ersetzt. Und was soll ich von der Abschaffung des Gregorianischen Chorals sagen, dieser glorreichen, überzeitlichen Stimme der Kirche, die fast den Charakter eines „sacramentale" hat? Haben alle diese Änderungen der Erneuerung und Verlebendigung des Glaubens gedient? Ganz im Gegenteil. Die Berufungen zum Priesterstand sind viel weniger geworden, die Konversionen nehmen ab. Der neue „Ordo Missae" und ganz besonders die Reform der Liturgie der Feste und des ganzen Kirchenjahres ist so farblos, unorganisch und künstlich, daß sie nicht für lange lebensfähig ist. Während die tridentinische hl. Messe, die im Wesentlichen ja schon lange vorher gelesen wurde, sowie die Gestaltung der Feste des Herrn, der Mutter Gottes, der großen besonderen Feste der Heiligen und selbst das „Commune Sanctorum" eine sakrale Welt so potent ausstrahlt in ihrer organischen Struktur und Schönheit, ganz besonders in Verbindung mit dem Gregorianischen Choral – und ihr darum eine innere Lebendigkeit und Lebenskraft inne wohnt, so daß sie durch alle Jahrhunderte nichts von ihrer überraschenden Tiefe und Schönheit verlor, entschwinden diese bei der neuen Liturgie. Wir sind darum berechtigt zu hoffen, daß die jetzt eingeführte Liturgie nur kurz leben wird. Ihr Versagen vom pastoralen Standpunkt aus ist ja auch ein Zeichen dafür. So können wir erwarten, daß die Kirche in absehbarer Zeit zu der glorreichen Messe des hl. Pius V. und der herrlichen Gestaltung des ganzen Kirchenjahres in all den wechselnden Teilen der hl. Messe zurückkehren wird.

Die Promiskuität - auch bei den Katholiken - hat in erschreckender Weise zugenommen. Gewisse katholische Universitäten sind sogar - wie schon erwähnt - Stätten schamloser öffentlicher Unzucht geworden und viele ihrer Professoren - Geistliche und Ordensmänner - lehren nicht nur dogmatische Dinge, die mit der Lehre der Kirche völlig unverträglich sind, sondern verteidigen die Promiskuität. Wo bleibt die verheißene Erneuerung?

Ein Krebsschaden ist bei diesem ganzen Erneuerungsprogramm, daß „ab ovo" der Experimentation eine weite Rolle eingeräumt wurde. Die kindliche, primitive Idolisierung der Wissenschaft hat bei vielen die Vorstellung erweckt, man solle auch auf dem pastoralen Gebiet durch Experimente feststellen, was stärker wirkt, Menschen mehr anzieht usw. Aber so sehr auf dem Gebiet der Naturwissenschaften das Experiment das Gegebene ist - so wenig ist das Experiment möglich und fruchtbar in der Philosophie, und erst recht nicht in unserem praktischen Leben. Man kann nicht mit den Seelen experimentieren, man kann nicht Experimente machen auf dem Gebiet des Pastoralen. Die Verkündigung der Offenbarung Christi kann nicht verändert werden, um durch Experimente festzustellen, was mehr „zieht". Das Pastorale kann nicht vom Wesen des Inhalts der Offenbarung losgelöst werden - es kann nicht von dem Wesen der menschlichen Seele losgelöst werden, es kann nicht von dem losgelöst werden, was sein *sollte*. Es darf nie zu einer rein psychologischen Angelegenheit gemacht werden. Die experimentierende, neutrale Haltung ist mit der seelsorglichen unvereinbar. Das letzte Ernstnehmen der unsterblichen Seele in jedem wahren Apostolat ist das Gegenteil der neutralen Haltung einem Objekt gegenüber, an dem man Experimente vornimmt. Diese unselige Idolisierung des Experimentes ist tief in die Kirche eingedrungen. Sie macht sich an autoritativen Stellen weniger geltend in dem, was man empfiehlt als in dem, was man erlaubt. Das Schlagwort von der Experimentation ist der Schlüssel, um Erlaubnis dafür zu erhalten, alles Mögliche zu unternehmen. Das Bewußtsein der

Experimentation nährt zugleich die Illusion, daß man „erneuere", von aller Konventionalisierung des Glaubens sich frei mache – während diese Haltung „ab ovo" mit aller wahren religiösen Haltung unverträglich und noch viel schlimmer ist als alle Konventionalisierung, die an sich natürlich bedauerlich ist.

Wenn wir an die echte Erneuerung und das wahre Aufblühen des Glaubens und des katholischen Lebens denken, das sich am Anfang dieses Jahrhunderts in Frankreich entfaltete, an die Zeit eines Léon Bloy, Claudel, Péguy, Jammes, Maritain, Psichari und vieler anderer – an die Blüte des Lebens auch in der Arbeiterschaft, an die Zeit, in der ein hl. Pius X. eine wahre Erneuerung der Liturgie durch seine Enzyklika „Motu Proprio" und durch den glorreichen Kampf gegen den Modernismus hervorrief – dann kann es einen nur als Ironie anmuten, wenn man von Erneuerung, Vertiefung, Verlebendigung des Glaubens und christlichen Lebens durch das Vaticanum II spricht. Mag vieles vor dem Konzil reformbedürftig gewesen sein – ein Vergleich der Kirche im Jahr 1956 und 1972 drängt einem die Worte des Psalmisten auf: „Super flumina Babylonis illic sedimus et flevimus cum recordaremur Sion." Psalm 136 („An den Flüssen Babylons saßen wir und weinten, als wir Sions gedachten.")

Kapitel 7a

VERÄNDERUNG ALS SELBSTZWECK

Ein Grundirrtum, der unzählige Konsequenzen hat, ist die Vorstellung, daß Veränderung, Wandel, das Zeichen des Lebens sei. Ich habe in meinen Büchern „Das Trojanische Pferd" und „Zölibat und Glaubenskrise" davon ausführlich gesprochen. Aber dieser Irrtum, diese infantile Freude am Verändern um der Veränderung willen, diese Verliebtheit in das Dynamische und Verkennung des hohen Wertes des Statischen ist so weit verbreitet, so verantwortlich für den mannigfachen Unsinn in der Liturgie – in allen äußeren Formen – daß ich nicht umhin kann, auf ihn auch in diesem Buch kurz hinzuweisen. Hier liegt die Wurzel für viele Verwüstungen des Weinbergs des Herrn. Diese Vernarrtheit in die Veränderung als solche ist ebenso töricht und infantil wie in ihren Folgen ehrfurchtslos und böse.

Die Behauptung, Änderung sei das Zeichen des Lebens, ist ein bloßes Schlagwort. Es ist richtig, daß in der Sphäre des Lebens – im Unterschied von dem Reich der bloßen Materie – ein Wachsen, eine Wandlung, eine Entwicklung vorliegt. Aber in all dieser Entwicklung ist neben dem Wechselnden auch ein Identisches gegeben: die individuelle Pflanze, das individuelle Tier. Ohne diese Identität wäre es kein Lebewesen, ja nicht einmal ein reales Etwas.

Wenn es sich aber um geistige Gebilde handelt wie Kunstwerke, so ist gerade das Unverändert-Bleiben eine unbedingte Forderung. Wenn man – was leider in unserer Zeit manchmal vorkommt – Opern in veränderter Form aufführt, sei es, daß man die ursprüngliche Szenerie wechselt oder die Sänger in modernen Kleidern erscheinen – sei es, daß man willkürlich kürzt, so wäre dies nur zulässig, wenn dadurch der künstlerische Wert des Stückes gesteigert würde. Aber im allgemeinen sind diese „Veränderungen" um der Veränderung willen, um der Neuheit willen vorgenommen.

Plato sagt: „Jede Veränderung ist ein Übel, wenn sie nicht in der Abschaffung eines Unwertigen besteht." [1]

Dasselbe gilt für die Veränderung von Gesetzen, klassischen Lebensformen usw.

Was uns hier beschäftigt, ist aber vielmehr die infantile Befriedigung, die das Ändern für viele enthält, das Gefühl, nicht passiv und untätig zu sein. Nun ist gerade das Erhalten des Guten, das dem Rhythmus des Wechsels Widerstehen eine viel größere Leistung. Seine Liebe zu einem Menschen ewig jung zu erhalten, erst recht in seiner Liebe zu Christus zu wachsen – was aber auch eine Stabilität, ein Festhalten darstellt –, ist ein viel größeres Zeichen von geistiger Kraft und Leben – als untreu zu werden.

Wir dürfen vor allem nie vergessen, daß die im Wachsen vorliegende Änderung von der Änderung, in der ein Neues ein Altes ersetzt, oder bei der die Änderung ein Zerstören von etwas enthält, zwei völlig verschiedene Dinge sind.

Aber für unseren Zusammenhang ist es vor allem entscheidend, ob es sich um das Wachsen im Guten oder im Bösen handelt.

Die Änderung, die im Wachstum enthalten ist, ist bei allem Guten ein Wert – bei allem Schlechten ein Unwert.

Nun gibt es auch ein Wachsen im Sinne des Überganges von „implicite" zu „explicite" – ein Wachsen im Sinne der detaillierten klaren Formulierung. Dies ist ein Wachsen, das zur Veränderung im vollen Sinn einen Gegensatz bildet. Es ist eine Bewegung, die der Zerstörung von Etwas und dem Ersatz durch ein Anderes radikal entgegengesetzt ist.

Es ist eine Bewegung, bei der die Identität – der Wegfall aller Wandlung, aller Veränderung – das Auffallende und Entscheidende ist. Das ist das Wunder der Kirche durch all die

---

[1] Plato in „Nomoi", No. 797.

2000 Jahre ihrer Existenz hindurch. Man lese nur den „Denzinger“ [2] und man wird überwältigt von dem Wachstum in der Herausarbeitung der wahren Offenbarung Christi. Mehr und mehr wird sie abgedichtet gegen alle möglichen Mißdeutungen. Und in dieser Abwehr aller Häresie wird der authentische Gehalt der christlichen Offenbarung geradlinig immer detaillierter formuliert.

Diese absolute Identität in der Lehre der Kirche, wobei zu schon bestehenden Dogmen neue hinzugefügt werden - die aber nie vorherige aufheben, noch ihnen in irgendeiner Weise widersprechen - ist ein herrlicher Beweis für die göttliche Institution der Kirche als Hüterin der Offenbarung Christi.

Der „Denzinger“ ist ein hocherbauliches Buch - auch weil er die Rolle, die dogmatische Fragen für die Christenheit bedeuteten, zeigt. Wir sprachen schon in „Zölibat und Glaubenskrise“ von dem hohen Wert der Stabilität, des Sich-nicht-Veränderns. „Es ist eine in der menschlichen Natur tief verwurzelte Illusion, daß Bestehendes zu ändern ein Zeichen der Wachheit und Lebendigkeit ist. Dinge ‚beim Alten zu lassen‘ wird als ein Zeichen von Verschlafenheit, Verknöcherung angesehen, aber wenn man eingreift, ändert, so tut man doch etwas. Dies gilt besonders für alle, die ein bestimmtes Amt innehaben, denen eine autoritative Stellung anvertraut ist. Man übersieht dabei, daß das Erhalten, Schützen, Bewahren von guten Dingen eine große Manifestation von Wachheit und Lebendigkeit ist und oft eine viel schwierigere Aufgabe als ändernd einzugreifen. Aber der entscheidende Irrtum, die Illusion, im Andern als solchem das Zeichen von Wachheit und Lebendigkeit zu sehen, besteht darin, daß man vergißt, daß der Sinn und Wert irgendwelcher Änderung sowie des Behaltens und Beschützens lediglich davon abhängt, um welche Dinge es sich handelt. Wenn etwas in sich schlecht ist, so ist eine Änderung gefordert, soweit sie in unserer Macht steht. Wenn

[2] Heinrich Denzinger, „Enchiridion Symbolorum“.

etwas in sich gut und wertvoll ist, so ist ein Behalten desselben und ein Sich-Einsetzen für seine Fortdauer das Geforderte.“ [3]

Wahrheit ist wesenhaft unveränderlich. Aber der Mensch ist sehr veränderlich. Die Stabilität in allen großen, guten Dingen ist ein hoher Wert. Das Wachstum im Sinne des Wachsens unserer Liebe zu Gott, oder auch zu einem Freund oder der Ehefrau oder dem Ehemann ist ja eine Steigerung und Vertiefung, bei der alles früher Dagewesene fortlebt und nicht verschwindet.

Uns kommt es hier aber auf den Wert der Stabilität im Gegensatz zur Veränderung an – soweit es sich um etwas Gutes und Schönes handelt. Sobald es sich um ein Unwertiges handelt, ist die Veränderung, ja die völlige Überwindung und Ausschaltung desselben ein großer Wert.

Aber bleiben wir jetzt im Rahmen des Guten und Schönen: So war der Aufbau des ganzen Kirchenjahres und die Tridentinische Messe etwas Großes, Wunderbares und von größter pastoraler Bedeutung, um uns aus der ganzen Mediokrität des Alltags, ja des Endlichen, Weltlichen in die Welt des übernatürlichen Mysteriums, in die Welt Christi hinaufzuziehen.

Hier ist der Gedanke einer Änderung und Reform sinnlos. Nicht nur, weil wir in einer Zeit leben, in der die Begabung für die Gestaltung der Liturgie sehr schwach ist, wie wir schon erwähnten, sondern außerdem „Experten“ anvertraut ist und nicht Menschen, die von großer Ehrfurcht für das uns von früheren, glorreichen Zeiten Überkommene erfüllt sind – nein Menschen, die obendrein von einer falschen Diagnose unserer Zeit ausgehen bzw. von dem Mythos des „modernen Menschen“.

Aber was wir hier betonen wollen, ist der Wert der Stabilität, der Wert, der darin liegt, dasselbe zu beten, was die Heiligen und „homines religiosi“ der Vorzeit beteten. Hier entfaltet sich diese hohe Gemeinschaft (von der wir schon sprachen),

---

[3] „Zölibat und Glaubenskrise“, Regensburg, Habbel, 1970, S. 35.

die sich auf die Vergangenheit bezieht und nicht nur auf die Gegenwart.

Das dilettantische Verändern um der Veränderung willen ist nicht nur ein infantiles Vorgehen, sondern führt auch in seiner pädagogischen Wirkung zu einer verhängnisvollen Verwirrung.[4]

[4] Wir haben über den Wert der Tradition im „Trojanischen Pferd" ausführlich gesprochen.

Kapitel 7b

MEDIOKRITÄT

Vom 2. Vatikanischen Konzil erhofften sich auch viele, daß mit der Entkonventionalisierung des religiösen Lebens eine Überwindung der Mediokrität Hand in Hand gehen werde. Waren nicht viele Bischöfe medioker und vor allem viele Pfarrer und Seelsorger. Man glaubte, das liege an der Enge der Seminarien, an der Abgeschlossenheit von der Welt – mit einem Wort an der Tatsache, daß die Kirche sich in ein Ghetto zurückgezogen habe.

Was aber ist der Erfolg dieses Sprengens der sogenannten Enge? Was uns heute in theologischen Büchern, Aufsätzen, Predigten anweht, ist nicht nur ein Geist der Ehrfurchtslosigkeit, des Abfalls vom Glauben, sondern auch eine tief bedrükkende Mediokrität. Mediokrität ist bekanntlich am allerfatalsten, je mehr sich der Mediokre für intelligent, interessant, neu hält, je mehr er „revolutionär" und „mittelmäßig" für radikale Gegensätze ansieht. Gewiß, es hat immer mediokre Bischöfe, Priester, Theologen in der Geschichte der Kirche gegeben. Sie waren keine „homines religiosi", sie strahlten in ihrer Persönlichkeit nicht die Atmosphäre der hl. Kirche aus, oder sie waren geistig unbedeutend und wenn sie Bücher schrieben, Predigten hielten, so war ihre Art, die erhabene Lehre der hl. Kirche auszudrücken, medioker, wenn auch gut gemeint. Aber ihre Predigten, Hirtenbriefe, Bücher enthielten keine Häresien – und wenn sie solche enthielten, wurden sie sofort von höherer Stelle desavouiert. Darum blieben diese mediokren Gestalten in der Kirche doch ein Sprachrohr der Kirche und ihrer wahren Lehre.

Aber die Mediokrität, die den Weinberg des Herrn heute verwüstet, bezieht sich nicht nur auf die Persönlichkeit, sondern auf den Inhalt dessen, was sie verbreiten. Da sie objektiv nicht mehr als Sprachrohr der Lehre der hl. Kirche fungieren, obgleich sie sich dafür ausgeben, sondern ihre eigenen Geistesfrüchte an Stelle des „depositum catholicae fidei“ verkünden, ist es auch der Inhalt, der von Mediokrität erfüllt ist. Die Tatsache, daß sie das ungestört tun dürfen, bedeutet einen Triumph der Mediokrität innerhalb der Kirche, der früher nicht existierte.

8. Kapitel

IDOLISIERUNG DES LERNENS

„It is to get rid of doing God's will that we have invented learning . . . we shield ourselves by hiding behind tomes".[1]

Jetzt müssen wir noch auf einen in der heutigen Zeit weit verbreiteten Irrtum eingehen – der auch weitgehend schuld ist an der Verstümmelung der Liturgie: das Idol des Lernens und Wissens.

Dies äußert sich einerseits in der Vorstellung, es sei eine undemokratische Benachteiligung eines Menschen, wenn er nicht an Höheren Schulen, Colleges, Universitäten studieren kann. Man vergißt, daß das Studium nur einen Sinn hat, wenn die entsprechende Begabung vorliegt. Wenn man bedenkt, ein wieviel intelligenterer und erfüllterer Mensch ein Bauer sein kann, ein Handwerker, ein Angestellter oder ein Arbeiter – als ein schwacher, unbegabter Lehrer oder gar Professor, so tritt der Wahnsinn dieser Vergottung des Lernens und Wissens klar zu Tage. Je größer die Spannung zwischen dem immanenten Anspruch einer Tätigkeit und ihrer beruflichen Erfüllung ist, um so unerfüllter ist das Leben dieses Menschen, um so unerfreulicher ist es für andere und um so weniger beglückend für ihn selbst.

[1] Kierkegaard – zitiert in Lowrie: „Kierkegaard", Vol II, p. 539. „Um den Willen Gottes los zu werden, haben wir das Lernen erfunden. Wir schirmen uns ab, indem wir uns hinter Folianten verstecken." (Übersetzt vom Verfasser)

In diesem Sinn sagt Mortimer Smith in seinem ausgezeichneten Buch „And madly teach“: „So entsteht Kompetenz ohne Intelligenz“.[2]

Ein weiteres Symptom dieses Idols des Lernens: Daß man ganz den Unterschied vergessen hat zwischen den Dingen, die zu wissen bzw. zu kennen eine große Bereicherung für den Menschen darstellt und solchen Dingen – so interessant sie an sich sein mögen – die zu wissen oder zu kennen einen Menschen nicht reicher, voller, glücklicher macht – außer er hat eine besondere Begabung dafür. Wenn wir uns ehrlich fragen, ob es jeden Menschen bereichert, wenn er weiß, was eine imaginäre Zahl ist, oder daß es kosmische Strahlen gibt oder irgendeine Tatsache chemischer Natur – so kann man nicht leugnen, daß es keinen großen Unterschied für sein Leben, für sein Weltbild, für seine Persönlichkeit ausmacht, ob er es weiß oder nicht. Wenn er kein besonderes Interesse für diese Wissenschaften besitzt, keine ausgesprochene Begabung, so ist dieses Wissen keine Bereicherung seines Lebens.

Aber es gibt viele Dinge, deren Kenntnis für jeden Menschen wirklich eine Bereicherung, eine Erweiterung seines Horizontes bedeutet. Dahin gehört z. B. die Kenntnis verschiedener Sprachen – wenigstens eine Kenntnis, die es ihm ermöglicht sie zu sprechen und zu lesen. Wir denken hier zunächst nicht an den praktischen Nutzen der Kenntnis der verschiedenen Sprachen, sondern an die Bereicherung, die die Berührung mit der Welt und Atmosphäre anderer Nationen bedeutet, die sich in

[2] Man könnte einwenden, das war vielleicht früher richtig, aber in einer industrialisierten Welt, in der so viele Arbeiter stundenlang jeden Tag nur eine ganz mechanische Funktion auszuüben haben, kann man nicht leugnen, daß diese Tätigkeit keinen Menschen bereichern oder beglücken kann. Das ist gewiß richtig, aber das ist nur ein Einwand gegen die Industrialisierung der Welt, aber keine Begründung für den Kult des Lernens. Denn es ist fragwürdig, ob das Studium der einzige Weg ist, die Leere, die durch einen zu mechanischen Beruf im Leben eines Menschen entsteht, auszufüllen.

der Sprache einer Nation manifestiert.[3] Dasselbe gilt von der Kenntnis der Geschichte. Auch hier ist das Wissen um große und bedeutsame Ereignisse der vergangenen Zeiten ein für jeden bereichernder Faktor.

Was wir nun betrachten, ist aber mehr die Frage, was trägt zur wahren „Bildung" bei, was gehört zu einem gebildeten Menschen. Aber dies betrifft nur die Frage, was soll in der allgemeinen Bildung mehr betont werden, nicht aber unser eigentliches Problem, den übertriebenen Kult des Lernens.

Denn auch hier ist es nicht zu leugnen, daß ein einfacher, ungebildeter Mann viel interessanter, reicher und intelligenter sein kann als einer, der viel gelernt hat. Der Wert der Bildung soll nicht in Frage gestellt werden; aber ihn zu würdigen, ist in keiner Weise ein Verfallen in das Idol des Lernens. Dies beginnt erst, wenn man die Bildung, die durch Lernen erworben wird, für die einzige Form der Bildung im weiteren Sinn hält und sogar für die einzige Form ein Menschenleben zu bereichern, das Leben erfüllt und sinnvoll zu machen.

Wenn bis ins 19. Jahrhundert hinein, der „pater familias" bei den italienischen Bauern – besonders bei den toskanischen – seiner Familie einen „canto" aus Dante's „Divina Commedia" vorsang, obgleich er vielleicht kaum lesen und schreiben konnte, so war dies sicher ein hohes Zeichen echter Bildung. Gewiß, er mußte von seinem Vater oder irgendeinem andern die „Divina Commedia" kennen gelernt haben – aber offenbar

[3] Das Lateinische hat hier eine einzigartige Stellung. Erstens ist die lateinische Grammatik von einer ungewöhnlichen Klarheit und sie zu kennen ist eine unvergleichliche Erziehung unseres Denkens. Zweitens hat das Latein eine große Schönheit, einen geistigen Adel ganz besonderer Art. Das gilt auch für das mittelalterliche, das außerdem Werke höchster Dichtkunst und religiöser Tiefe hervorbrachte. Man denke nur an das „Dies irae", das Thomas von Celano zugeschrieben wird, an Jacopone da Todi's „Stabat mater", an die herrlichen Hymnen von Thomas von Aquin, an die Sequenzen von Venantius Fortunatus und viele andere. Die Rolle, die das Latein in der Geschichte gespielt hat – und vor allem in der Liturgie – die Universalität, die es besitzt, räumen dem Erlernen des Lateinischen eine ganz besondere Stellung ein.

geschah dies in der Form von Tradition, nicht durch ein Studium in einer Schule oder gar in Universitätskursen.

Aber eine viel schlimmere Folge des Idols des Lernens ist die heute in den Schulen, Gymnasien, Colleges weitgehend betriebene Tötung des gesunden Menschenverstandes.[4] Man vergißt die große Quelle der Weisheit, die der unmittelbare Kontakt mit dem Seienden darstellt, und wie verderblich es ist, das daraus sich ergebende Weltbild durch eine Belehrung, die aus fragwürdigen psychologischen und soziologischen Theorien und falschen, flachen Philosophien ihre Nahrung bezieht, zu ersetzen. Jede unmittelbare wahre Erfahrung eines Menschen, in der die Stimme des Seienden zu ihm spricht, ist viel interessanter als das, was er an fragwürdigen Theorien über die Welt und das Leben sich angeeignet hat.

Darum ist ein einfacher, ungebildeter Mensch, wenn er über die Welt und sein Leben spricht, oft so viel weiser, so viel wahrer und echter als alle die Halbgebildeten, die, wenn man mit ihnen spricht, einem die dummen Theorien wiederholen, die ihnen ihr Professor beigebracht hat.[5] Das, was der einfache Mensch sagt, mag ungeschickt ausgedrückt sein, es mag unvollständig sein und Irrtümer enthalten – aber es wird immer einen Kern von Wahrheit haben, immer die Frische des echten Kontaktes mit der Wirklichkeit, und frei von der arroganten Anmaßung, eine gültige Theorie aufzustellen, frei von dem hochmütigen Anspruch, „hinter die Kulissen" der Wirklichkeit zu schauen und alles „erklären" zu können. Der gefährliche Irrtum des Kultes des Lehrens und Lernens erreicht seinen „Höhepunkt" in der Ambition, den natürlichen unmittelbaren organischen Kontakt mit der Welt und dem Leben durch den künstlichen, auf sogenannten „wissenschaftlichen" Theo-

---

[4] Vgl. Marcel de Corte „L'Intelligence en Péril de Mort, Collection du Club de la Culture Française, Paris 1969.

[5] „Your modern educator is anti-intellectual and anti-cultural, practical and narrowly scientific". Mortimer Smith, „And madly teach", S. 73 „Euer moderner Erzieher ist anti-intellektuell und antikulturell, rein pragmatisch und engherzig wissenschaftlich." (Übersetzt vom Verfasser)

rien aufbauenden, zu verbessern, zu modifizieren und gar zu ersetzen.

Dafür ist der Unsinn der „Aufklärung“ über die Sphäre des Geschlechtlichen in den Schulen ein trauriges Beispiel. Man glaubt, die Haltung im Laboratorium sei die „causa exemplaris“ der vernünftigen, gesunden Haltung zu allen Dingen und zu allen Fragen: Die neutrale Objektivierung, die reine Beobachtungshaltung sei die einzige Quelle nicht nur der wahren Erkenntnis – ein schon genug katastrophaler Irrtum – sondern auch die erstrebenswerte Form alles unmittelbaren Kontaktes im Leben und Erleben von allem.

Dieses Idol des Lehrens und Lernens trägt den Todeskeim für alle wahre Bildung, für alle wahre Erziehung, für ein geistig gesundes, genuines Leben, für alles wahre Glück in sich.

Und jetzt ist es nicht schwer zu sehen, daß das Eindringen dieses Idols in die Kirche mitschuldig ist an der unseligen Verstümmelung der Liturgie – der Zerstörung des organischen Aufbaus des Kirchenjahres.

Man glaubt mehr und mehr, das Wichtige im Gottesdienst sei das Wissen und für die wahre Teilnahme am hl. Meßopfer sei das Verstehen jedes Wortes wesentlicher als die Sammlung, das Gehen in die Tiefe, das ehrfürchtige Sich-Versenken in das Mysterium des unblutigen Kreuzesopfers. Für die wahre Teilnahme an der hl. Messe ist es wichtig, daß für den Gläubigen der Priester als diese individuelle Person ganz in der Stellvertretung Christi aufgeht, daß alles andere verschwindet außer dem unerhörten Geheimnis der unblutigen Erneuerung des Kreuzesopfers. Der Dialog des Priesters in der hl. Messe, das „Dominus vobiscum“ oder „orate fratres“ oder der Dialog vor der Präfation sind alle ein Dialog, der in das heilige Geschehen der Messe eingebaut ist; es ist eben ein heiliger Dialog und nicht eine Belehrung, in der die Gläubigen über die Art der Präfation und des Kanons unterrichtet werden. Heute wird es mehr und mehr zur Gewohnheit, daß der Priester dazwischen zu den Gläubigen spricht, indem er sie über den Gang der Messe unterrichtet. Das sollte vorher in katechetischen Stunden geschehen oder höchstens in der Predigt, aber nie im Verlauf der heiligen Handlung – wo der Priester Christus vertritt und die Gläubigen ganz in den *Vollzug* des heiligen Geschehens einbezogen sind.

Es ist die Verkennung der Tatsache, daß zwischen der Haltung einer Belehrung, eines Lernens und dem Vollzug eines Geschehens, einer inneren Haltung ein Abgrund klafft. Bei dem Lernen, dem profanen Unterrichtetwerden liegt ein „Bewußtsein von" vor – bei dem Vollzug hingegen bin ich zwar auch auf ein Objektives gerichtet, es liegt auch ein Transzendieren wie beim Erkennen vor, aber die Antwort, die ich innerlich gebe, ist anderer Natur, ein bewußtes Sein, ein Mitvollziehen. Die Anbetung, die innere Teilnahme an dem Kreuzesopfer Christi in der hl. Messe muß *vollzogen* werden und wenn der Priester dazwischen Bemerkungen macht, die von der Messe handeln, die sich auf praktische Details beziehen, so wird der Gläubige notwendigerweise aus der Vollzugshaltung herausgerissen und in eine Haltung des Informiertwerdens gezogen. Ja, er wird auch aus dem sakralen Dialog herausgerissen, der ja Teil der hl. Messe ist.

Der Unterschied von Vollzugshaltung und neutralem Informiertwerden tritt klar hervor, wenn wir einen Vergleich aus der natürlichen Sphäre heranziehen. Wenn jemand, der eine Frau tief liebt, ihr zum ersten Mal seine Liebe erklärt, so ist seine Mitteilung keine neutrale Information, sondern eine Verlautbarung seiner Liebe; die Worte haben hier eine ganz andere Funktion als in einer Vorlesung oder einem Lehrbuch. Sie sind gleichsam das Medium, durch das der Strahl der Liebe in die Seele der Geliebten eindringt – sie real berührend. Das Thema ist nicht eine bloße Information *über* eine Tatsache, sondern ein Affizieren der Seele der Geliebten. Und wenn sie es aufnimmt wie es gemeint ist, so ist es keine Belehrung, sondern ein tiefes Getroffenwerden, das einzigartige Erlebnis des Geliebtwerdens. Offenbar ist dies durch eine Welt getrennt von dem bloßen Erfahren einer Tatsache, einer bloßen neutralen Belehrung. Darum ist auch die immer wiederkehrende Verlautbarung durchaus sinnvoll, ja sogar gefordert.

Aber selbst die Verlesung der Epistel und des Evangeliums im ersten Teil der hl. Messe, der sogenannten Katechumenenmesse, ist keine „Belehrung“ im strikten Sinn des Wortes. Hier ist es erst die „Lesung“, die unseren Geist erleuchtet und uns in die sakrale Welt des Mysteriums einbezieht. Was hier geschieht und geschehen soll, ist nicht eine neutrale Belehrung über die hl. Messe – z. B. eine Angabe, was der Priester jetzt tut durch einen Diakon oder eine technische Belehrung über etwas diese besondere Messe Betreffendes. Es ist vielmehr das Einträufeln der Worte Gottes durch einen Propheten oder Apostel, ein Aufruf, der uns erwecken soll, ein Ziehen unseres Geistes in „conspectu Dei“. Dies gilt in noch höherem Maße, d. h. wir erreichen eine noch höhere Stufe, wenn das hl. Evangelium verlesen wird, wenn es die Worte Christi sind, desselben Christus, der nach der Konsekration leiblich gegenwärtig ist und den wir in der hl. Kommunion in unserer Seele empfangen. Es ist der unfaßbar Heilige, der Gottmensch Jesus Christus, der zu uns, zu jedem einzelnen von uns und zu allen zusammen spricht.

Niemand kann übersehen, welche Welt diese Verkündung der Worte Christi und seiner Taten und unser Hören derselben von einer neutralen Belehrung auch rein formal trennt. Und wenn an Sonn- und Feiertagen eine Predigt stattfindet, so sollte dieselbe die Seelen der Gläubigen erwecken, die unfaßbare Herrlichkeit der Botschaft direkt vor ihrem Geist lebendig aufleuchten lassen, auf den Ruf Christi im einzelnen hinweisen, auf all die Konsequenzen dieses Ruf es, auf die Gefahren, die das Aufgehen der wahren Saat Christi in ihren Seelen verhindern. Wir brauchen nur an die Predigten eines hl. Leo, eines hl. Augustinus, eines Kardinal Newman zu denken um klar zu sehen, wie die Predigt organisch zu dem vorbereitenden Teil der hl. Messe paßt und wie weit sie von einer rein informativen Belehrung abweicht.

9. Kapitel

ÖKUMENITIS

Wir sprachen im „Trojanischen Pferd“ über den wahren Sinn von Ökumenismus und die vielen gefährlichen Mißdeutungen desselben in der nachkonziliaren Zeit. Die berechtigte Forderung Schismatiker, Protestanten, Juden, Moslems, Brahmanen und Buddhisten nicht nur als Gegner zu sehen – nicht nur ihre Irrtümer zu betonen, sondern auch die positiven Elemente in ihrer Religion – war der ursprüngliche Inhalt des Ökumenismus. Daß das Verhältnis zu den Schismatikern und Protestanten verschieden ist, wurde schon in der ersten Enzyklika Paul's VI. „Ecclesiam Suam“ betont. Die einen sind nur Schismatiker – von den Protestanten hingegen trennen uns dogmatische Fragen. Erst recht ist das Verhältnis zu allen Nichtchristen ein anderes. Hier sind wieder große Unterschiede, ob es sich um Monotheisten handelt wie bei den Juden und Moslems oder um Religionen, die nicht monotheistisch sind. Bei allem Ökumenismus blieb aber die Forderung bestehen: um der Einheit willen keinerlei Kompromisse zu machen, bei denen auch nur ein Jota des „depositum catholicae fidei“ preisgegeben würde.

Hier interessiert uns vor allem die Stellung zu den Juden. Gerade mit ihnen liegt eine große Verbundenheit vor, insofern das Alte Testament auch als echte Offenbarung Gottes anerkannt wird – aber andererseits auch eine einzigartige Gegensätzlichkeit – weil sie die Offenbarung Gottes in Christus leugnen und als eine spezifische Fälschung ansehen.

Nun hat merkwürdigerweise der mißverstandene Ökumenismus – eine Krankheit, die man Ökumenitis nennen könnte – die überraschendsten Resultate gezeitigt. Es ist eine heute in der Kirche weit verbreitete Tendenz die Religion Israels als einen parallelen Weg zu Gott zu betrachten, der vielleicht nur weniger vollkommen als der christliche sei. Man solle nicht mehr trachten die Juden zu bekehren – man solle sie mit Respekt und Achtung ihren eigenen Weg gehen lassen.

Diese Auffassung steht offenbar in radikalem Widerspruch mit den Worten Christi und der Intention der Apostel. Hat Christus nicht an vielen Stellen dem Schmerz Ausdruck gegeben, daß die Juden Ihn nicht erkannten? Waren nicht die Apostel und Jünger Juden, denen Er die göttliche Offenbarung verkündete? Hat Petrus nicht zu Christus – auf Seine Frage: Für wen haltet ihr mich? gesagt: „Du bist Christus, der Sohn des lebendigen Gottes?“ [1] Und war die erste Aufgabe der Apostel nach Pfingsten nicht die Bekehrung der Juden zu der vollen christlichen Offenbarung? Als die Juden die Apostel fragten: „Brüder, was sollen wir tun?“ antwortete Petrus: „Bereut und laßt euch taufen“.[2] Hat nicht der hl. Paulus von der Bekehrung der Juden als dem großen Ziel gesprochen und gesagt: „Um ihres Unglaubens willen wurden sie ausgerissen“ [3] und weiter: „Aber auch jene werden wieder eingesetzt, wenn sie nicht in ihrem Unglauben verharren“.[4] Ist nicht die Tatsache, daß das Neue Testament die Erfüllung des Alten Testamentes ist, eine für alle Katholiken und auch für die Protestanten selbstverständliche Überzeugung?

Dieser Zusammenhang mit der mosaischen Religion ist ungleich tiefer als die Anerkennung des Alten Testamentes als göttliche Offenbarung.

Abgesehen von diesem Widerspruch mit den Worten Christi und der Apostel, ja der ganzen Lehre der Kirche, ist diese Auffassung die größte Lieblosigkeit gegenüber den Juden.

Der tiefste Kern der wahren Nächstenliebe ist die Sorge für das ewige Heil des Nächsten und darum soll man keinem Menschen begegnen, ohne in ihm ein lebendiges Glied des my-

[1] Mt 16/16.
[2] Apg 2/37.
[3] Röm 11/20.
[4] Röm 11/23.

stischen Leibes Christi zu erblicken oder einen Katechumenen „in spe".

Man entgegne nicht: Er kann ja sein ewiges Heil auch außerhalb der Kirche erlangen – sei es als Protestant oder als Nichtchrist – das ist doch ein Dogma, das schon im 1. Vatikanischen Konzil definiert wurde.

Gewiß, aber das ändert nichts an dem Auftrag Christi: „Gehet hinaus in alle Welt und lehret alle Völker und taufet sie" – und der ungeheuren Bedeutung der Anbetung Gottes in Wahrheit, in Christus, „per ipsum, cum ipso, et in ipso". Es gibt ja den unendlichen Wert der „glorificatio" Gottes, der in dem wahren Glauben liegt, in der Verbundenheit mit Gott durch die heiligmachende Gnade und alle Sakramente. Und dieser Wunsch im Apostolat, der aus der wahren Liebe zu Christus fließt, ist von der in dieser Liebe allein fundierten echten Nächstenliebe nicht zu trennen.

An die Stelle der wahren Liebe tritt ein höflicher Respekt – ein typischer Fall von „Verdiesseitigung".[5]

Aber noch schlimmer ist, daß man die Zuordnung des Alten Testamentes auf das Neue nicht mehr aufrecht erhält. Ist nun Christus *der* Messias, von dem Isaias spricht – ist er der Sohn Gottes, der die Menschheit erlöste? Wenn ja – dann ist die Erwartung eines anderen Messias ein ausgesprochener Irrtum und kein paralleler Weg zu Gott. Im Lichte der Wahrheit und vor Gott ist diese Behauptung ein Verrat an Christus und eine Leugnung der Tatsache, daß die Offenbarung des Alten Testamentes ein wesentlicher Teil der christlichen Offenbarung ist.

Ist Christus der Sohn Gottes – des Gottes Abrahams, Isaaks und Jakobs? Ist er der Abraham von Gott versprochene Erlöser? Hat Christus nicht gesagt: „Abraham sah meinen Tag und freute sich" [6]; und sagte Christus nicht auch: „Ich bin nicht gekommen das Gesetz aufzuheben, sondern es zu erfüllen"? [7]

[5] auf die wir im II. Teil eingehen werden.

[6] Jo 8, 56.

[7] Mt 5, 17.

Wie ist es möglich, daß die Ökumenitis Früchte gebracht hat, die in radikalem Gegensatz zum Evangelium, den Aposteln und der Lehre der Kirche stehen?

Wenn die offizielle Einstellung zur Bekehrung der Juden in krassem Widerspruch zu dem ganzen Evangelium und den Episteln des hl. Paulus steht, so bildet die weitverbreitete Einstellung zur Aufnahme eines Nichtkatholiken in die hl. Kirche einen ebenso radikalen Gegensatz zum Evangelium. Es gibt heute viele Theologen, Seelsorger und sogar Missionare, die den Standpunkt vertreten, die Konversion des einzelnen Menschen zur katholischen Kirche sei nicht die wahre Aufgabe – sondern nur der Zusammenschluß einer religiösen Gemeinschaft als Ganzes mit der katholischen Kirche – ohne dabei ihren Glauben verändern zu müssen. Dies sei das Ziel des wahren Ökumenismus. Dem einzelnen Protestanten, Moslem oder Hindu, der im wahren Sinn des Wortes konvertieren wolle, müsse man vielmehr sagen: Er solle ein besserer Protestant, ein besserer Moslem, ein besserer Hindu werden. Haben diese Theologen, Priester und Missionare das Evangelium nie gelesen? Oder haben sie vergessen, daß Christus gesagt hat vor seiner Himmelfahrt: „Gehet hin in alle Welt und verkündet die frohe Botschaft der ganzen Schöpfung! Wer glaubt und sich taufen läßt, wird gerettet werden, wer aber nicht glaubt, wird verdammt werden.“ [8]

Diese Ausgeburt der Ökumenitis vereinigt viele schwere Irrtümer: Sie ist erstens ein ausdrückliches Ignorieren des Auftrags Christi. Sie ist zweitens Nichtchristen gegenüber eine unselige Geringschätzung der Offenbarung Gottes. Man tut als ob die Offenbarung Gottes in Christus – sowie der Kreuzestod Christi überflüssig gewesen seien. Denn vom Standpunkt dieser Ökumenitis wären ja alle, wenn sie ihrem jeweiligen Glauben getreu leben würden, selig geworden und vor allem auch die Juden.

[8] Mk 16, 15-16.

Drittens liegt darin das absolute Désintéressement an der Wahrheit. Die Frage, welche Religion ist die wahre? spielt keine Rolle mehr. Der letzte Ernst der Wahrheit, mit dem jede Religion steht und fällt – wird ignoriert.

Damit wird das Wesen, die Existenzberechtigung der hl. Kirche, ja der ganzen christlichen Religion zerstört. Die Lehre der Kirche ist entweder die wahre Offenbarung Gottes – die Offenbarung Christi und absolut und unbedingt wahr – oder sie ist nichts.

Damit hängt viertens auch die Elimination der „glorificatio" Gottes zusammen – nur die „salvatio" spielt noch eine Rolle. Wir haben darauf schon früher hingewiesen: Daß Gott in der Wahrheit angebetet wird, stellt eine Verherrlichung Gottes dar, die wegfällt, wenn er aus unendlicher Barmherzigkeit auch einem Menschen, der kein Glied des „Corpus Christi Mysticum" ist, die ewige Seligkeit schenkt.

Ebenso wird die „glorificatio" Gottes durch die Heiligen übersehen – denn Heilige kann es nur in der hl. Kirche geben – in der absoluten Nachfolge Christi.

Endlich manifestiert sich – fünftens in dieser Einstellung der Höhepunkt der Entpersonalisierung, des Kollektivismus, wobei die individuelle Person keine Rolle mehr spielt, sondern nur eine Gemeinschaft. Der einzelne braucht nicht zu konvertieren, braucht nicht von der Dunkelheit zum Licht geführt werden, er braucht nicht die Offenbarung Christi voll zu erfahren, er braucht nicht an dem übernatürlichen Leben der Gnade durch die Taufe teilzuhaben und an dem Gnadenstrom der Sakramente. Wünschenswert ist nur der äußere Zusammenschluß aller Religionsgemeinschaften. Dies würde aber nie eine Einheit bewirken – es bliebe eine bloße Addition. Ein solches Bestreben ist die typische Ausgeburt des schweren Irrtums: Die Einheit über die Wahrheit zu stellen – von dem wir später noch handeln werden.

Sieht man denn nicht, daß dieser äußere Zusammenschluß keinerlei Verherrlichung Gottes wäre und in keiner Weise eine Erfüllung des feierlichen Auftrags Christi – noch seines Gebetes: „Ut unum sint!“?

Das Apostolat gehört wesenhaft zur hl. Kirche, – das Apostolat und zwar die Bekehrung jeder einzelnen individuellen Seele, die in den Augen der Kirche mehr bedeutet als das Schicksal irgendeiner natürlichen Gemeinschaft. Dies ist ein notwendiger Ausfluß sowohl der Gottesliebe als auch der wahren Nächstenliebe. Die Gottesliebe drängt die Kirche, aber auch jeden wahren Christen danach, jeden Menschen in das volle Licht der Wahrheit zu ziehen, die die Lehre der hl. Kirche darstellt. Jeder Christ muß ersehnen, daß alle die Offenbarung Christi kennen lernen und darauf die richtige Antwort des Glaubens geben; daß alle Knie sich vor Jesus Christus beugen. Und ebenso fordert dies die wahre Nächstenliebe. Wie kann ich jemand lieben und nicht darauf brennen, daß er Jesus Christus, den eingeborenen Sohn Gottes und die Epiphanie Gottes kennen lerne, in Sein Licht gezogen werde, an Ihn glaube und Ihn liebe, ja sich von Ihm geliebt wisse? Wie kann ich ihn lieben – ohne ihm das größte Glück, die beseligende Begegnung mit Jesus Christus, schon auf Erden zu wünschen? Wie kann ich mich damit begnügen, daß Gottes unendliche Barmherzigkeit – vielleicht – trotz seines Irrglaubens oder Unglaubens ihm die ewige Seligkeit nicht verweigern werde?

Wahrhaft, alle Taten der Liebe zum Nächsten sind Schall und Rauch, wenn ich mich für sein Finden des wahren Gottes, seine Gliedschaft am mystischen Leib Christi desinteressiere – wenn ich gegenüber diesem höchsten Gut für ihn indifferent bin?

Wir sehen, zu welch grauenvollen Irrtümern die Ökumenitis führen kann und leider schon vielfach geführt hat. Dies hat mit dem Geist des wahren Ökumenismus nichts zu tun, ja, es widerspricht ihm sogar radikal.

10. Kapitel

IST DAS SCHISMA DAS GRÖSSTE ÜBEL?

Wir wiesen schon verschiedentlich auf die Gründe hin, die das Anathema in Mißkredit gebracht haben: Der falsche Irenismus, die Scheu von der Autorität vollen Gebrauch zu machen, Menschenfurcht, das Stellen der Einheit über die Wahrheit.

Aber ein Faktor, der dabei eine große Rolle spielt, ist auch die Angst vor dem Schisma. Die Verurteilung eines prominenten Häretikers kann natürlich zu einem Schisma führen. Sowohl seine Anhänger als auch viele, die im Anathema einen mittelalterlichen Fanatismus erblicken, könnten eine solche Verurteilung zum Anlaß nehmen, um als eine geschlossene Sekte von der Kirche abzufallen.

Aber ist ein Schisma wirklich das größte Übel? Der Abfall jedes einzelnen Menschen, der die Kirche verläßt, ist ein großes Übel in sich und vor allem für seine Seele, eine Gefährdung seines ewigen Heiles. Aber viel schlimmer ist es, wenn er, obgleich er den wahren Glauben verloren hat, in der Kirche verbleibt und die Gläubigen durch seinen Einfluß vergiftet. Auch für ihn selbst ist dies noch schlimmer, weil er zu der furchtbaren Sünde der Häresie noch die der Lüge, der Täuschung anderer, des Mißbrauchs seiner Würde als Katholik und – im Fall eines Priesters – des Vertrauens, das er als Sprachrohr der Kirche besitzt, hinzufügt.

Das Schisma ist aber mehr als der Abfall eines einzelnen Katholiken. Es ist die Loslösung eines Teiles der Kirche von Rom, die Weigerung, den Papst als das Oberhaupt anzuerkennen, sich als eigene, unabhängige Kirche zu erklären.

Das Schisma kann zugleich mit einem Abfall von der Lehre der Kirche – also mit Häresien – verbunden sein, aber es braucht es nicht. Es kann auch eine Trennung vorliegen, die nicht durch dogmatische Differenzen bewirkt ist. Dies ist z. B. der Fall bei der orthodoxen Kirche. Erst im 11. Jahrhundert kam es zu der definitiven Trennung, d. i. der Loslösung der Ostkirche. Gewiß gab es schon vorher theologische Differenzen. Aber der dogmatische Unterschied von „filioque" war doch mehr eine Ausrede für das im wesentlichen aus politischen Gründen erfolgende Schisma.

Dieses Schisma war ein großes Übel, die Zerstörung der Einheit eine große Katastrophe, die vom dogmatischen Standpunkt aus unnötig war. Sie war ein reines Übel.

Im Falle des Schismas in der Reformation hingegen waren die dogmatischen Differenzen das Entscheidende. Hier ist der Abfall von dem „depositum catholicae fidei", die Häresie, das größte Übel und dieses Schisma, bzw. diese Zerstörung der Einheit, war eine unvermeidliche, ja notwendige Konsequenz der Häresie. Hier war es besser, daß ein Schisma stattfand, als wenn die Häretiker in der Kirche verblieben wären und die Rechtgläubigkeit aller gefährdet hätten. Es war das große Verdienst des Konzils von Trient, die Häresie der Protestanten klar herauszustellen und die hl. Kirche von einer inneren Zersetzung zu retten. Die große Tragik liegt hier in der Häresie und nicht in dem damit verbundenen Schisma. Hier wäre es ungleich schlimmer gewesen, wenn man das Schisma vermieden hätte, um die Einheit zu wahren, wenn man Kompromisse mit den Protestanten gemacht hätte, die dogmatische Trennung verwischt hätte und so einen zersetzenden Giftstoff im Organismus der Kirche belassen hätte.

Einheit ist ein großer Wert – aber nur die Einheit in der Wahrheit – und diese ist auch die einzige wahre Einheit. Die Treue gegenüber der göttlichen Offenbarung – das ist die Treue gegen Gott – ist unendlich wichtiger als alle Einheit.

Bei der Frage des Schismas schiebt sich aber oft auch eine Betrachtung ein, die in Bezug auf eine natürliche Gemeinschaft einen Sinn hat, bei der übernatürlichen Gemeinschaft der Kirche aber völlig unangebracht ist. Bei vielen natürlichen Gemeinschaften spielt ihr Umfang eine entscheidende Rolle.

Für eine politische Partei ist ihr Einfluß auf die Erreichung ihres Zieles von dem Umfang der Partei abhängig. Die Zahl der Mitglieder hat darum für die Partei (nicht für den einzelnen) eine entscheidende Bedeutung. Sie ist entscheidend für ihre Macht und die Machtfrage ist hier ein hoch bedeutsamer Faktor.

Im Falle der Kirche hingegen fällt die Machtfrage in diesem Sinne weg. Ihr Ziel ist, daß alle den Weg zur Wahrheit und ewigen Seligkeit finden. Die Zugehörigkeit zur katholischen Kirche ist für jede einzelne Seele ein absoluter Wert, ja das höchste Gut auf Erden. Wenn ich sage Zugehörigkeit, so meine ich damit den integren Glauben an die Offenbarung Christi, wie sie in dem „depositum catholicae fidei" niedergelegt ist, die Liebe zu Christus, den Gehorsam gegen die Kirchengebote – mit einem Wort nicht nur den Taufschein. Dazu kommt noch ein zweiter hoher Wert – die Ausbreitung des Reiches Gottes. Die Bekehrung jedes einzelnen ist nicht nur erstens eine Verherrlichung Gottes und zweitens das höchste Gut für seine Seele, sondern sie ist auch eine Verherrlichung Gottes durch das Wachstum des mystischen Leibes Christi.

Das Verbleiben eines Häretikers in der Kirche ist aber ein größeres Übel, als daß die Kirche um ein Mitglied ärmer wird. Es ist besser, daß er die Kirche verläßt oder von ihr ausgeschlossen wird durch ein Anathema bzw. eine Exkommunikation. Es ist besser vom Standpunkt der Kirche und aller Gläubigen; aber auch für die Seele des Häretikers, weil er sich seiner Apostasie vom wahren Glauben bewußter wird und dadurch aufgeweckt werden kann.

Der Gesichtspunkt, in der Abnahme der Mitglieder einer natürlichen Gemeinschaft eine Schwächung, ein Symptom des Niederganges, ja einer Desintegration zu erblicken, schleicht sich leider auch unbewußt in die Beurteilung des Übels des Schismas mit ein und veranlaßt, viele Kompromisse auf Kosten der Rechtgläubigkeit zu machen, nur um eine Verringerung an Umfang zu vermeiden.

Gilt das Wort Christi nicht auch in analoger Weise für die Exkommunikation eines Häretikers? „Wenn aber deine Hand oder dein Fuß dir Ärgernis gibt, so hau sie ab und wirf sie weg! Es ist besser für dich, verkrüppelt oder lahm in das Leben einzugehen, als mit zwei Händen oder zwei Füßen in das ewige Feuer geworfen zu werden. Und wenn dein Auge dir Ärgernis gibt, so reiß es aus und wirf es weg! Es ist besser für dich, mit einem Auge in das Leben einzugehen, als mit zwei Augen in das höllische Feuer geworfen zu werden.“ (Mt 18, 8-10)

11. Kapitel

MORGENROT

Wenn wir die Situation der Kirche heute mit der im Jahre 1967 vergleichen – in dem ich das „Trojanische Pferd“ schrieb – müssen wir feststellen, daß, wie wir eingangs sagten, das Gleichnis des Trojanischen Pferdes nicht mehr paßt, weil wir jetzt von einer Verwüstung des Weinbergs sprechen müssen, die täglich noch fortschreitet. Sie hat sich aber auch darin verändert, daß der Widerstand gegen alle diese Verwüstung ungleich gewachsen ist, und viele Stimmen sich zur Verteidigung der Orthodoxie erheben. Ja eine Welle des Erwachens, ein Protest gegen die Häresien zeigt sich unverkennbar.

In vielen Ländern sind Vereinigungen orthodoxer Katholiken entstanden, die mutig gegen die Totengräber der Kirche den Kampf aufnehmen und die zum großen Teil auch in Zeitschriften als Kämpfer für den unverfälschten, durch keinerlei Kompromisse angekränkelten Glauben, für den Primat der „glorificatio Dei“ durch die Heiligung der individuellen Seele, die Konversion aller Menschen zu Christus, die „salvatio“ der Seelen eintreten. Es sind jene, die die Herrlichkeit der hl. Kirche und ihre glorreiche Vergangenheit verstehen: als Verkünderin der Offenbarung Christi durch 2000 Jahre, als Festung gegen alle Häresien, als Mutter unzähliger Heiliger – und die von einer wahren Liebe zu ihr erfüllt sind. Mögen im einzelnen Unterschiede bestehen, sie alle kämpfen gegen die Verwüstung des Weinbergs.

Die älteste ist vielleicht die in vielen Ländern bestehende „Una Voce“, die vor allem für die Erhaltung der tridentinischen Liturgie eintritt, aber in Deutschland und Italien auch gegen alle Häresien in ihren ausgezeichneten Zeitschriften ankämpft. In Wien besteht die 1000 Priester umfassende Gemeinschaft, die Prälat Hesse gegründet hat, deren Leiter er ist und die die hervorragende Zeitschrift „Die Entscheidung" herausgibt und das „Neue Groschenblatt". In Italien erwähnen wir „Critica Cattolica" und die neue, von Pater Villa gegründete „Chiesa Viva". In Frankreich finden wir die „Chevaliers de Notre Dame" und die „Silencieux de l'Eglise", Zeitschriften wie „L'Homme Nouveau" und „Pensée Catholique". In Deutschland die „Bewegung für Papst und Kirche" und die Zeitschrift „Der Fels" von Pater Hermes. In Amerika vor allem „Catholics United for the Faith (CUF)" und Zeitschriften wie „The Wanderer", „Triumph"; in Holland „Confrontatie", in Spanien die 8000 Priester in vielen Ländern umfassende „Hermandad Sacerdotal". Das sind nur einige Beispiele für die täglich zunehmenden Organisationen, die gegen die Säkularisierung der hl. Kirche, die Desintegration, die Verwüstung des Weinbergs des Herrn ankämpfen. Darin liegt ein großer Trost, vor allem eine Hoffnung für die Zukunft. Das ist der wahre Fortschritt, der Fortschritt in den Reihen der Gläubigen, die der Verwüstung des Weinbergs des Herrn, die unter dem Schlagwort „aggiornamento", der Anpassung an den Zeitgeist und des Teilhardismus wütet, entgegentreten. Schon bei der 3. Römischen Synode im September/Oktober 1971 zeigte sich ein bewußter und erfolgreicher Widerstand gegen die Auflösungstendenzen der modernen Reformatoren. Bei der eindeutigen Haltung des Heiligen Vaters schloß sich die Mehrzahl des Bischofskollegiums der Führung von Kardinal Bengsch und Höffner an.

Ein erfreuliches Zeichen für den Widerstand gegen die Verwüstung des Weinbergs ist auch, daß Kardinal Suenens im „Osservatore Romano" scharf kritisiert wurde und Kardinal Daniélou[1] ihm im „Figaro" offen den Fehdehandschuh zuwarf. Es ist ein Symptom dafür, daß man sich nicht mehr

---

[1] Kardinal Daniélou hat schon im Jahr 1970 in einer bedeutenden Rede in Washington den „Progressismus" eindeutig verurteilt. Vergl. „Zölibat" S. 130.

scheut auch Kardinäle, die an der Verwüstung des Weinbergs teilhaben, zu demaskieren.

Der Erlaß über sakrale Kleidung (besonders der Ordensfrauen - den wir schon erwähnten) setzt der Experimentation Grenzen.

Besonders aber ist die Anweisung bezüglich der Katechismen ein Zeichen dafür, daß man sich mehr und mehr der Gefahren bewußt wird und versucht ihnen zu begegnen. Dies gilt in erhöhtem Maße von dem Brief von Kardinal Garrone an alle Seminarien über die Rolle der Philosophie und die verhängnisvolle Wirkung falscher Philosophien für die Seminaristen und späteren Priester. Ich zitiere aus dem im Januar versandten Rundbrief: „Es kann kein Zweifel darüber bestehen, daß die moderne Kultur, indem sie sich mehr und mehr dem Problem der Transzendenz verschließt, authentisches philosophisches Denken ablehnt, besonders alle Metaphysik, die allein im Stande ist, absolute Werte zu erfassen. In dieser Hinsicht muß man vor allem den modernen Geist der Technik erwähnen, der dazu neigt, aus dem ‚homo sapiens' einen bloßen ‚homo faber' zu machen ... Die einseitige Betonung, die auf die Aktion gelegt wird in Bezug auf die Zukunft und der Optimismus, der durch ein fast grenzenloses Vertrauen auf den Fortschritt genährt wird, der auf unmittelbare und fundamentale Änderungen auf den ökonomischen, sozialen und politischen Gebieten abzielt, neigen dazu, den unabänderlichen Charakter gewisser moralischer und geistiger Werte zu übersehen. Vor allem hält man die authentische philosophische Spekulation, die als die unerläßliche Basis für diese Änderungen gelehrt werden müßte, für überflüssig, ja sogar für schädlich.

In einem solchen Klima wird die ernste Erforschung der höchsten Wahrheiten nicht gewürdigt und die Kriterien der Wahrheit sind nicht mehr die soliden unbezweifelbaren Prinzipien der Metaphysik, sondern die ‚gegenwärtige Zeitepoche' und der ‚Erfolg'.

Darum ist es leicht zu verstehen, wie der Geist unserer Zeit sich als immer mehr antimetaphysisch erweist und damit für alle Formen des Relativismus geöffnet ist ...

Indem man sich dies vor Augen hält, kann man allgemein feststellen, daß das wahre Wesen der judäo-christlichen Offenbarung absolut unverträglich ist mit allem erkenntnistheoretischen, ethischen und metaphysischen Relativismus, sowie mit allem Materialismus, Pantheismus, Immanentismus, Subjektivismus und Atheismus." [2]

Im März 1972 gab die Heilige Glaubenskongregation, deren Präfekt Kardinal Seper war, ein Dokument heraus, das vom Heiligen Vater ratifiziert, bestätigt und zur Veröffentlichung bestimmt, sich in besonderer Weise gegen gewisse Irrtümer richtet, die den Glauben an die Mysterien der Inkarnation und der hl. Dreifaltigkeit gefährden. Es ist zu hoffen, daß diesem Dokument weitere folgen werden.

Das Wichtigste aber ist das Eingreifen des Hl. Vaters: Die Einsetzung der zwei orthodoxen Bischöfe in Holland.

Diese Zeichen der Hoffnung möchte ich schließen mit den Worten des Hl. Vaters aus der schon zitierten Audienz am 19. Januar 1972, in der er zu brennenden Problemen selbst Stellung nimmt:

„So ist es, geliebte Söhne! Und indem wir das bejahen, setzen wir uns ab von den Irrtümern, die schon früher in Umlauf waren, im Geistesleben unserer Zeit wieder emporwuchern und unser christliches Verständnis vom Leben und der Geschichte völlig zerstören könnten. Der Modernismus war der charakteristische Ausdruck dieser Irrlehren; er ist, unter anderen Namen, noch immer aktuell (vgl. das Dekret ‚Lamentabili' von Pius X., 1907, und seine Enzyklika ‚Pascendi'; Denz.-Sch. 3401 ff). Wir können nun begreifen, warum die katholische Kirche, gestern wie heute, der strengen Bewahrung der authentischen Offenbarung solche Bedeutung beimißt, sie als unantastbaren Schatz ansieht und warum sie eine so

[2] Übersetzung vom Verfasser.

strenge Auffassung von ihrer grundlegenden Pflicht hat, die Lehre des Glaubens zu verteidigen und in eindeutiger Form weiterzugeben. Die Rechtgläubigkeit ist ihre Hauptsorge, und das Hirtenamt ist ihre wichtigste, von Gott gewollte Aufgabe. Die Lehre der Apostel bestimmt in der Tat den Kanon ihrer Verkündigung. Die Weisung des Apostels Paulus, ‚Bewahre, was dir anvertraut ist!' (1 Tim 6, 20; 2 Tim 1, 14), stellt für sie eine Verpflichtung dar, deren Verletzung Verrat wäre. Die Kirche als Lehrmeisterin erfindet ihre Lehre nicht; sie bezeugt, bewahrt, legt aus, vermittelt. Wenn es bei der Botschaft des Evangeliums um die Wahrheit selbst geht, kann man die Kirche als konservativ und unversöhnlich bezeichnen. Wer die Kirche dazu verleiten möchte, ihren Glauben zu vereinfachen und dem Geschmack des veränderlichen Zeitgeistes anzupassen, dem antwortet sie mit den Aposteln: ‚Non possumus!' ‚Wir können nicht' (Apg 4, 20)."

II. TEIL

1. Kapitel

DIE HEILIGE MENSCHHEIT JESU

„Es ist die Offenbarung der Herrlichkeit Gottes im Antlitz Jesu Christi; es ist das Sichtbarwerden der Eigenschaften und Vollkommenheiten des Allmächtigen Gottes; es ist die Schönheit Seiner Heiligkeit, die Süßigkeit Seiner Barmherzigkeit, der Glanz Seines Gesetzes, die Harmonie Seiner Vorsehung, die ergreifende Musik Seiner Stimme, die der Widersacher des Fleisches und der Verteidiger der Seele gegen die Welt und den Teufel ist.“ [1]

Wir wenden uns jetzt der Art der Verwüstung des Weinbergs des Herrn zu, die nicht durch offene Angriffe gegen das „depositum catholicae fidei“ sich äußert, durch ausgesprochene förmliche Häresien, sondern durch Tendenzen, die in noch gefährlicherer Weise als schleichendes Gift wirken. Natürlich enthalten diese Tendenzen immer schwere theologische und philosophische Irrtümer, aber im Gegensatz zu ausgesprochenen Thesen führen sie ihr Zerstörungswerk unterirdisch – und leider meist unerkannt – aus.

Die fundamentalste und katastrophalste dieser Tendenzen ist die der Verfälschung der hl. Menschheit Christi, ja eine falsche Interpretation der Inkarnation.

Man verkennt, daß Jesus zwar ontologisch eine voll menschliche Natur besaß – aber qualitativ nicht der Durchschnittsmensch, noch der mit allen möglichen negativen Qualitäten behaftete Mensch war, sondern der Heilige „par excellence“. Im Anfang des Johannesevangeliums heißt es: „Et verbum caro factum est et habitavit in nobis et vidimus gloriam ejus gloriam quasi Unigeniti a Patre, plenum gratiae et veritatis“ („Und

[1] Kardinal Newman, John Henry, „Discourses for mixed Congregations“.

das Wort ist Fleisch geworden und hat unter uns gewohnt; und wir haben Seine Herrlichkeit gesehen, die Herrlichkeit des Eingeborenen vom Vater, voll der Gnade und Wahrheit"). Diese Worte bezeugen nicht nur das unfaßbare, undurchdringliche Mysterium, daß die zweite göttliche Person der Dreifaltigkeit - der Logos - eine menschliche Natur angenommen hat, sondern auch, daß diese menschliche Natur „voll der Gnade und Wahrheit" ist.

Aber indem der Logos die menschliche Natur annimmt, verliert Er in keiner Weise Seine göttliche Natur. Christus besitzt zwei Naturen - eine göttliche und eine menschliche. Obgleich die beiden Naturen ontologisch ganz verschieden bleiben - und nicht vermischt sind - so sind sie doch, indem sie ein und derselben Person angehören, in geheimnisvoller Weise einzigartig verbunden. Seine hl. Menschheit ist dadurch eine *Epiphanie* Gottes. Sie ist qualitativ von der Heiligkeit Gottes geformt. „Quia per incarnati Verbi mysterium novae mentis nostrae oculis lux Tuae claritatis infulsit - ut dum visibiliter Deum cognoscimus per hunc in invisibilium amorem rapiamur." [2]

Worauf es uns aber hier ankommt, ist, daß die Tatsache, daß Christus ontologisch „totus homo" war - in keiner Weise der Tatsache, daß Seine hl. Menschheit qualitativ eine Epiphanie Gottes ist, widerspricht.

Wenn der hl. Paulus sagt, er teilte alles mit den Menschen außer der Sünde, so muß das so verstanden werden, daß er ontologisch alle Anfälligkeit und Schwäche der menschlichen Natur besaß - aber keinerlei negative Qualitäten wie Mediokrität, Beschränktheit, Kleinlichkeit - nicht nur nicht die Sünde im engeren Sinn.

Und hier setzt heute die grauenvolle Verfälschung der Menschheit Christi ein. Man erklärt, seine menschliche Natur

[2] „Weil durch das Geheimnis des fleischgewordenen Wortes ein neues Licht Deiner herrlichen Klarheit den Augen unseres Geistes aufgestrahlt ist, daß, während wir Gott sichtbar erkennen, wir durch ihn zur Liebe des Unsichtbaren hingerissen werden." (Weihnachtspräfation)

sei nur voll menschlich, wenn sie auch qualitativ alles besitze, was wir im Menschen antreffen – alles, was den Durchschnittsmenschen charakterisiert. Man unterstreicht in gewissen modernen Katechismen, daß Jesus sehr auf ein gutes Essen aus gewesen sei. Man schreibt Bücher über das Sexualleben Jesu, denn das gehöre doch zum vollen Menschtum. Zur Menschwerdung Gottes gehöre doch – so sagen sie –, daß Jesus voller Mensch war, „totus homo", und daß darum seine menschliche Natur alles enthalten müsse, was im Menschen vorkommt.

An dieser Stelle müssen wir uns auf das Wesen des Menschen besinnen, auf das, was ihn ontologisch von allen anderen Lebewesen unterscheidet. Denn nur dann kann der wahre Sinn von „totus homo" klar umrissen werden.

Unter allen Wesen, die wir in der Natur vorfinden, ist der Mensch allein eine Person.[3] Er allein ist ein bewußt Seiendes und dieses bewußt Seiende enthält eine ganz neue Dimension des Seins. In sehr treffender Weise nannte die Scholastische Philosophie diese Art des Seins „ein Sein, das sich selbst besitzt". Ja wahrhaft eine Welt trennt materielle Körper wie einen Felsen, oder eine lebende Materie wie einen Baum, oder selbst ein Lebewesen wie ein Tier von einem Menschen, der allein die Fähigkeit der Erkenntnis, des freien Willens, der Verantwortlichkeit besitzt – dem Wesen, das allein ein Träger moralischer Werte und Unwerte sein kann. Der Mensch allein ist Person und der Unterschied zwischen personal und apersonal ist der größte und entscheidenste metaphysische Unterschied außer dem von endlich und unendlich, von absoluter ewiger Person und der kontingenten Person.

Der Mensch als Person ist das einzige „erwachte" Sein, alle anderen Gebilde, die wir in der Natur vorfinden, schlafen sozusagen – sie erleiden nur das Sein. Nur der Mensch als Person kann die Wahrheit suchen und Wahrheiten erkennen, und vor

[3] Ich bin in vielen meiner Werke auf das einzigartige Wesen der Person ausführlich eingegangen. Vgl.: „Liturgie und Persönlichkeit", „Ethik", „Umgestaltung in Christus" und in vielen Aufsätzen. Vgl. auch Josef Seifert „Erkenntnis objektiver Wahrheit", Anton Pustet, Salzburg, 1972.

allem von ihm allein kann der hl. Augustinus sagen: „Fecisti nos ad Te, Domine" („Du hast uns auf Dich hin erschaffen, Herr"). Er allein kann die Existenz Gottes mit seiner Vernunft erkennen.

Der hl. Bonaventura nennt alle Kreaturen auf Erden (reine Materie, Pflanzen, Tiere) „vestigia Dei", „Spuren Gottes" – aber den Menschen, weil er Person ist „imago Dei", „Ebenbild Gottes". In der „Genesis" heißt es: „Und Gott schuf den Menschen nach seinem Ebenbild". Die menschliche Natur ist ontologisch durch die Ebenbildlichkeit Gottes gekennzeichnet, insofern sie ein bewußt Seiendes, eine Person ist.

Die ontologische Struktur des Menschen ist aber nicht nur durch das Person-Sein charakterisiert. Der Mensch ist im Unterschied zu Gott, der absoluten Person – eine kreatürliche, kontingente Person. Er ist geschaffen und beginnt erst in dem Augenblick der Konzeption zu existieren und besteht nicht von Ewigkeit her. Er ist sterblich, wenn auch seine Seele unsterblich ist. Auch die Engel sind zwar geschaffene, kontingente Personen, aber sie sind reine Geister. Der Mensch hingegen ist ein aus Leib und Seele bestehendes Wesen. Die menschliche Natur ist durch das Besitzen von Leib und Seele charakterisiert und durch die geheimnisvolle urintime Verbindung von Leib und Seele trotz der eindeutigen und radikalen Verschiedenheit beider. Auf all dies kann hier nicht im einzelnen eingegangen werden – wir können hier nur auf einige Züge dieser menschlichen Natur hinweisen, deren Größe und Anfälligkeit Pascal so herrlich dargetan hat.[4] Die Seele ist ein bewußtes Sein und damit von allem Materiellen, sowohl der reinen unbelebten Materie als auch der lebenden Materie, z. B. Pflanzen und Tieren, aber vor allem von allen physiologischen Vorgängen, auch z. B. chemischen Vorgängen im menschlichen Gehirn radikal, wesenhaft verschieden. In meinem Buch „Über das Herz" habe

[4] Wir möchten auch auf die 1973 bei Anton Pustet, Salzburg, erschienene Arbeit von Josef Seifert über Leib und Seele hinweisen, die die wahre Eigenart, Verschiedenheit und Verbindung beider am adäquatesten wiedergibt.

ich ausführlich über die verschiedenen Schichten innerhalb des Seelischen gesprochen, vom körperlichen Schmerz bis hinauf zu den höchsten geistigen stellungnehmenden Akten. Ich habe mich dabei allerdings auf die affektive Sphäre beschränkt. Aber all das gehört ontologisch zur menschlichen Natur – die enge Verbundenheit mit dem Leib, die Anfälligkeit des Menschen, die sich daraus ergibt, sowie die Fähigkeit des Leidens, vom körperlichen Schmerz bis zu den seelischen Leiden, die Fähigkeit Angst zu fühlen, die metaphysische Angewiesenheit auf Gott und vieles andere.

Wenn wir daher von der menschlichen Natur in ontologischer Hinsicht sprechen, so meinen wir die Leib-Seele-Struktur und das natürliche Person-Sein.

Darum müssen wir noch, bevor wir auf den für uns in diesem Zusammenhang entscheidenden Unterschied eingehen – den der menschlichen Natur in ontologischer und qualitativer Hinsicht betonen, daß Christus zwar die volle menschliche Natur ontologisch besaß, aber seine *Person* nicht geschaffen ist und nicht ein bloßes „imago Dei", sondern daß sie die zweite göttliche Person der hl. Dreifaltigkeit ist, die die menschliche Natur annahm und daher auch in ontologischer Hinsicht ein wesentlicher Unterschied zu allen anderen Menschen vorliegt. Diese Wahrheit besitzen wir durch den Glauben. Aber den Menschen Jesus in seiner unfaßbaren Heiligkeit haben nicht nur die Apostel und Jünger gesehen, sondern er tritt uns auch ontologisch als Mensch im Evangelium entgegen.

Sokrates hat die menschliche Natur in ontologischer Hinsicht mit Hitler und Stalin gemein; sie sind von Gott nach seinem Ebenbild geschaffen. In ontologischer Hinsicht sind sie dieselbe Art von Gebilde – nämlich menschliche Personen. Aber offensichtlich ist Sokrates von Hitler und Stalin durch einen Abgrund getrennt. Dieser Abgrund bezieht sich nicht auf die ontologische Struktur des Menschseins, sondern auf die qualitative Verschiedenheit, die zwischen beiden besteht: Sokrates ist ein Mensch von hoher Sittlichkeit, eine ungewöhnlich edle Persönlichkeit – Hitler hingegen ein Verbrecher. Sokrates war ein großer außergewöhnlicher Denker – Hitler war ein sehr konfuser, mediokrer Mensch.

Wir müssen nun verstehen, daß der Ausdruck „totus homo" sich auf die ontologische Struktur des Menschen bezieht.

Wir dürfen dabei aber auch den fundamentalen ontologischen Unterschied zwischen Jesus und allen anderen Menschen nicht vergessen, der daher rührt, daß, obgleich er die menschliche Natur besaß – die *Person* göttlich ist. Er besaß die menschliche Natur und die göttliche Natur in einer Person – aber diese Person ist die zweite Person der Dreifaltigkeit – sie ist göttlich. Das ist gewiß ein undurchdringliches Mysterium – aber es ist eindeutig geoffenbart. Im Nicäischen oder Chalcedonischen Credo heißt es: „Et in unum Dominum Jesum Christum, Filium Dei unigenitum. Et ex Patre natum ante omnia saecula. Deum de Deo . . . Qui propter nos homines et propter nostram salutem descendit de caelis. Et incarnatus est de Spiritu Sancto ex Maria Virgine."

Ebenso heißt es zum Beginn des Johannes-Evangeliums: „In principio erat Verbum, et Verbum erat apud Deum, et Deus erat Verbum . . . et Verbum caro factum est." [5]

All dies zeigt deutlich, daß es die zweite göttliche Person war, die die menschliche Natur annahm.

Das „totus homo" bezieht sich auf die ontologische Struktur der menschlichen Natur, aber leugnet in keiner Weise die Tatsache, daß die Person göttlich ist. Wir wiederholen: Nicht nur sind in Jesus Christus die göttliche und menschliche Natur in einer Person verbunden, sondern diese eine Person ist selbst identisch mit der zweiten Person der hl. Dreifaltigkeit – dem Logos. Die Person von Jesus ist nicht geschaffen, nur die Seele (und der Leib) Jesu. Die göttliche Natur ist mit der Person Jesu untrennbar verbunden – die menschliche Natur hingegen ist von der göttlichen Person angenommen, wenn auch als etwas ewig Weiterbestehendes.

---

[5] Jo 1, 1-14.

Wir sind hier vor allem mit der qualitativen Verfälschung der hl. Menschheit Jesu beschäftigt und mit der qualitativen Verschiedenheit von allen übrigen Menschen. Aber es muß auch dieser tief gehende ontologische Unterschied betont werden, der dem „totus homo" in keiner Weise widerspricht, so sehr er ein undurchdringliches Mysterium ist.

Wenn man die ontologische Struktur des Menschen mit der qualitativen Natur – die ja unter den Menschen so ungeheuer verschieden ist – verwechselt, so hat das furchtbare Konsequenzen.

Das, was uns mit allen Heiligen – sei es ein hl. Franziskus von Assisi, sei es ein hl. Don Bosco – verbindet: unsere ontologische Struktur als Mensch, teilt auch Jesus mit uns. Aber der qualitative Abstand, der uns von diesen Heiligen trennt, ist nicht zu vergleichen mit dem, der uns von der heiligen Menschheit Jesu trennt, dem Inbegriff der Heiligkeit, von dem alle Heiligen nur ein schwacher Abglanz sind. Dabei sprechen wir nur von der heiligen Menschheit Jesu, selbstverständlich nicht von der Tatsache, die wir oben erwähnten, daß hier eine Person vor uns steht, die abgesehen von der menschlichen Natur auch eine göttliche Natur besitzt und bei der die Person göttlich ist. Die göttliche Natur Christi ist natürlich ontologisch jenseits aller möglichen Vergleiche – es ist der ontologische Unterschied der absoluten Person des Schöpfers und der bloßen „imago Dei" des Geschöpfes.

Hinter dieser Verfälschung der hl. Menschheit Christi steht auch ein falscher Begriff von Weite. Man versucht unter dem Titel „voller Mensch" eine Leugnung der unfaßbaren Heiligkeit der Menschheit Christi hereinzuschwindeln und die Persönlichkeit von Jesus zu mediokrisieren. In dem Titel „voller Mensch" verbirgt sich nicht nur die Verwechslung von ontologisch und qualitativ, sondern auch die Verwechslung von Weite mit einer horizontalen Umfassendheit. Wenn man früher oft den Fehler beging, Weite mit logischer Umfassendheit zu verwechseln und darum die Stufenleiter der Abstraktion mit der Hierarchie der Werte – so liegt hier noch eine ungleich primitivere, flache Gleichsetzung von Wesen des Menschen und der Summe der Menschen vor. Man vergißt, daß ein voller Mensch zu sein nicht bedeutet, daß man alle qualitativen Eigenschaften, die Menschen anhaften können, selbst potentiell haben muß. Das „voll“ bezieht sich auf das wahre Wesen des Menschen, nicht auf die Summe der Menschen.

Jesus war seiner menschlichen Natur – nicht seiner Person – nach ontologisch ein „imago Dei“, aber qualitativ besaß er in seiner Menschheit nicht nur die „similitudo Dei“ – die zu erreichen unsere höchste Berufung ist und die die Heiligen erreicht haben – sondern seine Menschheit war eine Epiphanie Gottes, sie strahlte die unfaßbare Heiligkeit Gottes aus: „Philippus, wer mich sieht, sieht den Vater“.[6]

Wir dürfen nie vergessen, daß die unerfindbare Menschheit Christi in ihrer unfaßbaren Heiligkeit das Zentrum der christlichen Offenbarung ist, daß sie der größte Beweis für die Gottheit Christi ist, noch mehr als alle Wunder. Was die Apostel zwang – „relictis omnibus“ – dem „sequere me“ zu folgen, vor Christus niederzufallen, ist die Epiphanie Gottes in seiner heiligen Menschheit. Die qualitative Epiphanie Gottes, die unfaßbare Heiligkeit Jesu ist die Basis für unseren Glauben an das undurchdringliche Mysterium der Inkarnation – an die Tatsache, daß Christus Gott ist, daß die zweite Person der hl. Dreifaltigkeit die menschliche Natur annahm, ohne die göttliche zu verlieren.

Die schlimmste Unterhöhlung des christlichen Glaubens, des Glaubens an die authentische christliche Offenbarung, an die Lehre der hl. Kirche ist darum die Verfälschung der hl. Menschheit Christi, die qualitative Entsakralisierung der Persönlichkeit Christi.[7] All das wichtigtuende Gerede über

---

[6] Jo 14/9.

[7] Wir sagten, daß die Verfälschung der hl. Menschheit Christi mehr den Charakter eines schleichenden Giftes als einer offenen Fehde hat, die die Gottheit Christi leugnet. Dies ist aber natürlich so gemeint, daß wir hier mehr auf diese qualitative Verfälschung unter dem Titel des „totus homo“ eingehen wollen, der auch solche zum Opfer fallen, die noch an

die Folgen des Nicäischen und Chalcedonischen Konzils, die zu einer einseitigen Betonung der Gottheit Christi und einer Vernachlässigung der Menschheit Christi geführt haben sollen, ist ein listiger Versuch in einer scheinbar geschichtlichen, wissenschaftlichen, objektiven Haltung die Tür zu öffnen für die Entsakralisierung der Menschheit Jesu, für die Erblindung für das Zentrum der Offenbarung: die heilige Menschheit Jesu. In Wirklichkeit ist die ontologisch volle Menschheit Jesu, die in dem „totus Deus - totus homo" liegt, in der hl. Kirche immer voll lebendig geblieben. Man denke nur an die franziskanische Bewegung, die die besonderen Andachten der Kindheit Jesu und des Leidens Jesu einführte, in denen beiden die ontologisch voll menschliche Natur Christi lebendig wird. Man denke nur an das „Stabat Mater dolorosa" von Jacopone da Todi, an all die Individualisierung in der Darstellung Christi in der Kunst des Trecento und Quattrocento. Aber man hat Gott sei Dank immer die qualitative Epiphanie Gottes in Jesu hl. Menschheit gesehen und betont – man war, man blieb eben voller Christ.

Hand in Hand mit der Profanierung, der Entsakralisierung der hl. Menschheit Jesu geht in logischer Weise der Versuch all die Wunder Christi umzudeuten. Dies zeigt sich in raffinierter Weise im holländischen Katechismus für Erwachsene. Erst wird das Wunder der jungfräulichen Geburt in vorsichtiger

---

die Gottheit Christi glauben oder zumindest nicht wagen, sie zu leugnen. Es gibt aber auch viele, bei denen die Leugnung der Gottheit Christi offen ausgesprochen wird und vor allem, bei denen diese Leugnung das Motiv für die Verfälschung der hl. Menschheit Christi ist. Dies ist z. B. in all den grauenvollen Schriften von Heer und Holl der Fall. Wir sind hier aber mehr mit der qualitativen Verfälschung der hl. Menschheit Jesu beschäftigt, die in den modernen Katechismen in Amerika und Europa zum Ausdruck kommt. Sie findet sich auch in vielen Theaterstücken, im „Superstar" und in all denen, die z. B. die Beziehung von Jesus zu Maria Magdalena als eine sexuelle hinstellen.

Die Bischöfe, die die falschen Katechismen einführen oder auch diese Stücke dulden, sind ja nicht alle ausgesprochene Leugner der Gottheit Christi.

Weise verleugnet, indem man mit erhabenen Worten von der Schaffung jeder menschlichen Seele von Gott (Kreatianismus) spricht und nur als eine Steigerung von dem Wunder der Geburt Isaaks und Johannes' des Täufers und als Höhepunkt die Geburt Jesu einführt. So wird in scheinbar ehrfürchtiger Weise die Tatsache weggedeutet, daß Jesus nicht der Sohn Josefs – sondern der Sohn Gottes ist. Das „incarnatus est de spiritu sancto ex Maria virgine" wird im Bultmann'schen Sinn entmythologisiert. Dasselbe gilt für das Grunddogma der Auferstehung Christi.

Viel weiter als die Entsakralisierung der hl. Menschheit Christi geht natürlich die Mediokrisierung, wie sie sich in modernen Schulkatechismen, vor allem in einigen amerikanischen, findet. Hier wird nicht nur die Heiligkeit der menschlichen Natur Christi durch ein sogenanntes „volles Menschsein" Jesu weggedeutet, nicht nur die Epiphanie Gottes in seiner hl. Menschheit verdeckt, sondern die Persönlichkeit Jesu wird zu einem mediokren Durchschnittsmenschen gemacht. Aus der Heiligkeit wird eine harmlose Gutmütigkeit, aus dem erhabenen Geist ein mittelmäßiger gesunder Menschenverstand. Mit einem Wort, hier wird selbst im Rahmen der menschlichen Natur eine Persönlichkeit den Kindern dargeboten, die tief unter all den großen bedeutenden Gestalten der Geschichte steht. Unter dem Vorwand, Jesus den Kindern näherzubringen, wird durch eine Fälschung der im Evangelium berichteten Taten und der Worte Christi teils durch Weglassen der wichtigsten, teils durch Hinzufügen von Zügen, die die Persönlichkeit Jesu völlig verzeichnen – und die ganz willkürlich eingeführt werden, ohne jede Unterlage in den Evangelien – Jesus ein harmloser Durchschnittsmensch, der weder Sokrates noch den Gracchen, noch irgend einem Genie das Wasser reichen kann.

Gott sei Dank ist die Mediokrisierung noch nicht so weit verbreitet wie die Entsakralisierung der hl. Menschheit Christi. Sie ist bis jetzt nicht bei bekannten Theologen zu finden, sie ist noch nicht wie die Entsakralisierung der hl. Menschheit Jesu Christi eine, sogar in Hirtenbriefen und Predigten weit verbreitete Tendenz. Aber vom pastoralen Standpunkt ist sie besonders verhängnisvoll – denn im Katechismus wird sie Kindern dargeboten, die so von vornherein ein Bild von Christus erhalten, das den Glauben an die Gottheit Christi unmöglich macht. Nur ein idiotisches Kind könnte glauben, daß dieser „Jolly good fellow" der Sohn Gottes sei.

Die Entsakralisierung der hl. Menschheit und vor allem die Mediokrisierung ist ungleich gefährlicher als die oft von Freigeistern wiederholte offene Leugnung der Gottheit Christi. Ich denke hier nicht an den Arianismus, der ja einen Einbruch des Plotinismus in die hl. Kirche darstellte. Für die Arianer blieb ja Christus noch der Logos – das auch ontologisch höchste Wesen nach Gott, *ὁμοιουσιος* (homoiusios statt homousios), er blieb noch in ganz anderer Beziehung zu Gott als ein bloßer Mensch. Nein, wir denken an die Leugnung der Gottheit Christi bei liberalen protestantischen Theologen, an die Behauptung: Christus war nur ein besonders edler Mensch – aber nicht Gottes Sohn. Hier wird einfach die göttliche Natur Christi geleugnet. Die Person Christi ist hier nicht mehr identisch mit der zweiten Person der Trinität, noch besitzt sie eine göttliche Natur – Christus ist nur ein Mensch wie alle anderen, wenn auch der vollkommenste Mensch. Diese liberalen Theologen glauben oft nicht mehr an die Dreifaltigkeit, ja manchmal sogar nicht an die Existenz Gottes. Dieser Angriff auf die Gottheit Christi, der alle ontologische Verbundenheit mit Gott leugnet, ist weniger gefährlich – oder sagen wir, nicht von so teuflischem Raffinement wie die qualitative Entsakralisierung und Mediokrisierung der hl. Menschheit. Das schleichende Gift, das man nicht bemerkt, bis es schon zu spät ist, ist gefährlicher als ein offener Angriff, als eine Krankheit, die man bei ihrem ersten Auftreten als solche erkennt. Der Spion ist noch gefährlicher als der offen angreifende Feind.

Die offen betonte Leugnung der Gottheit Christi ist in ihrer absoluten Unverträglichkeit mit der Lehre der hl. Kirche für jeden erkennbar. Sie zerstört mit dieser These die Basis der ganzen christlichen Offenbarung. Nicht so die Entsakralisierung und Mediokrisierung der hl. Menschheit Christi. Die Entsakralisierung wird unter dem Titel des vollen Mensch-Seins Christi als orthodoxe Interpretation eingeführt und die Mediokrisierung unter dem Titel pastoraler Notwendigkeit. Die Entsakralisierung wird zunächst nicht als unverträglich mit der Lehre der Kirche erkannt. Die hinter ihr steckende Tendenz der Unterhöhlung des christlichen Glaubens wird von den Gläubigen nicht erfaßt – die Entsakralisierung wird nicht durchschaut, sie wird von vielen als die notwendige Betonung des „totus homo" angesehen, und die Mediokrisierung wird natürlich von den meisten Kindern in ihrer radikalen Unverträglichkeit mit der christlichen Offenbarung, mit dem Evangelium, nicht erkannt, wenn nicht die Eltern ihre Kinder schon in die christliche Offenbarung eingeführt haben.

Die qualitative Verfälschung der hl. Menschheit Christi ist einerseits sicher im Unglauben an die Gottheit Christi – in dem Mangel an Ernst-Nehmen der substantiellen Verbindung der menschlichen und göttlichen Natur begründet – aber andererseits ist sie für die Kinder, denen diese verfälschte, entstellte, entsakralisierte Menschheit dargeboten wird, die Untergrabung ihres Glaubens an die Gottheit Christi. Die qualitative Verfälschung macht bei ihnen gleichsam den Glauben unmöglich, weil sie die Offenbarung Gottes in der hl. Menschheit Christi untergräbt. Sie ist hier der Grund und der Verlust des Glaubens an die Gottheit die Folge.

Die Mediokrisierung ist darüber hinaus heute noch besonders gefährlich, weil die Welt im Ganzen viel mediokrer geworden ist als vor etwa 150 Jahren. Der Sensus für Größe und Tiefe hat schon auf rein natürlichem Gebiet ganz abgenommen. In der von Teilhard de Chardin als „Fortschritt" angesehenen industrialisierten Welt, in der die Maschine das Werkzeug ersetzt und das Computer-Ideal viele erfüllt, in der die Bildung in die Breite wächst und an Tiefe verliert, wird die Mediokrisierung der Persönlichkeit Christi noch weniger erkannt, weil sie sich in die mediokrisierte Welt so gut einfügt. Man schließt in das „pastorale Nahebringen" die Mediokrisierung um so mehr ein, als wir in einer Zeit leben, in der nicht nur die Luft durch chemische „Verschmutzung" vergiftet, sondern auch die Atmosphäre des Geistesraumes durch die Massenmedien verpestet ist.

Aber die hl. Menschheit Christi wird nicht nur qualitativ entsakralisiert, die falsche Fassung des „totus homo" wirkt sich noch in anderer Richtung verhängnisvoll aus. Die Tatsache daß die Person Christi, obgleich sie die volle menschliche Natur besitzt, doch identisch ist mit der zweiten Person der Trinität, verleiht der Persönlichkeit Jesu einen einzigartigen Charakter - oder, wie wir auch sagen können, die geheimnisvolle Verbindung von göttlicher und menschlicher Natur in einer Person erhebt Christus auch in seiner hl. Menschheit in unaussprechlicher Weise über alle Menschen - wie es die Litanei des hl. Herzens - dieses Intimums der menschlichen Natur - sagt: „Cor Jesu verbo Dei substantialiter unitum". Selbst diese Urwahrheit der Lehre der hl. Kirche wird verdeckt, gleichsam in den Hintergrund gedrängt, indem man das „totus homo" benützt, um nun mit zweifelhaften, ja zum Teil völlig falschen modernen psychologischen Theorien an den Menschen Jesus heranzutreten. Man vergißt die wesentliche Verschiedenheit der Menschheit Jesu, die durch die geheimnisvolle „substantielle" Verbindung mit der göttlichen Natur bedingt ist. Wir sollen nie an Christus denken, nie an ihn herantreten, nie mit der Menschheit Christi uns befassen, ohne uns dieses von der unfehlbaren hl. Kirche „de fide" definierte Dogma vor Augen zu halten: „Credo ... et in unum Dominum Jesum Christum, Filium Dei unigenitum. Et ex patre natum ante omnia saecula. Deum de Deo, lumen de lumine, Deum verum de Deo vero. Genitum non factum, consubstantialem Patri: per quem omnia facta sunt. Qui propter nos homines et propter nostram salutem descendit de coelis. Et incarnatus est de Spiritu Sancto ..."

Wenn wir vorher sagten, daß die qualitative Epiphanie Gottes in der hl. Menschheit Jesu die Basis für unseren Glauben an die Gottheit Christi ist und für die Apostel war, so ist jetzt in unseren Glauben auch die substantielle Verbindung der menschlichen und göttlichen Natur in Jesus Christus eingebaut, so besitzen wir durch das unfehlbare Lehramt der Kirche das Wissen, daß es die zweite göttliche Person ist, die die menschliche Natur angenommen hat in Jesus Christus, wie es der Anfang des Evangeliums nach dem hl. Johannes eindeutig sagt: „Et Verbum caro factum est et habitavit in nobis." („Und das Wort ist Fleisch geworden und hat unter uns gewohnt.")

Wenn wir dies „verdrängen" und uns auf eine psychologische Analyse des Menschen Jesus einlassen – sind wir schon einer Verfälschung der Gestalt Christi, ja einer Apostasie anheimgefallen. Dazu kommt noch ein weiteres: Das „totus homo" beinhaltet in keiner Weise, daß die Stellung Christi, seine Mission, sein hl. Priestertum, sein hl. Lehramt, sein Charakter als König der Könige ihn nicht von allen bloßen Menschen in einzigartiger Weise unterscheidet und über sie erhebt. „Unus est magister vester: Christus" – was bei jedem bloßen Menschen eine unerhörte Selbstüberhebung, ein teuflischer Hochmut wäre, ist hier eine lichtvolle, beseligende Wahrheit. In dem Munde Christi, von dem Menschen Jesus gesprochen, hat es einen radikal anderen, nein sogar den entgegengesetzten Charakter als in dem Munde irgendeines Menschen und sei es der edelste, genialste Mensch. Christus ist der Herr schlechtweg. Er stellt Gebote auf, die letztlich verpflichtend sind. Er spricht Sünder los von ihren Sünden, etwas, was wesenhaft nur Gott kann. Er sagt: „Wer nicht für mich ist, ist wider mich". Er sagt am Kreuze zum guten Schächer: „Noch heute wirst Du mit mir im Paradiese sein". Aber nicht nur ist vieles da, was nur er sagen kann, vieles, was im Munde jedes anderen Menschen einen völlig anderen, ja entgegengesetzten Charakter annähme – sondern auch viele Dinge, die andere Menschen tun können, die im Rahmen des menschlichen Lebens normal und gut sind, sind durch die einzigartige Stellung Christi überholt. Bräutliche Liebe zwischen Mann und Frau ist sicher etwas Urmenschliches. Es ist sogar etwas besonders Schönes und Tiefes. Was wäre das menschliche Leben, wenn es die Fähigkeit zu solcher Liebe nicht gäbe und sie nicht aktualisiert werden könnte. Was wäre das menschliche Leben, wenn es keine Ehe gäbe, keine Zeugung von Kindern. Aber trotzdem würde es unverträglich sein mit dem Gottmenschen Jesus Christus. Die Vorstellung, daß der Gottmensch Jesus Christus sich in eine Frau verlieben und sie heiraten würde – ist absurd und widerstreitet der einzigartigen Stellung Jesu Christi. Das ist in keiner Weise eine Beschränkung des „totus homo", in keiner Weise eine Unvollständigkeit der menschlichen Natur des Gottmenschen.

* * *

Was muß unsere persönliche Antwort sein auf diese furchtbare, blasphemische Verfälschung der hl. Menschheit Jesu?

Unsere erste Antwort muß die sein: Die hl. Menschheit Jesu Christi in all ihrer unfaßbaren Schönheit und Heiligkeit zu betrachten. Die teuflische Entstellung der hl. Menschheit Christi muß uns veranlassen, den „commerce intime" mit Jesus mit ganz neuem Eifer zu suchen. Wir müssen uns in die Schriften versenken, in denen sich die hl. Menschheit Christi erschließt – vor allem natürlich in die Evangelien. Aber auch in den Briefen des hl. Petrus und Paulus leuchtet die hl. Menschheit als Epiphanie Gottes und ihre substantielle Verbindung mit der zweiten göttlichen Person der hl. Dreifaltigkeit auf. Ja, wir müssen uns angesichts der grauenhaften Entstellung dieses Zentrums der christlichen Offenbarung: Der hl. Menschheit Christi, in besonderer Weise in all das kontemplierend versenken, das von der Anbetung des Gottmenschen Jesus Christus erfüllt ist und von der hl. Menschheit Christi kündet – wie die Lesungen in der Matutin vom hl. Leo und dem hl. Augustinus an den Festen des Herrn, der Hymnus des hl. Bernhard „Jesus dulcis memoria" in der Vesper des Namen Jesu Festes und der Hymnus von Ascensio „Jesu nostra redemptio". Wir müssen unseren Geist nähren mit Büchern, die uns in besonderer Weise „in conspectu Dei" ziehen und von der liebenden Anbetung der hl. Menschheit Christi künden wie die „Confessiones" des hl. Augustinus, die Schriften des hl. Franziskus von Assisi, die „Philothea" und „Theotimus" des hl. Franz von Sales und viele Werke von Kardinal Newman.

Wir sollen in unserem Herzen einen Altar aufbauen für die Kontemplation der heiligen Menschheit Christi und die Anbetung des Gottmenschen. Und aus dieser Antwort heraus sollten wir Buße tun für die grauenvollen Blasphemien, die in Katechismen und Predigten der heiligen Menschheit Christi angetan werden. Und endlich sollen wir aktiv gegen diese Entstellung des heiligen Antlitzes Jesu und Seiner heiligen Menschheit ankämpfen, jeder in seinem Wirkungskreis und dieser Kampf muß unerbittlich und von allem falschen, weichlichen Irenismus frei sein.

Wir werden am Schluß dieses Buches noch ausführlicher auf die gottgewollte Antwort – nicht nur auf die Entstellung der heiligen Menschheit Christi, sondern auch auf die gesamte Verwüstung des Weinbergs des Herrn eingehen.

2. Kapitel

DIE VERDIESSEITIGUNG

Die verhängnisvolle Entsakralisierung der hl. Menschheit Christi, die, wie wir schon betonten, mit dem Haß gegen das Heilige, gegen alle Wunder Hand in Hand gehen, hängt auch zutiefst mit der „Verdiesseitigung“ zusammen – mit dem Verlegen des Schwergewichtes von der Ewigkeit auf das Diesseits.

Die „glorificatio“ Gottes durch unsere Heiligung, ja sogar die „salvatio“ der Seelen für die Ewigkeit tritt hinter der Verbesserung der Welt, dem Kampf gegen die Armut und gegen Kriege zurück.

Diese Tendenz ist deshalb besonders gefährlich und verhängnisvoll, weil sie erstens die Basis für viele katastrophale Irrtümer ist und zweitens, weil sie nicht, wie viele andere Häresien, als ausdrücklich formulierte These auftritt, sondern als eine stillschweigende Voraussetzung – als eine innere Haltung, eine Akzentverschiebung. Ihre Unverträglichkeit mit der Offenbarung Christi und der Lehre der hl. Kirche bleibt daher vielen Gläubigen unerkennbar. Viele tief gläubige Katholiken werden in diese Haltung unvermerkt hineingezogen und die aus ihr resultierenden schwerwiegenden Irrtümer werden ebenso unvermerkt akzeptiert.

Diese „Verdiesseitigung“ und alle aus ihr erwachsenden Irrtümer werden ja nie als Gegensatz zu der offiziellen Lehre der Kirche angeführt. Sie sind nicht mit der ausdrücklichen Leugnung von Dogmen verbunden – im Gegensatz z. B. zu dem Pluralismus bei Karl Rahner oder der Identifikation von Leib und Seele bei Schillebeeckx – und gerade das macht sie viel gefährlicher.

Wenn es eine erstaunliche Tatsache ist, daß so viele Katholiken flagrante Widersprüche nicht erkennen, daß sie glauben, offensichtlich Unvereinbares lasse sich vereinen – so ist dieses Nicht-Erkennen von Widersprüchen zur Offenbarung natürlich noch in ganz anderem Maß der Fall, wenn es sich um Tendenzen und Irrtümer handelt, deren Unverträglichkeit mit der christlichen Offenbarung und den Dogmen der hl. Kirche nicht offen auftritt – nicht als Gegensatz formuliert und eingeführt wird, sondern vor allem in einer stärkeren Betonung des „Diesseitigen" besteht. Auf diese Schwergewichtsverlegung, auf diese „Verdiesseitigungstendenz" in der hl. Kirche wollen wir darum vor allem in diesem Buch eingehen, sowie auf all die mit ihr zusammenhängenden und in ihr fundierten Irrtümer.

Diese Schwergewichtsverlegung auf das Diesseits macht sich in vielen Hirtenbriefen und vor allem in unzähligen Predigten geltend. Man spricht mehr von dem Kampf gegen die Armut, für den Frieden unter den Völkern, von dem Kampf für soziale Gerechtigkeit – kurz von der Verbesserung der Welt – als von der Beleidigung Gottes durch unsere Sünden, als von der Heiligung des einzelnen, von Himmel und Hölle, von der Ewigkeit und der Hoffnung auf die ewige Vereinigung mit Gott in der „visio beatifica".

Diese „Verdiesseitigung", in der die irdische Zukunft mehr betont wird als die Ewigkeit, ist natürlich auch ein unseliges Erbstück des Teilhard de Chardin'schen Evolutionismus. Die Heiligung der Einzelseele und das ewige Heil des Individuums tritt in den Hintergrund gegenüber der Evolution der Menschheit auf Erden, gegenüber dem Fortschritt der irdischen Existenz des Menschen. Demgegenüber hat Gustave Thibon das schöne Wort gesprochen: „Je préfère une éternité sans futur à un futur sans éternité." [1]

---

[1] „Ich ziehe eine Ewigkeit ohne Zukunft einer Zukunft ohne Ewigkeit vor."

Falscher Supranaturalismus

Mit der Schwergewichtsverlegung des Interesses auf das Diesseits und die natürliche Verbesserung der Welt meinen wir aber keineswegs die Abkehr von einem falschen Supranaturalismus. Es hat Katholiken gegeben, die in einem falschen Eifer hart und unmenschlich wurden, weil sie glaubten, der Primat des Übernatürlichen schließe eine Gleichgültigkeit gegenüber allem irdischen Leiden ein. Solange sie nur von großen irdischen Leiden hörten, von schweren Kreuzen, die dem Nächsten auferlegt wurden, blieben sie gleichgültig. Nur wenn der Nächste in Gefahr war, Gott durch eine Sünde zu beleidigen und dadurch sein ewiges Heil zu gefährden, erwachten sie. Dann waren sie bereit, große Opfer zu bringen, um die Beleidigung Gottes zu verhindern und dem Nächsten zu helfen bei der Rückkehr zu Gott.

Diese Haltung war hart und widersprach dem Geist der wahren Nächstenliebe. Sie war ein Pseudo-Supranaturalismus. Die richtige Rangordnung einzuhalten, ist nicht gleichbedeutend mit der Ignorierung aller Güter, die sich unterhalb des höchsten Gutes befinden. Kein Mitleid zu fühlen für die Leiden eines Nächsten oder gar eines uns persönlich nahestehenden Menschen, weil er dadurch nicht sein ewiges Heil gefährdet, ist eine unchristliche Hartherzigkeit, ein Verrat der Nächstenliebe, ein abstoßender Fanatismus, der im Grunde auch die „glorificatio" Gottes und das ewige Heil wie ein natürliches „Ideal" behandelt und seine wahre übernatürliche Natur nicht mehr versteht. Wie wir noch später sehen werden, erhalten alle echten Güter – auch die natürlichen – ihre richtige Bedeutung im Lichte der übernatürlichen Güter und ihres Primates. Nur im Lichte Christi zeigt jedes echte Gut sein wahres Gesicht – und auch jedes echte Übel. „In lumine tuo videbimus lumen" sagt der Psalmist.[2]

[2] „In Deinem Licht erschauen wir das Licht."

Wenn man in Predigten manchmal früher hören konnte, es sei kein Grund zur Trauer über den Tod des Vaters, der Mutter, der Gattin, eines Kindes - solange sie gut gestorben seien, in guter Verfassung, nach dem Empfang der hl. Sakramente und wir hoffen durften, daß sie bei Gott seien - so war dies ein bedauerlicher Kurzschluß. Gewiß ist die ewige Seligkeit derer, die wir wahrhaft lieben, das Wichtigste, aber deshalb bleibt die Trennung von den Geliebten - selbst wenn sie nur zeitweilig ist - ein furchtbares Kreuz. Wer dieses Kreuz nicht empfindet, sondern mit dem Trost, daß der andere die ewige Seligkeit gefunden, fröhlich zur Tagesordnung übergeht, ist nicht in besonderer Weise der Ewigkeit zugewandt, oder von einem übernatürlichen Geist erfüllt - er ist einfach stumpf und nicht gewillt, sich in seinem normalen Lebensrhythmus stören zu lassen. Die Betonung, daß das ewige Heil des andern das Wichtigste ist, ist dann nichts als eine bequeme Ausrede. Er hat vergessen, daß selbst Jesus Christus, der Gottmensch, am Ölberg gebetet hat: „Herr, wenn es möglich ist, so gehe dieser Kelch an mir vorüber". Er versteht nicht, daß ein Kreuz, das uns auferlegt wird, auch als ein Kreuz voll erlitten werden soll, um dann zu dem wahren Trost durch den Blick auf die Ewigkeit zu gelangen, zu der wahren Hoffnung auf die ewige Seligkeit.

Man braucht nur die herrliche Predigt des hl. Bernhard von Clairvaux zu lesen (No. 26 in seinen Predigten über das „Hohe Lied der Liebe"), in der er den Tod seines Bruders beklagt. Hier finden wir die von tiefem Schmerz erfüllte Klage über den Tod des geliebten Bruders und erst dann den Aufstieg zu dem Aspekt des Todes als Beginn des Lebens in der ewigen Seligkeit.

Es ist immer eine katastrophale Verirrung, wenn man notwendige Stadien überspringt, wenn man die zentrale Tugend der „discretio" verletzt - über die ich in meinem Buch „Liturgie und Persönlichkeit" ausführlich gesprochen habe. Wenn man die notwendigen, objektiv vorgegebenen, gottgewollten Stadien nicht durchläuft, sondern sie überspringt, wird alles verfälscht und wir gelangen nicht wahrhaft zu dem Ziel, ja wir verfälschen auch das Ziel und mediokrisieren es.

Das physische Leiden des Nächsten muß uns zu Herzen gehen, wenn wir die wahre Nächstenliebe besitzen. Wir müssen versuchen dieses Leiden zu lindern, soweit es in unserer Macht steht. Welche Rolle spielte im Leben Christi die Heilung der Kranken! Gewiß, es waren wunderbare Heilungen, die gleichzeitig auch zur Offenbarung der Gottheit Christi gehörten. Sie waren ein Teil der Epiphanie Gottes. Aber zugleich leuchtet in ihnen doch die göttliche Barmherzigkeit auf, die sieghafte Liebe Jesu zu den Menschen. Und welche Rolle spielt auch im Leben so vieler Heiliger die wunderbare Heilung der Kranken. Ein Missionar, der sagen würde, mich interessiert nur die Bekehrung der Heiden – ob der Heide am Verhungern ist, ob er an schrecklichen Krankheiten leidet, geht mich nichts an – wäre ein Verräter am Geiste Christi. Das klare Bewußtsein, daß die Bekehrung dieses Menschen ein unvergleichlich höheres Gut ist als alle Gesundheit, alle Linderung menschenunwürdiger Armut, macht ihn in keiner Weise gleichgültig für alle irdischen Leiden. Ja im Lichte Christi, im Geiste Christi und seiner hl. Kirche wird er in besonderer Weise hellsichtig für alle irdischen Leiden des Nächsten. Denn es gehört zum Wesen der echten „caritas", daß sie gerade aus dem klaren Bewußtsein der wahren Rangordnung der Güter und des absoluten Primates des ewigen Heils sich für alle objektiven Güter für die Person des anderen und erst recht für die Abwendung aller objektiven Übel für ihn tief interessiert. Je größer diese heilige Liebe um so differenzierter! Dies zeigt uns das Verhalten der Heiligen. Und haben wir vergessen, welches das erste Wunder Jesu war? Haben wir vergessen, daß es sich bei der Hochzeit zu Kana nur um die Aufhebung des Übels handelte: „Vinum non habent", „Sie haben keinen Wein mehr"?

„Das erste Wunder unseres Herrn bei der Hochzeit zu Kana ist eines der drei Mysterien, die an Epiphanie gefeiert werden. Das Evangelium sagt: ‚Er offenbarte Seine Glorie und Seine Jünger glaubten an Ihn'. Die Kirche sieht in diesem Wunder vor allem die Offenbarung der Gottheit Christi. Aber es ist zugleich auch eine Offenbarung der grenzenlosen Fülle Seiner göttlichen Liebe. Das erste Wunder Jesu war weder die Heilung eines Kranken, noch das Geschenk eines hohen natürlichen Gutes, etwa das des Augenlichtes für den Blindgeborenen, nicht einmal ein unerläßliches Gut wie bei der Brotvermehrung. Die Verwandlung von Wasser in Wein war weder für das Paar, noch für die Hochzeit als solche unerläßlich. Es diente nur der Erhöhung der Festesfreude. Dabei fehlte der Wein nicht völlig, nur seine Quantität war unzureichend. Göttlicher Überfluß! Christus, unser Erlöser, der uns ständig ermahnt, nur das „Eine Notwendige" zu suchen, bezeugt ein solches Interesse daran, daß die Hochzeit in ungestörter Freude stattfinde und der Bräutigam nicht gedemütigt werde oder in Unruhe gerate, weil es nicht genug Wein gibt." [3]

Nein, und dies muß mit aller Entschiedenheit betont werden: Das Gegenteil der Schwergewichtsverlegung vom Jenseits auf das Diesseits ist nicht ein Pseudo-Supranaturalismus, der den Menschen „entmenschlicht", der ihn gleichgültig und stumpf macht für die irdischen Leiden des Nächsten, ja selbst für alle Kreuze, die ihm selbst auferlegt sind – ja auch für alle beglückenden natürlichen Geschenke Gottes. Nein, der wahre Gegensatz zu der verhängnisvollen „Verdiesseitigung" ist die Haltung des Heiligen. Gerade wegen der primären Zuwendung auf das „unum necessarium" und die Liebe zu Christus, die Ich-Du Gemeinschaft mit Jesus, den „commerce intime" mit Ihm – waren sie von wahrer Nächstenliebe erfüllt, die an den Leiden des Nächsten teilnahm, sich für ihre Linderung einsetzte in einer Weise, die durch eine Welt von aller bloß humanitären Liebe getrennt ist. Es ist eben so, daß nur dann, wenn der richtige Primat eingehalten wird, die wahre Nächstenliebe möglich ist und daß der Heilige die wahre Menschlichkeit nicht verliert, sondern eine übernatürlich verklärte Menschlichkeit erreicht.

---

[3] Zitiert aus meinem Buch „Über das Herz", S. 137; Habbel 1967.

Verfälschung der Offenbarung durch Verschweigen von Dogmen und völlige Akzentverschiebung

Jetzt aber wollen wir darauf hinweisen, daß sich mit dieser Präokkupation mit dem irdischen Fortschritt der Menschheit auch eine Verfälschung des Begriffes der „salvatio“ verbindet. Die katholische Lehre von der „justificatio“ wird in den Hintergrund gedrängt. Es handelt sich dabei nicht um eine Anpassung an die „sola fides“ Lehre, weil man – wie so oft auf anderen Gebieten – aus einem mißverstandenen Ökumenismus den Protestanten entgegen kommen möchte. Es handelt sich vielmehr um eine Überbetonung der Lehre, daß alle Menschen, ob Katholiken, Christen oder Heiden oder selbst Atheisten die ewige Seligkeit erlangen können. Ich sage Überbetonung, weil die Lehre, daß alle Menschen durch die Barmherzigkeit Gottes gerettet werden können, wenn sie ein Leben führen, das den höchsten ihnen bekannten Nonnen entspricht, schon im 1. Vatikanischen Konzil definiert wurde. Aber heute wird sogar der Begriff der Sünde von vielen hinwegdiskutiert und die Hölle in keinem Katechismus und wenigen Predigten mehr erwähnt.

Es handelt sich hier nicht um eine direkte Leugnung der fundamentalsten Elemente der christlichen Offenbarung und der Dogmen der hl. Kirche. Es handelt sich darum, ob die Grundwahrheiten in der Weise behandelt werden, wie es ihnen im Rahmen der gesamten Offenbarung gebührt. Es handelt sich um ein Verschweigen von manchen Dogmen, es handelt sich um eine Schwergewichtsverlegung, ein Désintéressement an dem Wesen der christlichen Offenbarung zugunsten von Dingen, die höchstens als indirekte Folgen des wahren christlichen Lebens mit der Mission der hl. Kirche zusammenhängen und mit der „sanctificatio“ und „salvatio“ des Menschen. Die Verbesserung des irdischen Lebens der Menschheit – die Abschaffung der Armut, der Kriege – ist gewiß ein hoher natürlicher Wert und das Interesse dafür eine löbliche sittliche Haltung. Aber ist Christus dafür gekommen, hat die zweite göttliche Person darum die menschliche Natur angenommen? Was ist alle äußere Verbesserung des menschlichen Lebens im Vergleich zu der Erlösung durch Christi Kreuzestod, zu der Tatsache, daß dem Menschen in der Taufe ein neues göttliches Lebensprinzip verliehen wird, das ihm die Möglichkeit zur Heiligung öffnet, zu der „glorificatio" Gottes und der ewigen Seligkeit? Ja, eine Welt, in der es keine Armut und keine Kriege, selbst keine Krankheit mehr gäbe, – eine Welt ohne physische und psychische Leiden – in der aber kein Knie sich beugen würde vor Christus, in der Gott nicht mehr angebetet würde, hätte keinen Augenblick ein Recht zu bestehen und wäre würdig in Nichts zu versinken.

Auf diesem Hintergrund müssen wir fragen: Wieviel wird heute in der Kirche von der irdischen Verbesserung der Weltzustände gesprochen in Enzykliken, Hirtenbriefen und Predigten im Verhältnis zu den unvergleichlich wichtigeren Dingen: Der Erlösung durch den Kreuzestod Christi, der Mitteilung des übernatürlichen Lebens, der „sanctificatio" des Individuums, der „glorificatio" Gottes durch diese und der ewigen Seligkeit?

Viele werden einwenden: Von all dem hat die Kirche seit zweitausend Jahren gesprochen, aber ist es nicht etwas Schönes, Notwendiges, daß sie endlich anfängt, im Geiste der Nächstenliebe die irdische Not, die natürlichen Übel unter denen die Menschheit leidet, ins Auge zu fassen? Ist dies nicht eine der großartigen Leistungen des Vaticanum II, daß die Kirche aus ihrem Ghetto heraustritt und sich aktiv auch der Linderung der Not der Menschheit auf allen Gebieten zuwendet? Ist dies nicht eine Folge echter Nächstenliebe?

Darauf ist zu sagen: Es ist völlig unwahr, daß die Kirche bis zum Vaticanum II sich an der irdischen Not der Menschheit desinteressiert hätte. Haben die Leute, aus deren Mund man ständig das Lob der Geschichte hört, die von der Geschichte als Quelle der Offenbarung Gottes sprechen, die sie als letzte Realität ansehen – wirklich so wenig Ahnung von der Geschichte, sind sie solche Ignoranten und Analphabeten in Bezug auf Geschichte, daß sie nicht wissen, was zur Linderung der irdischen Not der Menschen von den verschiedenen Orden geleistet wurde? Wissen sie nicht, daß alle Hospitäler früher von Orden gegründet und geführt wurden, daß es Orden gibt, die nur dafür gegründet wurden, wie die Barmherzigen Brüder? Daß es Orden waren, die die „Monti di Pietà" zur Linderung der Armut gründeten? Daß es einen Orden der Trinitarier gab, der für die Rettung der Christensklaven aus den Händen der Mohammedaner gegründet wurde? Haben sie nichts von der Hilfe der Armen durch Vinzenz von Paul gehört und dem, von dem seligen Ozanam gegründeten, Vinzentius-Verein? Wissen diese Leute nicht, wie eindringlich die Kirche ihre Stimme erhob in Leos XIII. „Rerum Novarum" zu einem Kampf gegen die Auswüchse des Kapitalismus und der sozialen Ungerechtigkeit? Haben sie den immer wiederholten Aufruf zum Frieden und zur Beendigung des Ersten Weltkrieges von Benedikt XV. vergessen? Wissen sie nichts von der Enzyklika „Quadragesimo Anno"?

Aber vor allem muß Folgendes betont werden: Das primäre Feld der Nächstenliebe ist der individuelle Nächste. Offenbar gehört hier die Linderung auch irdischer Leiden und Nöte als ein wesentliches Element dazu. Das spielt ja eine zentrale Rolle im Evangelium – denken wir nur an die Parabel vom armen Lazarus. Das Wirken für caritative Institutionen ist schon ein viel weniger unmittelbarer Ausfluß der Nächstenliebe. Es ist dies viel indirekter mit der Nächstenliebe verknüpft als die Hilfe, die man einem armen Nächsten als Individuum zukommen läßt. Das Almosengeben ist zu allen Zeiten als eine wesentliche Pflicht des wahren Christen angesehen, ja von der Kirche gefordert worden. Der bloße Geldbeitrag an eine caritative Organisation ist im Vergleich zur Hilfe einem einzelnen Nächsten gegenüber viel unpersönlicher. Sie erreicht nur indirekt einen unbekannten Nächsten und das Hindurchgehen durch eine impersonale Organisation macht sie zu einem viel indirekteren Ausfluß der Nächstenliebe; damit soll aber in keiner Weise ihr Wert geleugnet werden.

Aber, so wird man einwenden, wir sollen uns ja nicht nur für die Not anderer Menschen interessieren, auch nicht nur für die Welle von Not, die über viele hereinbricht – für Katastrophen wie Hungersnöte aller Art usw. Wir sollen, so argumentieren die „Progressisten", den Kampf gegen die Armut im Sinn einer Umorganisierung auf staatlicher Grundlage aufnehmen – wir sollen gegen die in vielen Ländern herrschende soziale Ungerechtigkeit kämpfen; wir sollen nicht nur Almosen geben, nein, wir sollen daran arbeiten, daß jeder ein menschenwürdiges Leben führen kann, daß jede unfreiwillige Armut abgeschafft wird. Das bloße Almosen habe außerdem einen fatalen Charakter: Eine Forderung der Gerechtigkeit als eine bloße Tat der mitleidigen Liebe hinzustellen.

Gegen diese Auffassung ließe sich viel einwenden – aber dies kann hier nicht unsere Aufgabe sein. Die soziale Gerechtigkeit ist zweifellos ein hoher Wert. Aber sie fordert nur, daß der Arbeiter entsprechend bezahlt wird, daß der Lohn der Leistung entspricht. Sie fordert, daß der Lohnempfänger, der Arbeiter menschenwürdig behandelt und nie ausgenützt wird, daß er primär als eine menschliche Person geachtet und nicht nur als ein Arbeiter betrachtet wird – vor allem, daß er nie zu einem bloßen Mittel wird. Aber die soziale Gerechtigkeit fordert nicht die Abschaffung der Armut. Ein großer Teil der Abschaffung der sozialen Ungerechtigkeit ist etwas, was nur durch staatliche Gesetze herbeigeführt werden kann und dieser Teil steht weder in der Macht der hl. Kirche, noch des einzelnen. Es gehört aber auch nicht zur spezifischen Mission der hl. Kirche. Gewiß, das moralische Unrecht zu bekämpfen, das jeder einzelne tut, der eine soziale Ungerechtigkeit begeht, ist ein Teil der Moral, die zu hüten, zu der aufzurufen, die dem einzelnen Christen aufzuerlegen zu der eigentlichen Mission der Kirche gehört. Die hl. Kirche muß sie als Sünde bekämpfen, weil sie, wie alle Sünden, Gott beleidigt und den Menschen, der die Sünde begeht, in seinem ewigen Heil gefährdet. Aber die gerechtere Organisation des Staates ist nur indirekt ihre Aufgabe.

Selbstverständlich ist es auch eine Aufgabe der Kirche, den Staat zu mahnen, die Staatsform nach den Prinzipien der Gerechtigkeit aufzubauen und dazu gehört auch die soziale Gerechtigkeit. Immer wieder hat die Kirche solche Mahnungen ausgesprochen: Wir erwähnen nur „Rerum Novarum" von Leo XIII. und „Quadragesimo Anno" von Pius XI. Sobald – vor allem in der Politik – weltanschauliche und moralische Fragen vorkommen, soll die Kirche in der wirksamsten Weise eingreifen, mahnend und rufend, wie Pius XI. in der Enzyklika „Mit brennender Sorge" und der Enzyklika über den Kommunismus. Leider wird von all den atheistischen und kommunistischen Staaten diese Stimme ignoriert, was die immer erneute Verurteilung des Kommunismus nicht überflüssig macht.

Es ist ein alter Irrtum zu behaupten, die Kirche dürfe sich nicht in Politik einmischen – das sei nicht ihre Domäne. Gewiß, das ist nicht ihre unmittelbare Aufgabe und ihr Einfluß hängt von vielen Faktoren ab. Aber das ändert nicht, daß sobald es sich um weltanschauliche Fragen handelt in der Politik, sie eine Stellung dazu beziehen muß. Ich schrieb zur Zeit meines Kampfes gegen den Nazismus in meiner Zeitschrift „Der christliche Ständestaat": „Die Kirche soll nicht politisiert werden – aber die Politik sollte katholisiert werden".

Trotz alledem bleibt es wahr, daß die primäre Aufgabe der Kirche die Verkündigung der göttlichen Offenbarung, der Schutz derselben gegen alle Häresien, die Heiligung der Seele des einzelnen und ihr ewiges Heil ist – die Ausbreitung des Gottesreiches auf Erden – und nicht das Bemühen, ein irdisches Paradies aufzubauen.

Noch wichtiger ist aber zu sehen, daß das Abschaffen der Armut – die kein sittlich Böses darstellt, sondern nur ein sittlich bedeutsames Übel – nicht aus dem Geiste Christi und seiner Botschaft stammt, sondern aus einem humanitären Ideal. Die heute weit verbreitete Tendenz, alles als Recht zu fordern und keine Geschenke annehmen zu wollen, ist sicherlich keine. Manifestierung eines christlichen Geistes. Es besteht in Wirklichkeit ein klarer, scharf umrissener Unterschied zwischen der Gerechtigkeit und der Liebe. Die Gerechtigkeit kann und soll mit dem staatlichen Gesetz geschützt und erzwungen werden – die Nächstenliebe hingegen kann durch keinerlei Gesetz erzwungen werden. Sie ist eine Pflicht Gott gegenüber – aber das staatliche Gesetz kann und soll sie weder vorschreiben noch erzwingen. So setzt selbstverständlich die Nächstenliebe die Erfüllung der Forderung der Gerechtigkeit voraus, aber sie geht weit über diese hinaus. Die Worte des Evangeliums „wenn einer Dich bittet, eine Meile zu gehen, so gehe zwei Meilen mit ihm", gehen offenbar weit über die Sphäre der Gerechtigkeit hinaus.

Gewiß ist es eine pharisäische Heuchelei, wenn man eine Forderung der Gerechtigkeit so erfüllt, als ob es sich um ein Almosen handle. Aber es ist auch ein grauenhafter Hochmut, keine wirklichen Almosen annehmen zu wollen und aus dem, was ein reines Geschenk ist, eine Forderung zu machen. Den wahren Christen muß es mehr beglücken, wenn er etwas als reines Almosen empfängt, für das er dankbar sein muß, als wenn er nur bekommt, auf was er ein Recht hat. Denn den wahren Christen muß, im Falle des Geschenkes, über das Gute, das er erhielt hinaus, auch die Güte des Gebers beglükken und er muß Dankbar-sein-zu-Dürfen als großes Glück empfinden.

Es ist definitiv kein Teil der Botschaft Christi, daß es keine Armut, keine Kriege mehr gibt, daß die Erde ein natürliches Paradies wird. Aber das tiefe Interesse auch am irdischen Wohlergehen des Nächsten ist eine zentrale Pflicht des Christen und eine wesentliche Forderung der Nächstenliebe.

Dagegen bleibt die Schwergewichtsverlegung, von der wir ausgingen, das Betonen der natürlichen Weltverbesserung gegenüber der „glorificatio" Gottes, der Heiligung des Menschen, seiner ewigen Seligkeit – das primäre Beschäftigtsein mit dieser Weltverbesserung eine verhängnisvolle Verirrung.

Verfälschung der Moral und der Nächstenliebe

Diese Schwergewichtsverlegung äußert sich auch in der Verfälschung der Moral. Erstens wird die Moral ihrer Transzendenz beraubt und in Mitmenschlichkeit aufgelöst. Alle Moral spielt sich aber in Wirklichkeit zwischen dem Menschen und Gott ab. Wenn auch viele Sünden ihrem Material nach darin bestehen, daß wir einem andern Menschen ein Unrecht zufügen – so wendet sich das sittlich Schlechte, der sittliche Unwert, der an diesem Verhalten einem andern Menschen gegenüber haftet, doch immer gegen Gott. Gott wird durch die Sünde beleidigt. Das Unrecht, das ich dem andern zufüge, kann er mir verzeihen. Die Sünde, das sittlich Schlechte, das mein Verhalten trägt, kann mir nur Gott vergeben. Für die Sünde bin ich Gott gegenüber verantwortlich. Das Drama von sittlich Gut und Böse spielt sich eindeutig zwischen Mensch und Gott ab und damit hängt ja auch die Transzendenz von Gut und Böse, das über diese Welt und über unsere irdische Existenz Hinausragen in die Ewigkeit zusammen.

Zweitens verfälscht man die Moral, indem man sie auf die Nächstenliebe reduziert. Wir wiesen schon darauf hin, daß viele Sünden sich direkt gegen Gott richten und daß sie außerhalb der Sphäre der Nächstenliebe liegen: Die Sünde des Hochmuts, die sich direkt gegen Gott wendet, das „non serviam" Luzifers, die Unreinheit, die Lüge (auch wenn sie keine Täuschung enthält, die einem anderen Menschen schadet), der Ungehorsam gegen positive Gebote Gottes. Und es gibt auch Sünden, die auf einem Unrecht, das ich mir selbst antue, beruhen. Wenn ich Selbstmord verübe, ist es ein reines Unrecht gegen mich und, wenn nicht besondere Umstände dazu kommen, kein Unrecht gegen einen andern Menschen. Aber das Unsittliche des Selbstmordes, die Sünde, richtet sich auch hier, wie immer, gegen Gott. Die Sünde, daß ich mich als Herr über Leben und Tod aufspiele, mir ein Recht nehme, das ich nicht besitze, liegt auch in dem Fall der Euthanasie vor, indem ich sogar einem andern Menschen eine Wohltat erweise. So wenig kann die Moral auf die Nächstenliebe und erst recht nicht auf die Mitmenschlichkeit reduziert werden, daß sogar eine Wohltat, die ich einem anderen erweise, ein sittliches Unrecht sein kann, eine Sünde die Gott beleidigt.

Hand in Hand mit dieser Verfälschung der Moral geht auch die Verfälschung der Nächstenliebe. Schon der Ausdruck: „Mitmenschlichkeit" zeigt die humanitäre Verfälschung der Nächstenliebe. Aber vor allem kommt diese Verfälschung dadurch zustande, daß man die Nächstenliebe von ihrer Wurzel, der Liebe zu Christus, loslöst. Auch hier erfolgt diese Loslösung nicht als direkte These. Wir sprechen hier ja nicht von offenbar häretischen, törichten Äußerungen gewisser Theologen und Laien, die behaupten, die Atheisten hätten die Gottesliebe vernachlässigt, aber die Nächstenliebe gepflegt, während die Christen die Nächstenliebe vernachlässigt und die Gottesliebe gepflegt hätten. Wir müßten darum gegenseitig voneinander lernen und uns ergänzen. Das ist offenbarer Unsinn. Hier sprechen wir von einem schleichenden Gift, von Tendenzen, die die Substanz der christlichen Offenbarung und die Lehre der hl. Kirche unterhöhlen, nicht durch Leugnung eines Dogmas, sondern durch Überbetonung oder stillschweigendes Umdeuten.[4]

Die Umdeutung besteht hier darin, daß man die Nächstenliebe als *einzige* Aktualisierung der Liebe zu Christus bezeichnet oder gar Nächstenliebe als mit der Gottesliebe durch und in Christus identisch erklärt.

Die Nächstenliebe ist zwar eine notwendige Frucht der wahren Gottesliebe. Wenn sie fehlt, ist auch die wahre Liebe zu Gott nicht da. Sie ist ein Beweis für die Echtheit und Größe

[4] „Nicht der Mensch wird zu Christus geführt, sondern Christus wird zur bloßen Mitmenschlichkeit umfunktioniert. Christus hat uns zu den Menschen gesandt, aber damit wir sie zu Ihm führen, damit sie durch Ihn in die Gnade und zum Vater kommen". Aus dem Brief eines lutherischen Pfarrers an einen römisch-katholischen Geistlichen von heute. (Zitiert aus „Una Voce Korrespondenz" Januar/Februar 1972.)

der Gottesliebe. Aber sie ist durchaus nicht die einzige Manifestation oder Aktualisierung der Gottesliebe.

Die Tatsache, daß etwas ein Prüfstein für das Vorhandensein eines anderen ist, besagt ja nicht, daß es seine einzige Manifestation und Aktualisierung ist. Es ist sicher ein Prüfstein für den moralischen Stand eines Menschen, ob er ehrlich ist. Wenn jemand unehrlich ist, kleine Betrügereien vornimmt, so kann auch sein gesamter moralischer Stand nicht in Ordnung sein. Aber deshalb ist die Ehrlichkeit doch nicht die einzige Manifestation der moralischen Gesinnung, noch ihre einzige Aktualisierung.

Die Liebe zu Gott durch und in Christus manifestiert sich doch in jeder tiefen Reue über eine begangene Sünde; aber auch in allen Tugenden, in der Reinheit, in der Demut, in der Anbetung Gottes, in jedem Opfer, das wir zur Ehre Gottes bringen, in jedem Gehorsamsakt gegenüber den positiven Geboten Gottes und seiner hl. Kirche. Sie manifestiert sich in dem Widerstand gegen jede Versuchung etwas sittlich Schlechtes zu tun; sie manifestiert sich darin, daß wir Gott mehr gehorchen als den Menschen, daß wir uns nicht nach der öffentlichen Meinung richten, keine Menschenfurcht haben und in unzähligen anderen Haltungen, die nicht Unterarten der Nächstenliebe sind. Die höchste Manifestation der Gottesliebe aber, die höchste Aktualisierung der Liebe zu Christus – ja die Tat, die alles andere Moralische überragt und in die Heiligkeit erhebt, ist der Tod als Märtyrer, der ganz offensichtlich nicht als eine Frucht der Nächstenliebe interpretiert werden kann. In der ganzen christlichen Tradition nahm das – Martyrium diese höchste Stelle ein, jeder echte Märtyrer wurde schon auf Grund seines Martyriums in die Schar der Heiligen aufgenommen.

Aber es gibt doch vor allem eine volle Aktualisierung der Liebe zu Christus in der direkten Antwort auf Jesu unfaßbare Heiligkeit in der anbetenden Liebe und der liebenden Anbetung. Schon in der Gewissenserforschung und der in ihr erweckten Reue liegt eine Aktualisierung der Liebe zu Gott vor

– wir sind dabei direkt auf Gott gerichtet, wir klagen uns vor Ihm an und wir erleben den Schmerz, Ihn beleidigt zu haben, was alles eine reine Manifestation der Gottesliebe ist. Aber dies ist erst recht der Fall in der kontemplativen Anbetung Christi – in dem „commerce intime" mit Jesus, wie er in höchster Weise bei den Mystikern vorliegt, z. B. bei der hl. Katharina von Siena.[5] Die Bedeutung der Aktualisierung der reinen Liebe zu Christus in ihren Dialogen mit Jesus sollte doch jedem zeigen, was die Aktualisierung der direkten Liebe zu Jesus ist und welch sublimen Wert sie besitzt.

Daraus ergibt sich auch klar, wie unsinnig die noch weiter gehende Behauptung ist, daß die Nächstenliebe nicht nur die einzige Manifestation der Liebe zu Gott sei, sondern sie beide identisch seien. Hier wird dann das Wesen der Gottesliebe und der Liebe zu Christus völlig verkannt. Man sieht nicht mehr, daß diese Liebe eine einzigartige Wertantwort auf die unendliche Heiligkeit Gottes und Christi ist, man versteht nicht mehr ihr Wesen und die Verschiedenheit dieser Liebe von aller Liebe zu Geschöpfen. Man hat damit das Verständnis für das Zentrum, die Seele des christlichen Glaubens verloren, man hat einfach das erste der zwei Hauptgebote, von denen Christus sagt, an ihnen hänge das ganze Gesetz und die Propheten – das: „Du sollst den Herrn Deinen Gott lieben aus Deinem ganzen Herzen, aus Deinem ganzen Gemüte und aus allen Deinen Kräften" eliminiert und so getan als ob es nur das zweite gäbe. Dies ist wohl die katastrophalste aller Folgen der „Verdiesseitigung", der oben erwähnten Schwergewichtsverlegung.

Ich habe in meinem Buch über „Das Wesen der Liebe" [6] ausführlich über die „caritas" gesprochen und die radikale kategoriale Verschiedenheit von Gottesliebe und Nächstenliebe. Ich muß mich darauf beschränken hier auf das Kapitel 11 in jenem Buch zu verweisen. Nur auf folgende Momente sei auch hier hingewiesen: Die Liebe zu Gott und Christus den Gott-

[5] Die hl. Katharina von Siena wurde sogar zur Kirchenlehrerin erhoben.

[6] Habbel, Regensburg 1971, Ges. Werke, Bd. III.

menschen ist eine aufblickende, anbetende Liebe – eine Liebe, in der eine letzte Übergabe meines Seins an den Herrn stattfindet, die jedem Geschöpf gegenüber eine idolatrische Blasphemie darstellen würde und die in voller Realität sogar nicht möglich ist.

Dieser tiefe qualitative Unterschied kommt ja auch in der Formulierung der beiden Gebote deutlich zum Ausdruck: „Du sollst den Herrn Deinen Gott lieben aus Deinem ganzen Herzen, aus Deinem ganzen Gemüte und aus allen Deinen Kräften" – das zweite aber heißt: „Liebe Deinen Nächsten wie Dich selbst!"

Dazu kommt, daß die Liebe zu Gott und Jesus die Wertantwort „par excellence" ist – während wir in der Nächstenliebe dem Nächsten schon mit einer heiligen Güte nahen, ihn mit dieser Güte auffangen, die – wie wir noch sehen werden – eine ausschließliche Frucht der Gottesliebe und Christusliebe ist. Die Nächstenliebe, die wir auch einem widerlichen, abstoßenden Menschen zuwenden sollen, ja selbst dem Feinde Gottes, ist nicht entzündet von der Schönheit desselben. Die reine Wertantwort auf den Charakter solcher Menschen müßte vielmehr die radikale Ablehnung sein. Es ist nur die in der Liebe zu Christus sich entfaltende hl. Güte, die wir als Keim in der hl. Taufe empfangen und die wir diesem Menschen trotz aller seiner Unwerte entgegenbringen –, die uns die Wertantwort auf seinen ontologischen Wert, den er als „imago Dei" besitzt, wahrnehmen läßt und die hl. Würde, die er dadurch besitzt, daß auch für ihn Christus am Kreuze gestorben ist.

Zu der grundlegenden Verschiedenheit von Nächstenliebe und Christusliebe sei noch hinzugefügt, daß die Liebe zu Christus die Sehnsucht nach Vereinigung mit dem unendlich Heiligen in sich birgt, daß hier die „intentio unionis" im Vordergrund steht, während in der Nächstenliebe die „intentio unionis" ganz hinter der „intentio benevolentiae" zurücktritt. Die Liebe zu Gott und zu Christus hat in diesem Punkt mehr Ähnlichkeit mit der bräutlichen Liebe – ein Moment, das ja durch die in der Liturgie benützten Analogien klar zum Ausdruck kommt und bei den Mystikern deutlich hervortritt. Die Liebe zu Christus ist unendlich beglückend, in der liebenden Anbetung und Kontemplation liegt eine Quelle unendlicher Beglückung, ein höchstes „frui". Von all dem kann bei der reinen Nächstenliebe oder bei der Feindesliebe keine Rede sein – sie ist nur in ganz anderer Weise beglückend insofern sie ein Weilen im Reich der hl. Güte ist. Beglückend ist nicht der „Geliebte", derjenige, dem unsere Nächstenliebe gilt, sondern die Verbundenheit mit Christus, die sich in der Nächstenliebe aktualisiert.

Sehr oft wird einem das Wort Christi: „Was ihr dem geringsten meiner Brüder getan habt, habt ihr mir getan" entgegengehalten, wenn man auf der Abhängigkeit der Nächstenliebe von der Liebe zu Christus insistiert. Ich habe schon in meinem Buch „Das Trojanische Pferd in der Stadt Gottes" auf das Mißverständnis hingewiesen, das dieser Argumentation zugrunde liegt. Ich möchte aber wegen der weiten Verbreitung der falschen Interpretation dieses Wortes Christi noch einmal kurz darauf eingehen.

In diesem Wort ist die Liebe zu Christus vorausgesetzt, die rein auf Ihn gerichtete Antwort und auch der liebende Gehorsam. Denn alle wären ja bereit, Ihm zu helfen, wenn sie Ihm direkt begegnen würden. Das überraschende Wort: „Ich war hungrig und ihr habt mich nicht gespeist, nackt und ihr habt mich nicht bekleidet" – was sie zur Antwort veranlaßt: „Herr, wann haben wir Dich hungrig gesehen und Dich nicht gespeist" – spricht ja diese Voraussetzung der Liebe zu Christus deutlich aus. Durch die Tatsache, daß sich Christus identifiziert mit dem geringsten seiner Brüder, wird ja der Zusammenhang hergestellt zwischen der Tat der Nächstenliebe und der Liebe zu Christus. Dadurch entsteht eine völlig neue Motivation der Liebe zu dem Nächsten. Diese Verbindung beinhaltet in keiner Weise eine Identifikation von Nächstenliebe und Gottesliebe. Dieses Finden Christi in dem geringsten Menschen ist etwas Wunderbares, Geheimnisvolles – aber es ist nicht die Eigenart dieses Geringsten, nicht sein Eigenwert, sondern die barmherzige Liebe Christi, das von der Liebe Christi Umfangensein, das sich in dem Finden Christi im Nächsten ausprägt. Darum hebt diese Tatsache den Weltenunterschied zwischen Christus und seiner hl. Menschheit und allen andern Menschen in keiner Weise auf.

Es könnte jemand einwenden: Ja, dies gilt für die Schlechten, die den Nächsten vernachlässigt haben und die sich entschuldigen, indem sie sagen, wir haben dich doch nicht vernachlässigt. Wie ist das Wort Christi aber zu verstehen, wenn er zu den Guten sagt: Ihr habt mich gespeist, als ich hungrig war und gekleidet, als ich nackt war. Und auch sie antworten: Herr, wann haben wir dich gespeist und gekleidet?

Liegt nicht hier ein „Finden" von Christus im Nächsten vor? Wenn Christus sagen kann: „Was ihr dem geringsten meiner Brüder getan habt, habt ihr mir getan" – so beziehen sich doch offenbar die guten Taten, die diese Menschen dem Nächsten erwiesen haben, objektiv auf Christus – auch wenn sie nicht Christus direkt, sondern dem Nächsten galten. Darauf ist zu sagen, daß auch hier kein Finden Christi im Nächsten vorliegt. Das beweist ja gerade ihre Antwort: Herr, wo haben wir dich getroffen und gespeist? Was sie getan, ist vielmehr ein Befolgen der Gebote Christi. Christus hat uns die Nächstenliebe geboten und hat gesagt: Wer mich liebt, befolgt meine Gebote. Das Befolgen seiner Gebote – eine eindeutige Folge der Liebe zu Christus – ist aber von dem Finden von Christus im Nächsten offenbar ganz verschieden. Die radikale kategoriale, sogar qualitative Verschiedenheit der Liebe zu Christus und der Nächstenliebe wird dabei in keiner Weise aufgehoben. Wir müssen hier überdies zwei Bedeutungen von Finden unterscheiden. Das eine Mal bedeutet Finden, daß der Nächste – wie der Heilige – uns Christus irgendwie erschließen kann. Dieses Finden liegt, wie wir sehen werden, bei dem Nächsten *nicht* vor. Aber wenn wir Finden im Sinne von „Treffen" fassen, dann gewinnt die Behauptung, daß wir im Nächsten Christus treffen, einen Sinn. Dieses Treffen ist aber ganz besonderer Art. Es ist von jeder direkten Berührung mit

Christus radikal verschieden. Wenn wir uns im Gebet direkt an Christus wenden, wenn er gar unser Herz in besonderer Weise berührt, so liegt hier ein Treffen völlig anderer Art vor. Es ist immer zugleich die Quelle des höchsten und sublimsten Glückes, das wir auf Erden erleben können - wenn wir keine mystischen Gnaden erhalten - denn das von Angesicht zu Angesicht Jesus Sehen in der Ewigkeit ist die Quelle der Seligkeit. Dieses Treffen fällt mit dem echten Finden zusammen - und Jesus entzückt, berauscht, beseligt unsere Seele.

Eine ferne Analogie liegt bei dem Heiligen vor, weil er ein Heiliger, ein Abglanz der unendlichen Heiligkeit Christi ist. Bei dem Nächsten hingegen ist von all dem nicht die Rede. Aber aus der Liebe zu Christus geboren, im Bewußtsein, daß Christus auch ihn liebt, in dem Wissen, daß er gesagt hat: „Was ihr dem geringsten meiner Brüder getan habt, habt ihr mir getan", treffe ich in der wahren Nächstenliebe im Nächsten Christus, sehe ich den Nächsten im Lichte Christi und damit und dadurch entdecke ich in ihm - nicht etwa Christus, wohl aber eine Kostbarkeit und Liebenswertheit, die er durch Christus, als von ihm gesandt und geliebt, erhält. Wir sehen also, daß auch das an die Guten gerichtete Wort Jesu: „Was ihr dem geringsten meiner Brüder getan habt, habt ihr mir getan", in keiner Weise die radikale Verschiedenheit kategorialer und sogar qualitativer Art der Liebe zu Christus und der Nächstenliebe verwischt. Wir können im Nächsten Christus nie entdecken und die Liebesantwort auf Christus macht die Nächstenliebe erst möglich.

Wir wiederholen: Wir können Christus nie in dem Nächsten entdecken. Der Nächste ist in keiner Weise eine Epiphanie Gottes - er erschließt uns nicht eine unfaßbare Heiligkeit - er ist ein Mensch mit allen seinen Schwächen und manchmal sogar mit den furchtbarsten Unwerten behaftet. Er besitzt qua Nächster keinerlei qualitative Ähnlichkeit mit Jesus. Darum ist das Finden Christi im Nächsten keinerlei Erschließung der hl. Menschheit Christi, noch eine Antwort auf einen Abglanz der hl. Menschheit Christi. Das sehen wir ganz deutlich, wenn wir den Nächsten, bzw. die Liebe zu ihm mit einem Heiligen und der Liebe, die er in unserem Herzen zu entzünden vermag, vergleichen. Der Heilige ist ein Abglanz Jesu, er hat eine qualitative Ähnlichkeit mit der hl. Menschheit Jesu, er ist – wenn auch nur ein fernes, so doch ein Abbild von Christus. In ihm können wir einen Abglanz der einzigartigen Qualität der Heiligkeit kennen lernen, entdecken. Er ist darum in seiner Heiligkeit auch ein Weg zu Christus – die verehrende Liebe zu ihm enthält eine schwache Analogie zu der Liebe zu Christus. Diese Liebe, die einen Bruder Leone zum hl. Franziskus erfüllte, ist eine reine Wertantwort.

Wertantwort

Wenn wir sagen, daß wir in einem Heiligen Christus finden, so hat der Ausdruck „Finden“ offenbar einen völlig anderen Sinn, als wenn wir davon sprechen, daß wir im Nächsten Christus finden sollen. Bei den Heiligen ist das „Finden“ ein Kennenlernen eines qualitativen Abglanzes der hl. Menschheit Christi. Das Phänomen der Heiligkeit kann uns in ihm aufgehen, selbst wenn wir Christus noch nicht kennen. Bei der Nächstenliebe ist davon keine Rede. Wir müssen Christus gefunden haben und die Wertantwort auf Seine unendliche Heiligkeit muß schon vorliegen, um in jedem Nächsten und besonders in allen Leidenden, Hilfsbedürftigen Christus zu finden. Das „Finden“ bedeutet hier, daß wir in ihm einen von Christus Geliebten und Erlösten erblicken, daß wir wissen, daß wir ihn als solchen behandeln sollen. Die Nächstenliebe ist ein Gebot Christi und die Verbindung dieser Taten gegenüber dem Nächsten mit Christus in der Parabel ist ein Teil dessen, was das Wort Christi zum Ausdruck bringt: „Wer mich liebt, der hält meine Gebote“. Jeder Akt der Nächstenliebe ist eine Verherrlichung Gottes – wie alle übernatürliche Moral – und jede Manifestation der Nächstenliebe gilt letztlich Christus. Nicht als ob die Nächstenliebe nur ein Akt des

Gehorsams gegen Christus wäre. Das wäre ein großer Irrtum, über den ich in vielen früheren Publikationen gesprochen habe.[7] Nein, die Nächstenliebe impliziert ein wahres Interesse an dem Nächsten als solchem – als diesem unwiederholbaren einzigen Individuum. Aber doch bedarf es zu wahrer Nächstenliebe der direkten Liebe zu Christus, die ihr vorangeht und von ihr radikal verschieden ist. Sie bedarf der hl. Güte in der Seele, die sich nur in der direkten Liebe zu Jesus in unserer Seele konstituieren kann. Nur in der direkten, liebenden Konfrontation mit Christus kann Er diese hl. Güte, die das Wesen der „caritas" ausmacht, in unserer Seele erblühen lassen. Es gehört zum Wesen der Nächstenliebe, daß wir jedem Nächsten mit dieser hl. Güte schon entgegentreten – noch bevor eine spezifische Antwort auf ihn stattfindet. Und nur durch die Liebe zu Christus, nur durch das „Sehende"geworden-Sein durch die direkte Wertantwort auf Christus entdecken wir durch all die Unschönheit, durch all die Mediokrität, durch all die Gottesfeindschaft hindurch den ontologischen Wert des „imago Dei", der ja, solange der Mensch noch atmet, durch ihn selbst nicht zerstört werden kann. Nur im Lichte Christi entdecken wir die Liebenswertheit, die der Nächste als von Christus Geliebter und Erlöster erhält, die aber eine ganz andere Verbindung darstellt als der im Heiligen vorhandene qualitative Abglanz der hl. Menschheit Jesu.[8]

Aber wir müssen hier auch die besondere Liebenswertheit der Leidenden erwähnen, die nicht jeder Nächste besitzt. Das Leiden, das ein Mensch zu tragen hat, ist ja ein Kreuz, das ihm Gott auferlegt hat. Alles Leiden, das diesen Charakter des Kreuzes hat, verleiht dem Leidenden eine Aureole – es muß uns mit einer gewissen Ehrfurcht erfüllen. Durch Christus

---

[7] Vgl insbesondere „Das Trojanische Pferd" und „Über das Herz".

[8] Die grauenvolle Konfusion, die all diese wesenhaften Unterschiede übersieht, manifestiert sich auch in der unseligen Sitte – vor allem in Amerika – in Kirchen die Bilder und Gestalten von Heiligen, ja selbst von Jesus durch die notleidender Menschen zu ersetzen!

und in Christus ist alles Leiden, sind alle Kreuze etwas Ehrwürdiges geworden.

Gewiß, es gibt auch ein edles natürliches Mitleid, das weder die christliche Offenbarung noch die Liebe zu Christus voraussetzt. Es gibt eine humanitäre Menschenliebe – vieles Gute ist Menschen erwiesen worden aus diesem Mitleid und einer natürlichen Hilfsbereitschaft. Aber diese Haltungen sind, wie ich in meinem Buch über „Das Wesen der Liebe“ ausführlich gezeigt habe, etwas radikal von der christlichen Nächstenliebe Verschiedenes. Die wahre Nächstenliebe setzt, wie wir oben ausgeführt haben, die direkte Liebe zu Christus, die Wertantwort auf Seine hl. Menschheit und die in Ihm sich findende Selbstoffenbarung Gottes notwendig voraus und sie stellt in sich etwas von der humanitären Nächstenliebe radikal Verschiedenes dar.

Abgesehen von der Verfälschung der Nächstenliebe, die daraus entsteht, daß man ihre Verwurzelung in der reinen Liebe zu Jesus verkennt – abgesehen von der Verdiesseitigung in dem Primat, den die Präokkupation mit dem Nächsten gegenüber dem Gehorsam, der Liebe zu Gott und der „glorificatio“ erhält – ist auch der Materialismus unverkennbar, der vor allem die Nächstenliebe, die sich auf die materiellen Güter bezieht, betont. Man hört ständig in Predigten, ja sogar Hirtenbriefen, von dem Kampf gegen die Armut, gegen die Kriege – aber wenig von dem Interesse an den geistigen Gütern für den Nächsten und vor allem von dem brennenden Eifer für sein Heil, der alle Heiligen und „homines religiosi“ verzehrte.

Daß die wahre Nächstenliebe vor allem in dem Interesse für die Heiligung des Nächsten und sein ewiges Heil gipfelt, erwähnten wir schon. Aber hier möchten wir auf die Arten der echten Nächstenliebe hinweisen – wie den Trost in der Sorge um den Einsamen, den von keiner menschlichen Liebe Umfangenen, die Wärme, mit der man ihn umgeben soll – wie das geduldige Anhören des Nächsten, die Teilnahme an seinem seelischen Leiden, die Geduld mit dem Nächsten, die Mitfreude an seinem Glück, die geistige Anregung, die Eröffnung von Werten auf dem Gebiete der Schönheit, die Erschließung von Wahrheiten – die geistige Hilfe, die er braucht, um Jesus näher zu kommen und vieles, vieles andere.

Die Verfälschung der hl. Menschheit Jesu, von der wir oben sprachen, und die aus ihr geborene Verkennung der Liebe zu Christus, die wie wir schon sagten die Achse der Heiligung und alles wahrhaft christlichen Lebens bildet, führt aber auch notwendig zu einer *Verfälschung* und Verwässerung der *Nächstenliebe* selbst.

Sie wird mit einer gutmütigen Nachgiebigkeit verwechselt. Man versteht nicht mehr, daß die wahre Nächstenliebe ebenso oft ein Nein zu den Wünschen des Nächsten sprechen muß wie ein Ja. Man hat durch die verhängnisvolle Schwergewichtsverlegung, durch die „Verdiesseitigung" das grandiose Drama der menschlichen Existenz aus dem Auge verloren – den Sündenfall, die Erlösung durch Christus, die Tatsache, daß die Rechtfertigung auch die Heiligung einschließt und die aus ihr erwachsende Verantwortung, die Tatsache, daß dieses Leben ein „status viae" ist, daß wir unter der Alternative von ewiger Seligkeit und Verdammnis, von Himmel und Hölle leben. Die wahre Nächstenliebe fordert das Erwachtsein zu diesem Drama. Die wahre Nächstenliebe, dieses einzigartige Interesse an dem Nächsten, ist nur möglich, wenn wir den Nächsten in dem Lichte dieses Dramas sehen. Der Dunst von Mediokrität, die Abstoßendheit des bösen Hochmuts, die fatale bedrückende Atmosphäre eines Gottesfeindes wie Hitler macht auch eine Nächstenliebe unmöglich, wenn wir den Nächsten nicht im Lichte der objektiven Tragödie sehen. Hier steht ein Mensch, der auch als „imago Dei" geschaffen wurde, der zur „similitudo Dei" berufen war, zur ewigen Vereinigung mit Gott und der die furchtbarste Verantwortung auf sich geladen hat, der dem furchtbaren Gericht Gottes entgegensieht, der die erlösende Hand Christi von sich gestoßen hat. Nur in diesem übernatürlichen Licht, nur auf dem Hintergrund dieser Tragik ist eine wahre Nächstenliebe zu ihm möglich. Sobald wir den Blick für diese übernatürliche Situation des Menschen verlieren und alles im Lichte der Diesseitigkeit sehen, wird nicht nur die wahre Nächstenliebe dem Gottesfeind gegenüber unmöglich, sondern, was man dann noch Nächstenliebe nennt, ist auch all seiner Kraft und Tiefe beraubt.

Im Moment, wo man nicht mehr versteht, daß unser Interesse für das ewige Heil des Nächsten die erste Stelle einnehmen muß, ist auch keine wahre Nächstenliebe mehr möglich. Im Moment, wo wir nicht mehr verstehen, daß wir aus Nächstenliebe viele Wünsche des Nächsten nicht erfüllen dürfen, wird die Nächstenliebe eine schwache Nachgiebigkeit. Im Moment, in dem wir das Wort des hl. Augustinus nicht mehr ernst nehmen: „ Interficere errorem, diligere errantem" („Töte den Irrtum – liebe den Irrenden") haben wir das Verständnis für die wahre Nächstenliebe verloren. Die Nächstenliebe kann nur richtig verstanden werden, wenn wir uns bewußt sind, daß wir in einer Situation leben, in der die geforderte Ablehnung aller sittlichen Fehler, selbst die richtige Antwort auf viele außersittliche Unwerte, gegeben werden muß und soll, in der das Böse und der Irrtum bekämpft werden sollen – mit aller Energie bekämpft werden sollen – die Nächstenliebe aber sich auf den Irrenden, den Bösen, ja den Feind Gottes erstrecken soll. Das wahre Bild der Nächstenliebe, ihre hl. Kraft, leuchtet erst auf, wenn wir sie auf dem Hintergrunde all der ablehnenden Akte sehen, zu denen wir berufen, ja verpflichtet sind.

Das vergessene und verfemte Anathema

Nur wenn wir von der wahren Nächstenliebe ausgehen, ihrem heiligen Feuer und ihrer heiligen Kraft wie sie einen hl. Paulus erfüllte, können wir auch verstehen, daß das Anathema und die Exkommunikation keinerlei Gegensatz zu dem Geiste der Nächstenliebe bilden, sondern gerade aus dem wahren Geist der Nächstenliebe erfolgen. Ich denke hier selbstverständlich nicht an die Folgen, die zur Zeit der Inquisition solch eine Verurteilung hatte – nicht an die staatlichen Strafen und

Hinrichtungen, die selbstverständlich ein Unrecht waren und mit dem Geist der Nächstenliebe unverträglich. Ich denke an das Anathema als solches und an die Exkommunikation, die erstens die feierliche offizielle Verurteilung einer häretischen These oder Lehre darstellt und zweitens den Verurteilten von dem Sakramentenempfang ausschließt, wenn er nicht widerruft – und, wenn es sich um einen Priester handelt, ihn suspendiert, wenn es sich um einen Theologen handelt, ihn seiner Lehrtätigkeit enthebt usw. Diese Verurteilung ist ein Akt der Gottes- und Nächstenliebe. Der Gottesliebe, weil er die Beleidigung Gottes, die in der Verfälschung der christlichen Offenbarung und der Lehre der hl. Kirche liegt, verurteilt, weil er den Irrtum offiziell als Irrtum demaskiert. Der hl. Kirche ist der Schutz der göttlichen Offenbarung anvertraut und dieser heiligen Aufgabe Genüge zu leisten, ist ein zentraler Akt des heiligen Gehorsams und der Liebe zur göttlichen Wahrheit, ja der Liebe zu Gott selbst. Die Gläubigen vor der Vergiftung durch Irrlehren zu schützen, ist ein Akt sublimer Nächstenliebe, denn im wahren Glauben zu verbleiben ist ein viel wichtigeres und höheres objektives Gut für den Menschen als alle Linderung seiner physischen und psychischen Leiden. Das Anathema ist für die Menschen in „statu viae" ein Schutz des höchsten Gutes, das für ihr Seelenheil von zentraler Bedeutung ist. Es ist darum die größte Liebestat, weil es sie vor der Täuschung durch den Häretiker beschützt, der, besonders wenn er in der Kirche ein Amt versieht und zu der „ecclesia docens" gehört, im Namen der Kirche auftritt. Die gläubige Ehrfurcht des einfachen Laien bringt ihm ein offenes, empfangsbereites Ohr und Herz entgegen und macht die Verführung zum Irrtum, die Vergiftung seines Glaubens sehr leicht. Ist nicht der Schutz der Gläubigen durch die Demaskierung der Häretiker – und ihre Absetzung, wenn sie ein Lehramt innehaben – eine noch viel primärere und tiefere Tat der Nächstenliebe als aller Schutz vor einer physischen Seuche, der Pest, oder der Linderung der Armut, ja der Aufhebung sozialer Ungerechtigkeit? Wo wird der Mensch als ein für die ewige Seligkeit

Berufener, der Mensch in seiner höchsten Würde als „fidelis" und Glied des mystischen Leibes Christi ernster genommen als in dem Anathema?

Und selbst für den Verurteilten ist es der Akt größter Nächstenliebe. Selbst für ihn ist es wie das Messer des Chirurgen, das den Kranken von seinem Krebsgeschwür befreit. Auch für ihn ist es der volle ernste Weckruf, die Aufklärung über seinen Irrtum, die Einladung, zur Wahrheit zurückzukehren. Sie bewahrt ihn davor, in die Häresie hineinzugleiten, gleichsam ohne sich dessen voll bewußt zu sein, – sie ermöglicht es ihm, die volle Unverträglichkeit seiner Thesen mit der Lehre der hl. Kirche zu erfassen, sie läßt ihn die Tragweite seiner Verirrung fühlen und stellt ihn mit furchtbarem Ernst vor die Entscheidung „für oder gegen Gott und seine hl. Kirche". Wenn noch ein Funke echten Glaubens an Christus und an die hl. Kirche in ihm lebt, wird er der Versuchung absagen, um in die Gemeinschaft der hl. Kirche zurückzukehren.

Die Verfemung des Anathema – durch das allein die Kirche seit dem hl. Paulus durch alle Jahrhunderte ihre Identität, die Reinheit ihrer Lehre bewahrt hat – ist eine typische Folge der Verfälschung der wahren Nächstenliebe und ihrer Umdeutung in eine weichliche Gutmütigkeit und Nachgiebigkeit. Sie verrät vor allem aber den Verlust des „sensus supranaturalis", das Herabsinken in die „Verdiesseitigung", die die Sorge für das irdische Wohl des Menschen über die Sorge für sein ewiges Heil stellt.

Die Verfälschung der Nächstenliebe äußert sich auch in der Konfusion von Nächstenliebe und Gemeinschaft. Ich bin auf diesen schwerwiegenden Irrtum schon in der Einleitung zu meinem Buch „Zölibat und Glaubenskrise" eingegangen. Hier sei aber noch einmal darauf hingewiesen, denn dieser Irrtum ist nicht nur besonders verhängnisvoll, sondern er hängt auch mit der Verfemung des Anathema und der Exkommunikation eng zusammen.

Ökumenismus gegenüber Häretikern innerhalb der Kirche unmöglich

Es muß auch noch einmal mit aller Nachdrücklichkeit betont werden, daß von Ökumenismus nur gesprochen werden kann, wenn es sich um Religionsgemeinschaften handelt, die sich selbst als ein ganz von der katholischen Kirche Verschiedenes ausgeben. Da ist erstens die nur schismatische byzantinische orthodoxe Kirche. Zweitens die gläubigen Protestanten, die sich schon seit Jahrhunderten nicht nur als Schismatiker, sondern auch als dogmatisch verschiedene, eigene Religionsgemeinschaft losgelöst haben. Kein Protestant wird sich als Katholik bezeichnen und im Namen der heiligen Kirche Lehren aufstellen. Erst recht gilt dies für die Juden, die Moslems, die Brahmanen oder Buddhisten. Die Haltung, die ihnen gegenüber im Vaticanum II empfohlen wird unter dem Namen „Ökumenismus", kann sich nie sinnvoller Weise auf Häretiker innerhalb der Kirche beziehen. Die in dem richtig verstandenen Ökumenismus empfohlene Haltung, die je nach dem Inhalt der außerhalb der Kirche befindlichen Religionsgemeinschaften sehr variieren muß – die wohlwollende Unterstreichung der Wahrheitselemente in diesen Religionen neben der eindeutigen Ablehnung der in diesen Religionen enthaltenen Irrtümer kann nie dem Katholiken gegenüber gefordert werden, der in der Kirche verbleiben will, aber häretische Thesen und Lehren verbreitet, der diese als mit der Lehre der hl. Kirche vereinbar hinstellt, ja der die Lehre der hl. Kirche verändern will. Mit diesen Irrlehren und Zerstörern der christlichen Offenbarung und des christlichen Lebens in der hl. Kirche dürfen wir eine Pseudo-Gemeinschaft nicht aufrechterhalten. Eine solche Gemeinschaft kommt ja bei den außerhalb der Kirche Stehenden und offen sich von ihr Distanzierenden nicht in Frage. Die Haltung, die den getrennten Brüdern gegenüber möglich ist, wäre dem Häretiker in der Kirche gegenüber ein Unrecht. Auch auf ihn muß sich natürlich unsere Nächstenliebe erstrecken. Aber selbst die distanzierte

Gemeinschaft, die den getrennten Brüdern gegenüber noch in sehr abgestufter Weise bestehen kann, ist hier unmöglich, weil er ja ein freiwilliger oder unfreiwilliger Zerstörer der Kirche und Vergifter der hl. Lehre der Kirche ist, weil er die äußere Zugehörigkeit zur Kirche mißbraucht. Hier gilt das Wort des hl. Johannes: „Wenn einer zu euch kommt und diese Lehre nicht mitbringt, so nehmet ihn nicht auf in euer Haus und grüßet ihn nicht. Denn wer ihn grüßt, der macht sich teilhaft seiner bösen Werke.“ (2 Jo. 10-11)

Ist Gemeinschaft höchster Wert? Wahrheit und Gemeinschaft

Mit der Verfälschung der Nächstenliebe geht auch die andere große Gefahr Hand in Hand – das Stellen der Gemeinschaft über die Wahrheit, wobei implicite der Friede zum höchsten Wert erklärt wird. Leider ist diese Tendenz, die Gemeinschaft für wichtiger zu halten als die Wahrheit, heute in der heiligen Kirche weit verbreitet.

Der *erste* große Irrtum, der hier vorliegt, ist die Trennung der Gemeinschaft von der Wahrheit. Alle echte Gemeinschaft setzt ein Sich-Begegnen in einem wahren Güterbereich voraus. Die Solidarität, die durch ein gemeinsames Idol hergestellt wird, die Zusammenarbeit für ein Idol, das gemeinsame Sich-Einsetzen für etwas Falsches oder Böses verdient nicht den Namen wahrer Gemeinschaft. Eine solche Pseudogemeinschaft ist ein ausgesprochenes Übel, sie ist Träger eines Unwertes. Der Wert, den die Gemeinschaft als solche besitzt, wird hier durch die Unwertigkeit dessen, was diese Menschen zusammenführt, durch den Unwert des Namens, in dem sie vereint sind, vergiftet. Gewiß, Einheit, Gemeinschaft hat einen eigenen Wert. Die Einheit von Menschen ist nicht nur ein Wertvolles im Gegensatz zu Unfrieden und Kampf gegeneinander, sie hat auch einen Wert gegenüber der bloßen friedlichen Unverbundenheit der Individuen. Ich habe über das Wesen und den Wert der Gemeinschaft in meinem Buch „Metaphysik der Gemeinschaft“ ausführlich gesprochen. Aber was wieder betont werden muß im gegenwärtigen Moment ist, daß das formale Wesen und vor allem der Wert der Gemeinschaft als solcher gänzlich von dem „Namen“ abhängt, in dem alle vereint sind. Die Gemeinschaft im Irrtum und im Bösen ist keine wahre Gemeinschaft und sie hat vor allem nicht nur keinen Wert, sondern ist ein ausgesprochener Unwert. Eine Pseudogemeinschaft, die auf einem bösen Idol aufgebaut ist, ist ein viel größeres Übel als viele im Irrtum und Bösen verwurzelte, unverbundene einzelne Menschen. Es ist nicht nur so, daß es schlimmer ist, weil viele in Irrtum, in Häresie verfallen, als wenn es ein einzelner tut. Es ist nicht nur die quantitative Steigerung. Nein, es ist auch die Verbundenheit unter ihnen, das Sich-Begegnen in der Unwahrheit und im Bösen, die zu einem reinen Unwert wird und das Übel noch steigert. Das, was ein Wert in sich ist in der wahren Gemeinschaft – die „concordia“ –, wird zu einem ausgesprochenen Unwert in der Pseudogemeinschaft. Es ist darum völlig unmöglich, die Gemeinschaft von der Wahrheit loszulösen und sie zur Hauptsache zu machen. Sie hängt in ihrem wahren Wesen und Wert von der Wahrheit ab, auf der diese Gemeinschaft aufgebaut ist.

Zweitens ist das In-der-Wahrheit-Stehen auf religiösem Gebiet, das Den-wahren-Glauben-Besitzen der höchste Wert, das, was Gott am meisten verherrlicht. Christus hat gesagt: „Gehet hinaus in alle Welt und lehret alle Völker. Wer glaubt und sich taufen läßt, wird gerettet werden, und wer nicht glaubt wird verdammt werden“.[9] Die absolute Bedeutung des wahren Glaubens, des Glaubens an die wahre Offenbarung Christi, die in diesen Worten eindeutig ausgesprochen ist, bleibt völlig unberührt von dem im Vaticanum I definierten Satz, daß Gott allen Menschen die ewige Seligkeit schenken kann, die ein ihrer höchsten Norm entsprechendes Leben führen.

[9] Mk 16, 15-16.

Der Primat der Wahrheit, des wahren Glaubens gegenüber dem Wert der Gemeinschaft ist darum unbestreitbar - auch wenn es sich um eine echte natürliche Gemeinschaft handelt, eine Gemeinschaft, die in einem echten Gut gegründet ist. Ja, das In-der-Wahrheit-Stehen, Den-wahren-Gott-Bekennen, der wahre Glaube - ist noch größer in seinem Wert, hat noch den Vorrang selbst gegenüber der wunderbaren Gemeinschaft, die sich im „Corpus Christi Mysticum" zeigt.

Denn im wahren Glauben und in der wahren Gottesliebe konstituiert sich die Gemeinschaft mit Gott, die offenbar das Wichtigste ist, und von der alle wahre Gemeinschaft in ihrem Wesen und Wert abhängt. Das „congregavit nos in unum Christi amor" [10] spricht es deutlich aus, daß die Liebe zu Christus, die den wahren Glauben impliziert, allein diese erhabene Einheit unter den Gläubigen herstellen kann.

Wir begegnen in der Überbetonung der Gemeinschaft, der Einheit unter den Menschen und der Stellung der Wahrheit bzw. der Rechtgläubigkeit an zweiter Stelle einer analogen Konsequenz der verhängnisvollen „Verdiesseitigung" wie in der größeren Betonung der Nächstenliebe gegenüber der Gottesliebe. Die These, daß Nächstenliebe die einzige Manifestation der Liebe zu Gott und Christus sei, daß beide identisch seien - wobei man von der direkten Liebe zu Christus wenig spricht, aber dafür um so mehr von der Nächstenliebe - bildet eine strenge Analogie zu dem Stellen der Gemeinschaft über die Rechtgläubigkeit. Denn, wie wir sahen, wird ja die Nächstenliebe bei der Identifikation mit der Gottesliebe in Wirklichkeit in ihrer völligen Abhängigkeit von der radikal verschiedenen direkten Liebe zu Christus losgelöst. Bei allen Identifikationen spielt es ja immer eine entscheidende Rolle, in welcher Richtung die Identifikation geht. Die Identifikation von Seele und Leib kann z. B. in einem Reduzieren der Seele auf den Leib bestehen (Materialismus) oder in einer Reduktion

[10] „Christi Liebe hat uns geeint" - Liturgie der Fußwaschung am Gründonnerstag.

des Leibes auf die Seele, wobei die volle Realität der Materie geleugnet wird (wie in einem Berkeley'schen Psychismus). Es besteht ebenfalls ein großer Unterschied zwischen den zwei Formen von Pantheismus: ob man die Natur vergottet oder Gott auf die Natur zurückführt bzw. naturalisiert.

Dieser Unterschied ist unabhängig von dem Irrtum der Identifikation selbst. Leib und Seele nicht zu unterscheiden ist ein fundamentaler Irrtum. Aber es ist abgesehen von diesem Irrtum noch ein Unterschied, ob bei dieser Identifikation die Materie geleugnet wird oder der Geist und die Seele geleugnet werden. Das letztere ist ein noch schlimmerer, schwerwiegenderer Irrtum. So liegt zweifellos der heute in der Kirche verbreiteten Tendenz der Identifizierung der Gottes- und Nächstenliebe die Reduktion der Gottesliebe bzw. der Liebe zu Christus auf die Nächstenliebe vor und nicht umgekehrt. Es gab früher in sehr beschränktem Ausmaß – nie bei bedeutenden Theologen, sondern bei gewissen frommen Klosterfrauen, eine Reduktion der Nächstenliebe auf die Gottesliebe. Ich habe darüber in einem Kapitel „Falsche Reaktionen" im „Trojanischen Pferd" gesprochen. Man machte aus der Liebe zu dem Nächsten einen bloßen Gehorsamsakt gegenüber Christus – man meinte, es genüge, sich dem Nächsten gegenüber aus Liebe zu Christus so zu benehmen, als ob man ihn liebe. Ich habe diesen Irrtum schon in vielen Publikationen seit Jahren bekämpft. Aber die heutige Gefahr der Reduktion der Gottesliebe auf die Nächstenliebe ist nicht nur ungleich schlimmer und gefährlicher, weil sie nicht auf kleine Kreise beschränkt ist, sondern sich bei Theologen, in Hirtenbriefen und darüber hinaus eingeschlichen hat – besonders aber, weil eben die direkte Liebe zu Christus noch wichtiger ist als die Nächstenliebe, weil die Nächstenliebe allein durch die direkte Liebe zu Christus möglich ist und objektiv die Nächstenliebe in der Liebe zu Christus fundiert ist.

Was bildete denn das Hauptthema in den Schriften der großen Theologen und Mystiker? Ob wir an die „Confessiones" des hl. Augustinus denken, an das „Itinerarium mentis in

Deum" des hl. Bonaventura, an den „Dialog" einer hl. Katharina von Siena oder die Schriften der hl. Theresia von Avila, des hl. Johannes vom Kreuz, an den „Theotimus" des hl. Franz von Sales und an so viele Schriften des großen Kardinals Newman - überall steht die Liebe zu Gott, die Liebe zu Jesus Christus im Vordergrund, wenn auch der Nächstenliebe als notwendiger Frucht der Gottesliebe volle Gerechtigkeit widerfährt. Überall ist der wahre enge Zusammenhang beider klar herausgestellt - aber überall in der richtigen Ordnung und Rangordnung, ohne sich je der Identifikation beider schuldig zu machen.

Und heute? Wo sind Theologen, die noch von der direkten Liebe zu Gott, von dem „commerce intime" mit Jesus sprechen? In welchen Predigten, Hirtenbriefen, Enzykliken wird auf die direkte Gottesliebe, auf die Liebe zu Christus Jesus ausführlich in ihrer Eigenart und Verschiedenheit von der in ihr gegründeten, nur durch sie möglichen Nächstenliebe gesprochen?

Und diese Hauptpräokkupation mit der Nächstenliebe auf Kosten der Konzentrierung auf die Gottesliebe zieht unweigerlich eine Verfälschung und „Naturalisierung" der Nächstenliebe nach sich, wie wir oben ausgeführt haben.

Die Verfälschung der Nächstenliebe und die Zurückstellung der Gottesliebe manifestiert sich auch in dem überall in der Kirche ertönenden Ruf zum Frieden und dem Vergessen, daß Christus nicht nur gesagt hat: Ich bringe euch den Frieden - sondern auch: Ich bringe euch das Schwert.[11]

Der Kult des „Positiven"

Wir wiesen schon auf die Verfälschung der Moral hin, die mit der „Verdiesseitigung" Hand in Hand geht. Wir müssen jetzt noch auf Folgendes hinweisen: Unter dem Schlagwort

[11] Mt 10/34.

des „Positiven“ gegenüber allem „Negativen“ wird die Illusion eingeführt, das Nichtbegehen einer Sünde sei sittlich viel unwichtiger als eine rein positive sittliche Tat. Man wirft dem Dekalog vor, er enthielte zu viel Verbote. Man wirft der christlichen Tradition vor, sie habe zu viel vom Vermeiden des Bösen und zu wenig vom Tun des positiv Guten gesprochen. Darum hört man heute fortwährend die Aufforderung, für die Verbesserung der Welt zu wirken in dem Kampf gegen Armut, für den Frieden usw., aber wenig von der Überwindung unseres Hochmuts, vom Kampf gegen die Versuchungen zur Unreinheit, vom Kampf gegen Pharisäismus – mit einem Wort: Von der Selbstheiligung.

Hierbei müssen aber noch zwei Irrtümer unterschieden werden. Erstens die mit der „Verdiesseitigung“ verbundene Substituierung der Heiligung unserer selbst durch die Arbeit an der Weltverbesserung. Davon haben wir schon gesprochen. Es ist die katastrophale Konzentrierung unseres Interesses auf die irdische Verbesserung an Stelle der „glorificatio“ Gottes durch unsere Heiligung, das Erblinden für die unvergleichliche Überlegenheit der moralischen Werte über alle nur sittlich bedeutsamen Güter.

Der zweite Irrtum, den wir jetzt im Auge haben und über den wir noch nicht gesprochen haben, ist der verhängnisvolle Unfug, der mit dem Schlagwort „positiv“ getrieben wird. Zunächst denken wir an die vermeintliche Überlegenheit der rein positiven guten Tat z. B. Almosen geben gegenüber allem Widerstand gegen das Sündigen, das als bloß „negatives“ Verhalten angesehen wird (wobei natürlich mit negativ nicht negativ-wertig gemeint ist – so wenig wie mit positiv positivwertig). Es ist nicht die Antithese von Gut und Böse, die hier das Thema bildet, sondern der Gegensatz von positivem Tun und bloßem Unterlassen, der Unterschied von Ja und Nein.

Man übersieht, daß die bewußte Absage an die Sünde ein voller positiver Akt ist und daß er Träger hoher sittlicher Werte ist. Gewiß, der bloß objektive Wegfall einer Sünde – so erfreulich er an sich ist – ist noch kein Träger eines positiven

Wertes. Wir können uns freuen, daß jemand nie einen andern Menschen ermordet hat, aber wir können ihn deshalb noch nicht als mit positiven sittlichen Werten ausgestattet preisen. Wenn er nie in eine Situation kam, in der die Versuchung, einen andern Menschen zu töten an ihn herantrat, so bleibt die Tatsache, daß keine Sünde begangen wurde, daß ein großes sittliches Unrecht nicht stattgefunden hat, sicher etwas Erfreuliches, Wertvolles – aber nur eine reine „absentia" eines sittlich Bösen. Außerdem fällt natürlich das große objektive Übel für den andern Menschen, der nicht getötet wurde, weg. Aber es ist gleichsam nur der potentielle Wert, den die reine Abwesenheit eines möglichen Übels darstellt. Es ist kein positiver moralischer Wert, die Person wird dadurch, daß sie mit einem schweren moralischen Unwert nicht befleckt ist, noch kein Träger positiver moralischer Werte.

Sobald aber der Wegfall des moralischen Unwertes nicht nur eine rein objektive Tatsache ist, sondern die Frucht einer bewußten Absage an alles sittlich Schlechte, ein volles „Nein" zur Versuchung, moralisches Unrecht zu begehen, ist er Träger eines hohen positiven moralischen Wertes. Das bewußte Nein zu allem moralisch Schlechten ist ja unlöslich mit dem Willen zum moralisch Guten verbunden. Die Reinheit, die aus einer bewußten Absage an alles Unreine, an allen Mißbrauch der sexuellen Sphäre stammt, ist eine hohe positive Tugend. Wir müssen ein für allemal einsehen, daß die ablehnende reine Wertantwort, das Nein zum Bösen, ebenso *positiv* ist wie die bejahende Wertantwort zum Guten. Der Terminus positiv verliert seinen Sinn, sobald er von dem Objekt, dem die Haltung gilt, losgelöst wird.

Die Art der Antwort muß und soll sich nach der Art des Objektes richten. Irrtum abzulehnen ist ebenso gefordert, wie der Wahrheit zuzustimmen. Die Richtigkeit der Antwort, die Adäquatheit der Antwort und ihres Gehaltes wird durch die Natur des Beantworteten bestimmt. Unabhängig von dem Objekt, zu dem es gesprochen wird, hat das Ja keinerlei Vorzug vor dem Nein. Die Empörung über das Böse ist ebenso reine

Wertantwort wie die Begeisterung für das Gute. Weil sie beide die angemessene, gebührende, ja geforderte Antwort darstellen und obendrein notwendig zusammengehören, haben sie beide einen positiven Wert. Sobald ich das Ja oder Nein vom Objekt loslöse, es zu einem von der Natur des Objektes, dem es gilt, Unabhängigen mache und dem Ja einen Wert als solchem gegenüber dem Nein zuspreche, erhält „positiv" einen völlig anderen Sinn. Ich sagte vorher, es verliert seinen Sinn, wobei ich den Sinn meinte, den es im Falle der Antwort besitzt.

Gewiß, in der Ewigkeit gibt es keine aktualisierte Empörung mehr, weil es kein moralisches Übel mehr gibt – so wenig wie sonstige Leiden. Der Vorzug, der darin besteht, daß keine realen Objekte unwertiger Art mehr bestehen, die eine Antwort der Absage, eine Empörung, ein Nein verlangen, darf nicht dem „Ja" als solchem angerechnet werden. Es ist der unendliche Vorzug der Situation, in der es keine Übel mehr gibt und in der darum keine ablehnende Antwort mehr gefordert ist, den man irrigerweise dem Ja als Wert anrechnet.

Außerdem ist aus demselben Grund die Begeisterung für das Gute viel beglückender als die Empörung über das Übel. Die Tatsache der Realisierung des Gutes, das einen objektiven Wert trägt, ist in sich beglückend und fordert ja auch eine Antwort der Freude. Die Tatsache des Übels, vor allem des sittlichen Übels, ist an sich etwas unendlich Trauriges und fordert auch eine Antwort der Trauer, des Schmerzes. Und abgesehen von der Freude im einen Fall und dem Schmerz im andern Fall ist auch das Begeistert-Sein-Können und -Dürfen etwas in sich Beglückendes und das Empört-Sein-Sollen und -Müssen etwas Schmerzliches.

Aber das berechtigt uns nie das Ja und Nein vom Objekt, dem es gilt, loszulösen. Obendrein ist das Nein zum Bösen und zum Irrtum potentiell mit jedem Ja zum Guten und zur Wahrheit verknüpft.

Hierbei muß aber noch ein wesentlicher Unterschied gemacht werden – nämlich die Absage, Ablehnung des Bösen, das uns als Versuchung entgegentritt - und die Antwort auf das Böse und Falsche in anderen Personen.

Das „Nein" zu allen Sünden, die ich begehen könnte - hat einen hohen sittlichen Wert und ist etwas durchaus Positives.

Die Empörung über die Sünde anderer ist zwar auch eine sittlich geforderte Antwort und etwas durchaus Positives - aber es hat natürlich nicht denselben sittlichen Wert. Das Nein zu der Versuchung, zur Sünde, ist ja ein zentraler Teil der Sittlichkeit eines Menschen; ebenso der Haß gegen die Sünde im allgemeinen.

Die Empörung über die Sünde anderer, über die Beleidigung Gottes, die sie begehen, gehört in eine andere Kategorie sittlich positiver Haltungen und spielt nicht dieselbe zentrale Rolle wie das Nein zu der Sünde.

Das Nein zur Sünde in Bezug auf mein eigenes Leben ist ja ein *reiner* ganz freier Willensakt, während die Empörung über die Beleidigung Gottes durch andere, ebenso wie die Begeisterung über ihre guten Taten - wenn auch nicht jenseits aller Freiheit - doch nicht in derselben Weise in unserer Macht steht wie der Wille.[12]

Aber es gibt zweifellos Typen mit einer Veranlagung zum Neinsagen. Es gibt Menschen, die sich wohler fühlen in der Absage an das Böse bei anderen. Es ist etwas Analoges wie die konstitutiv „revolutionären" Naturen. Sie fühlen sich stärker, selbständiger, sobald sie protestieren können, sie wären unglücklich, wenn es dazu keine Gelegenheit mehr gäbe. Sie brauchen gleichsam die Existenz von Übeln, um sich selbst voll aktualisieren, entfalten zu können. Dies ist aber natürlich keine reine Wertantwort mehr. Es ist eine Perversion, die sie das Nein befriedigender finden läßt als das Ja, daß sie sich stärker fühlen in dem Nein, daß sie sich wohler fühlen in dem Protest, in der Revolution, daß es ihnen ernster und notwendiger vorkommt als die Aktualisierung der Begeisterung über das Gute. Es sind auch Menschen, die das Übel viel mehr *sehen*

[12] Vgl. das Kapitel über Freiheit in meiner „Ethik".

als das Gute. Sie übersehen oft alles Gute, Erfreuliche, sogar das sittlich Erbauende – sind aber hellsichtig für alles Übel.

Aber hier haben wir es bereits mit einem Typus zu tun, der nicht mehr objektiv ist, der unabhängig vom Objekt und dessen Natur schon aus einer vorgefaßten Grundhaltung an die Welt herantritt. Wir sind hier schon im Reich der „Vorurteile“ – in dem Reich, wo wir von Optimisten und Pessimisten sprechen, mit einem Wort, wo eine rein subjektive temperamentale Veranlagung unser Verhältnis zu der Welt beeinflußt und die sinnvolle, von der Art des Objektes diktierte Antwort ersetzt. Diese Unobjektivität ist an sich etwas Unwertiges. Der Optimist ist vielleicht angenehmer und sympathischer als der Pessimist – aber sie sind beide in einer unwertigen Unsachlichkeit befangen.

Noch viel schlimmer ist diese Unsachlichkeit bei dem „Verärgerten“, der sich – temperamentsbedingt – ständig grundlos ärgert und dazu neigt, über alles zu schimpfen. Aber auch hier darf man die Unsachlichkeit und das Negativwertige, das schon im Ärger liegt – der im Unterschied zum Zorn nie eine Wertantwort ist, sondern immer ein unobjektives Element subjektiver Irritation hat – nicht dem Nein als solchem zur Last legen und nicht die geforderte, sinnvolle Wertantwort der Ablehnung und Empörung als etwas Negatives hinstellen.

Wir sehen hier ganz von der Bevorzugung der Ablehnung des Schlechten gegenüber der Begeisterung für das Gute ab, die aus einem pharisäischen Geist stammt – sei es, daß man seine Überlegenheit genießt in der Beschäftigung mit den Fehlern anderer, sei es, daß man sich für besonders sittlich gut hält in der energischen Verurteilung des Bösen. Aller pharisäische Selbstgenuß ist mit dem Geist der echten Wertantwort unverträglich und ist in sich etwas sittlich Verwerfliches. Er ist Träger eines großen sittlichen Unwertes. Aber daß dieser Unwert nicht von der geforderten guten Ablehnung des Unsittlichen stammt, sondern dem pharisäischen Selbstgenuß, sollte jeder sofort sehen.

Was aber die Veranlagung betrifft, das Schlechte mehr zu sehen als das Gute und darum mehr zur Empörung als zur Begeisterung zu neigen, so ist sie, wie schon oben ausgeführt, eine bedauerliche und ärgerliche Unsachlichkeit. Aber das Umgekehrte ist auch ein ausgesprochener Fehler. Menschen, die aus Gutmütigkeit und Arglosigkeit das Schlechte übersehen und darum sich begeistern, wo keinerlei Grund dazu vorliegt, sind auch unsachlich. Wenn auch diese Haltung, analog wie bei dem vorher erwähnten Optimisten, sympathischer ist als die Tendenz in allem das Schlechte zu sehen und zum Mißtrauen zu neigen, so ist sie doch sittlich ebenso abwegig. Sie ist unwertig wegen ihrer Unsachlichkeit, wegen ihrer Blindheit und es fehlt ihr ein letzter sittlicher Ernst. Diese „Positivität" ist keinerlei Wert.

Gegenüber all dem muß erneut betont werden: Die Ablehnung des Bösen und der Sünde ist eine rein positive, sittlich geforderte Antwort und Träger eines hohen sittlichen Wertes. Man kann Gott nicht wahrhaft lieben - ohne den Teufel zu hassen. Man kann die Wahrheit nicht wahrhaft lieben - ohne den Irrtum zu hassen. Man kann die Wahrheit nicht finden und klar als solche erfassen, ohne den Irrtum zu durchschauen. Die Erkenntnis der Wahrheit ist mit der Erkenntnis des Irrtums, der Demaskierung des Irrtums untrennbar verbunden. Hier ist alles Gerede von der Überlegenheit des Ja über das Nein, von der „Negativität" der Ablehnung dessen, was objektiv abzulehnen ist, ein völlig abwegiges Geschwätz und Gefasel.

Es gab gewiß früher Moraltheologien, in denen das Vermeiden der Sünde überbetont wurde und das Vollbringen der sittlich guten Taten in den Hintergrund trat. Besonders wurde in der Behandlung der ganzen sexuellen Sphäre mehr von dem Unwert des Mißbrauchs dieser Sphäre gesprochen, vor den Sünden gewarnt und die Herausarbeitung der Werte, die der rechte Gebrauch dieser Sphäre besitzt, vernachlässigt. Man sprach nicht von dem Mysterium dieses Gebietes, von der geheimnisvollen „unio" gegenseitiger Selbstschenkung in der „consummatio“ der Ehe, von der großen Schönheit dieser körperlichen Einswerdung, die ein organischer Ausdruck der bräutlichen Liebe ist, eine Erfüllung der in dieser Liebe gelegenen „intentio unionis“, von der unser Herr gesagt hat „und sie werden zwei in einem Fleisch sein“. Diese einseitige Betonung des Unwertes alles Mißbrauchs kam auch daher, daß der hohe positive Wert dieser von Gott sanktionierten Erfüllung der bräutlichen Liebe und der gegenseitigen Selbstschenkung in der Ehe nicht genügend klar gesehen wurde. Erst in der wunderbaren Allokution von Papst Pius XII. kommt dieser positive Aspekt der sexuellen Sphäre voll zur Geltung – erst hier wird der Wert dieser Einswerdung und ihr Zusammenhang mit der Liebe von höchster Stelle aus verkündet.[13]

In der Gesamtliteratur jedoch der großen Theologen – beim hl. Augustinus, dem hl. Thomas, Duns Scotus, dem hl. Franz von Sales, bei Möhler, Scheeben, Gratry, Newman ist die Vermeidung der Sünden in keiner Weise einseitig auf Kosten der guten Haltungen und Handlungen betont. Aber hier begegnen wir einem wichtigen Punkt in dem Unfug, der mit dem Schlagwort „positiv“ getrieben wird. Man vergißt, daß es eine Rangordnung unserer Verpflichtungen Gott gegenüber gibt. Unsere erste Pflicht ist, Gott nicht durch eine Sünde zu beleidigen, unsere zweite, ihn durch gute Taten zu verherrlichen oder, wie wir es auch rein philosophisch ausdrücken können, unsere erste sittliche Aufgabe ist: Ausgesprochene, sittlich bedeutsame Übel nicht in die Welt zu setzen oder positiv sittlich bedeutsame Güter nicht zu zerstören – z. B. Menschen zu quälen oder einen Menschen umzubringen, eine Ungerechtigkeit zu begehen, bewußt den Irrtum zu verbreiten oder gar für die Apostasie zu wirken.

Erst die zweite Aufgabe ist die Linderung, bzw. Aufhebung bestehender sittlich bedeutsamer Übel, die wir bereits vorfinden. Dahin gehört, das Leiden des Nächsten lindern, den

---

[13] Vgl. auch mein Buch „Reinheit und Jungfräulichkeit“, Theatiner Verlag, 1927.

Kranken helfen, eine Ungerechtigkeit bekämpfen, den ungerecht Gefangenen befreien – vor allem die Hilfe, die man ihm auf dem Wege zu Gott, zur Konversion zur hl. Kirche leistet u. a. und erst an dritter Stelle kommt die Schaffung sittlich bedeutsamer Güter, z. B. einem andern Menschen eine Freude machen, einem begabten Menschen das Studium ermöglichen, alle positiven Wohltaten, die man einem Nächsten erweist.[14]

Diese Rangordnung ist eigener Art. Es ist nicht eine hierarchische Ordnung, sie besagt nicht, daß das „zuerst" Kommende Träger eines höheren Wertes ist wie das an zweiter oder dritter Stelle Stehende. Es ist vielmehr eine Rangordnung unsere Aufgabe, unsere Mission betreffend. Was ist das Erste, das sittlich von uns verlangt wird – wir könnten auch sagen: Was ist das Minimum? Es kommt zuerst daran, aber es muß darum nicht höher stehen.

Das sittlich Negative zu vermeiden – in der Schaffung sittlich bedeutsamer Übel oder der Zerstörung sittlich bedeutsamer Güter – hat einen Vorrang, von dem man auch sagen könnte: Das Negative – im Nicht-Sündigen – hat den Vorrang über das Positive, das Realisieren eines positiv sittlich bedeutsamen Gutes. Dieser „Vorrang" des Negativen vor dem Positiven ist eine objektive Tatsache und er hat nichts mehr mit der vorher beschriebenen negativen Haltung zu tun – mit der einseitigen Betonung des Unwertigen, mit dem moralischen Pessimismus usw.

Dieser objektive Vorrang des Vermeidens der Sünde und seine Betonung ist keinerlei Zeichen einer „negativen" Einstellung. Das Gott nicht durch eine Sünde Beleidigen erstreckt sich vor allem auf die Unterlassung der Schaffung von sittlich bedeutsamen Übeln, aber auch auf das Unterlassen aller Rebellion gegen Gott, aller negativen Haltungen, die sich direkt gegen Gott richten, wie Fluchen, Indifferenz Gott gegenüber usw. und dieses Unterlassen des sittlich Schlechten, der Sünde,

[14] „Diese Ordnung trägt ihm auf, erstens keinem zu schaden, und zweitens sogar jedem womöglich zu nützen." St. Augustinus, „De Civitate Dei", XIX, 14.

ist ja ein eminenter Ausdruck des Gehorsams, der Liebe zu Gott - eine ausgesprochen positive Wertantwort. Sie als „negativ" zu sehen gegenüber der reinen Schaffung positiver sittlich bedeutsamer Güter, oder auch der aktiven Linderung der Not eines anderen und aller Arbeit an der Verbesserung der Welt - ist ein völliges Mißverständnis.

Es gibt natürlich auch Sünden, die von der Unterlassung des Tuns eines positiv Guten herrühren. Diese spielen auch eine große Rolle im Evangelium, z. B. in der Parabel, in der Christus sagt: „Ich war durstig und ihr habt mich nicht getränkt, nackt und ihr habt mich nicht bekleidet".[15] Sie gehören in die Kategorie der zweiten sittlichen Aufgaben - die Linderung der bestehenden Not anderer. Aber es ist doch tief sinnvoll, daß im Dekalog die negativen Gebote oder die Verbote - wie das zweite, das fünfte, sechste, siebte, achte Gebot - eine so große Rolle spielen. Auch in den vielen Verurteilungen, die Christus ausspricht: Gegen den Pharisäismus, den Hochmut, gegen die Beschimpfung des Nächsten - sind negative Gebote. Die heutige Tendenz von der Vermeidung der Sünden wenig zu sprechen und nur das Tun von Gutem zu betonen - unter dem Titel: Wir wollen positiv sein - ist eine deutliche Verfälschung der moralischen Sphäre im Grunde ein utilitaristisches Désintéressement an dem moralischen Wert gegenüber den sittlich bedeutsamen Gütern - alles Symptome bzw. Folgen der verhängnisvollen „Verdiesseitigung".

Wir erwähnten schon früher, daß es Veranlagungen gibt, die gewisse Menschen alles Negativwertige erst und klarer zu sehen veranlassen, und die umgekehrte Veranlagung, zuerst alles Positivwertige zu sehen - mit anderen Worten, wir sprachen schon von der Unsachlichkeit des Pessimisten und Optimisten.

Nun möchten wir betonen, wie wichtig es von einem religiösen Aspekt aus ist, die Gesamtsituation des irdischen Lebens und des uns bekannten Universums objektiv zu sehen,

---

[15] Mt 25/35.

d. h. die zwei objektiv bestehenden Aspekte dieser Welt. Und hier sehen wir, in wie wunderbarer Weise die hl. Kirche in den verschiedensten Lebensäußerungen und ihrer Liturgie die Existenz der beiden Aspekte klar zum Ausdruck brachte. Die Erde wird ein „vallis lacrimarum" genannt und zugleich heißt es im Sanctus „pleni sunt coeli et terra gloria tua". Auch die „terra" birgt große Güter, die von der Güte, Herrlichkeit und Schönheit Gottes künden.

In dem Worte „et terra" wird allen echten natürlichen Werten voll Rechnung getragen – in dem Wort „vallis lacrimarum" all der Tragik des menschlichen Lebens – vor allem der Furchtbarkeit des Todes – der Disharmonie, die durch den Sündenfall in der Welt herbeigeführt wurde und die auch nach der Erlösung durch Christus noch fortbesteht – all die Tragödie des zeitweiligen Triumphes des Bösen, all die unglücklichen Ehen, all die auf Abwege geratenen Kinder, alle Enttäuschungen und vor allem das größte menschliche Kreuz – der Tod geliebter Menschen – die zeitweilige Trennung von ihnen. Und auf der anderen Seite die Herrlichkeit der Schöpfung, die Schönheit der Natur, die uns von der unendlichen Herrlichkeit Gottes kündet, die tiefe Beglückung durch diese Welt von Schönheit, die Schönheit aller wahren großen Kunst, die unsagbare Herrlichkeit einer großen menschlichen Liebe! Was für eine Erfindung Gottes: Die Ehe! Wie herrlich, daß es so eine Erfüllung der bräutlichen Liebe gibt, daß eine solche Einheit möglich ist! Welch herrliches Geschenk Gottes, daß, wie es das schöne Fuldenser Ritual sagt, die Entstehung neuer Menschen der süßen Liebe anvertraut worden ist.[16] Und welches Geschenk die Fähigkeit des Erkennens, nicht nur die allgemeine Fähigkeit der Erkenntnis, die zum Wesen der Person gehört, sondern auch die wissenschaftliche Erkenntnis und vor allem die wahre philosophische Erkenntnis, von der Sokrates sagt: „Vor allem

[16] „Gott, du hast bei der Schöpfung des Menschengeschlechtes, die Frau aus dem Mann schaffend, schon bei der Bildung selbst bestimmt, daß eine Einheit des Fleisches und der süßen Liebe bestehe . . ." (Sacramentarium Fuldense).

werde ich dann in der Lage sein, meine Erforschung des wahren Wissens und des Scheinwissens fortzusetzen; wie in dieser Welt, so auch in der nächsten und ich werde herausfinden, wer weise ist und wer es nur behauptet, ohne es zu sein." [17] Ja welches Geschenk ist das Dasein, die Existenz als Person bis zu dem, was Goethe „des Lebens holde Gewohnheit" nennt! Wir können nicht fortfahren die Herrlichkeit der Schöpfung, den Reichtum aller hohen natürlichen Güter – die etwas anderes sind als die „weltlichen Güter" – aufzuzählen. Es sei nur darauf hingewiesen, wie die beglückende Botschaft Gottes auch in der natürlichen Schöpfung von so vielen großen Heiligen hervorgehoben und gepriesen wurde: vom hl. Augustinus, hl. Anselm, hl. Franziskus von Assisi, hl. Bonaventura, hl. Thomas von Aquin, von Kardinal Newman und von Papst Pius XII.

Natürliche und weltliche Güter

Aber die wahre Würdigung, das volle Erkennen der hohen natürlichen Güter setzt folgendes voraus:

Erstens die klare Unterscheidung dieser wahren natürlichen Güter von weltlichen – wie Reichtum, Macht, Berühmtheit, Einfluß – die alle nur „utenda" sind und nie „fruenda". Darüber habe ich in meinem Buch „Über das Herz" ausführlich gesprochen und kann darum hier darauf verweisen. Die weltlichen Güter sind nicht in sich schlecht, keineswegs, aber sie bergen eine große Gefahr in sich – sie sind da, um gebraucht zu werden für etwas anderes, sie sollen Mittel sein, um Gutes zu tun, Positivwertiges zu schaffen – wozu ich auch alle kulturellen Güter rechne, auch als Mittel zu edlen, beglückenden Dingen – aber nicht um als solche erstrebt und genossen zu werden.

Zweitens erschließen die wahren hohen natürlichen Güter ihren letzten Wert nur in Christus, d. h. nur wenn ihre Bot-

[17] Plato, „Apologia" Nr. 41.

schaft von Gott dem unendlich Herrlichen verstanden wird, wie z. B. die Schönheit der Natur bei einem hl. Franziskus von Assisi. Nur wenn ihr Hinweis auf ein unendlich Höheres verstanden wird, wenn sie, wie der hl. Augustinus sagt, gleichsam zu uns sagen: Nicht wir sind die Quellen letzten Glückes. Es ist ein großes Mysterium, daß sie uns dann, wenn sie nicht als letztes Gut, ja nicht einmal rein in sich genommen werden, sondern im Glanze der unendlich überlegenen übernatürlichen Güter, im Lichte der unendlichen Schönheit und Heiligkeit Christi gesehen werden, erst ihr eigenstes „Höhengeheimnis" erschließen, ihren letzten Wert.

Drittens erhält alles seinen wahren Hintergrund, seine letzte Größendimension durch die Offenbarung Christi, durch das Erkennen des Sinnes unseres Lebens, durch den Charakter des „status viae", durch das Wissen um die Wahrheit des Versprechens, das in allen hohen natürlichen Gütern liegt. All die hohen natürlichen Güter weisen ja über sich selbst hinaus und enthalten gleichsam ein Versprechen, daß es ein ewiges Leben geben muß, eine absolute Welt, von der sie nur eine Botschaft sind. Wenn es kein Fortleben nach dem Tode, keine ewige Seligkeit gäbe – wären alle diese hohen irdischen Güter eine bloße Fassade, ein Schein, sie würden etwas versprechen, das nicht existiert.

Eine Ahnung davon hatte schon Plato. Aber erst in der Offenbarung Christi erfahren wir von der vollen Realität dessen, was die hohen natürlichen Güter irgendwie versprechen. Erst durch die Offenbarung Christi wird die tiefe Tragik, die gerade auch all die hohen natürlichen Güter umgibt durch den Tod, durch ihre Vergänglichkeit, aufgehoben und vor allem wird durch die Erlösung durch Christus der Weg geöffnet zu dieser Welt unvergänglicher Herrlichkeit, wo Gott alle Tränen trocknet.

Aber durch die Offenbarung Christi wird uns nicht nur die Welt übernatürlicher Glorie, die Welt der Heiligkeit, die unendlich alle höchsten natürlichen Güter, alle Schönheit übersteigt, erschlossen, sondern die Erlösung durch den Kreuzestod

Christi und die Mitteilung eines übernatürlichen Lebensprinzips in der Taufe eröffnet uns auch den Weg und gibt uns die Hoffnung auf die ewige Seligkeit. Dies aber verändert die Situation des „vallis lacrimarum“ von Grund aus. Gewiß, durch das Wissen um die wahre Situation des Menschen, durch die Alternative der ewigen Seligkeit und der ewigen Bestrafung, der Hölle, wird der Ernst des Lebens und die Tragik des „vallis lacrimarum“ in einer Hinsicht noch gesteigert. Gewiß, zu allem natürlichen Leid kommt noch die heilige Furcht vor der ewigen Verdammnis: „quod sum miser tunc dicturus, quem patronum rogaturus cum vix justus sit securus“. („Weh, was werd ich Armer sagen? Welchen Anwalt mir erfragen, wenn Gerechte selbst verzagen?“) Aber doch ist das ganze Leben im „status viae“, das „vallis lacrimarum“ durchstrahlt, erhellt, mit Licht erfüllt durch die Hoffnung, die Hoffnung auf die ewige „visio beatifica“, auf die unzerstörbare Liebesgemeinschaft „von Angesicht zu Angesicht“ mit Christus.

Der Primat der Freude vor allem Leid ist uns in Christus erschlossen und darum setzt der freudige Aspekt der Schöpfung gegenüber dem „vallis lacrimarum“ notwendig den absoluten Primat der übernatürlichen Güter gegenüber allen natürlichen Gütern, selbst den höchsten, voraus. Sobald der absolute Primat der übernatürlichen Güter nicht mehr gesehen wird, sobald die „glorificatio“ Gottes durch unsere Heiligung uns nicht mehr präokkupiert als alle natürlichen Güter – erblinden wir auch für den wahren Wert und die wahre Beglückung durch die natürlichen Güter, verlieren wir den Sinn für ihre Hierarchie und sogar das Verständnis für den Unterschied von weltlichen und hohen natürlichen Gütern. Und darum bedeutet die Schwergewichtsverlegung in das Diesseits keineswegs eine tiefere Würdigung der wahren natürlichen Güter. Die „positive“ Haltung, deren sich mancher rühmt, ist in Wirklichkeit ein unbegründeter Optimismus, den Bernanos mit Recht einen „Ersatz der Hoffnung für Dummköpfe und Feiglinge“ nennt. Sie beinhaltet ein Vergessen des Wortes Christi: „Was nützt es dem Menschen, wenn er die ganze Welt gewinnt, aber an seiner Seele Schaden leidet?“ [18]

Wir fassen zusammen. Erstens: Das Gerede von dem Vorrang des „Positiven“ – das Schlagwort: „Man muß den Strömungen der Zeit positiv entgegenkommen“, „Bejahen ist besser als Verneinen“, „das Anathema und die Exkommunikation sind zu negativ“ – ist ein törichter und gefährlicher Irrtum. Denn alles Nein zum Falschen, Unwahren, ist ebenso positiv wie alles Ja zur Wahrheit. Alles Nein zum Bösen ist ebenso positiv wie das Ja zum Guten – und obendrein sind beide unlöslich verknüpft. In jedem sachlich begründeten Nein zur Unwahrheit und dem Bösen ist implicite das Ja zur Wahrheit und die Liebe zum Guten enthalten und umgekehrt.

Zweitens ist alles vom Objekt losgelöste „positive“ Verhalten ein ebenso unwertiges Vorurteil wie das vom Objekt losgelöste „negative“ Verhalten.

Drittens ist der wahre Blick für die Tatsache, daß die Erde voll ist von der Glorie Gottes, notwendig verbunden mit der Tatsache, daß diese Erde ein „vallis lacrimarum“, ein Tränental ist. Sobald das eine zugunsten des anderen geleugnet wird, ist sowohl das Positive wie das Negative verfälscht.

Viertens setzt das wahre Verständnis für die hohen natürlichen Güter so sehr den absoluten Primat der übernatürlichen Güter voraus, daß durch die Schwergewichtsverlegung ins Diesseits, die „Verdiesseitigung“, der Blick für den wahren Wert der natürlichen Güter nicht gesteigert, sondern „mediokrisiert“ wird. Das vermeintliche Heraustreten aus dem Ghetto durch das primäre Betonen der Weltverbesserung ist in Wahrheit gar keine „positive“ Haltung, sondern ein Verlust der wahren Positivität. Die wahre Positivität kann ja nur zustande kommen durch den Blick auf die Ewigkeit, die Präokkupation mit der „glorificatio“ Gottes durch unsere Heiligung und ein Leben, das von dem Bewußtsein der Erlösung durch Christus und der Hoffnung, durch ihn zur „visio beatifica“ zu

[18] Mt 16/26.

gelangen, durchstrahlt ist: „Quaerite primum regnum Dei et omnia adjicientur vobis" („Suchet zuerst das Reich Gottes und alles Übrige wird euch hinzugegeben werden").

Die wahre Mission der hl. Kirche ist nicht die äußere Weltverbesserung, sondern die „glorificatio" Gottes durch die Heiligung der Menschen und ihre „salvatio". Ein Sieg der Schwergewichtsverlegung: Der Blick in die Zukunft statt in die Ewigkeit, die Investierung aller besten Kräfte für eine irdische glücklichere Zukunft der Menschheit, den Fortschritt zu einem „mondo migliore" (einer besseren Welt"), die Mobilisierung der Menschen für dieses Ideal, statt für die „glorificatio" Gottes, die Heiligung des Individuums und die ewige Seligkeit, würde nicht nur der Kirche ihre *raison d'être* nehmen, sondern auch die Menschen in das „sedere in umbra mortis" (das „im Todesschatten Sitzen") zurückstoßen.

Es hat in der ganzen Geschichte der Kirche einen Unterschied zwischen zwei Stellungen zu hohen natürlichen Gütern gegeben. Man hat den einen als positiven, den andern als negativen Weg bezeichnet und Abt Butler hat auf diese zwei Wege in der Kirche in seinem Buch hingewiesen.

Es gibt eine Auffassung, nach der für die volle Hingabe an Gott in Christus eine völlige Abkehr von allen natürlichen Gütern unerläßlich ist. Man darf nur Gott „propter se ipsum" lieben, alle natürlichen Güter sind nur Mittel dazu. Nur Gott ist das wahre Objekt des „frui", alles übrige sind nur Objekte für ein „uti". Dies war die Auffassung des hl. Augustinus kurz nach seiner Bekehrung, in der Zeit der „Soliloquien". Aber später änderte er seine Einstellung zu natürlichen Gütern und forderte nur, daß man alles in Gott liebe und Gott selbst unendlich mehr: „Liebe Deine Frau, o Mann und Deinen Mann, o Frau – aber liebe Christus noch mehr".[19]

Ich habe auf diesen Unterschied in verschiedenen Publikationen hingewiesen.

---

[19] Vgl. dazu: „Uti und Frui" von Dr. Alice Jourdain. Master Dissertation, Fordham University, 1946.

Bei Dionysius Areopagita finden wir die „negative" Einstellung zu den natürlichen Gütern ebenso wie in der „Nachfolge Christi" des Thomas a Kempis und beim hl. Johannes vom Kreuz, hingegen bei dem späteren hl. Augustinus, beim hl. Bonaventura, bei der hl. Katharina von Siena, beim hl. Franz von Sales, bei Newman die „positive". Beide sind in der hl. Kirche anerkannt als völlig verträglich mit der christlichen Offenbarung. Ich gestehe, daß ich in all meinen Schriften für die „positive" Haltung gegenüber den natürlichen Gütern eingetreten bin, indem ich auf die positive Mission der natürlichen Güter, uns zu Gott hinzuführen, hingewiesen und die Möglichkeit und den Wert des „amare in Deo" hervorgehoben habe.

Aber die Termini „positiv" und „negativ" haben hier wieder eine ganz andere Bedeutung und diese beiden Wege, der positive und der negative sind beide der jetzt als positiv gepriesenen Schwergewichtsverlegung in das Diesseits in gleicher Weise radikal entgegengesetzt. Denn in beiden der früher in der Kirche vorhandenen klassischen Wege ist ja der absolute Primat der übernatürlichen Güter zu finden. In beiden ist von einer Schwergewichtsverlegung in das Diesseitige nicht die Rede; in den Vertretern der positiven Richtung ist die Präokkupation mit der „glorificatio" Gottes, mit dem „commerce intime" mit Jesus zu finden, beide sind auf die Ewigkeit und nicht auf die irdische Zukunft gerichtet, in beiden ist dieselbe leidenschaftliche Liebe zur Heiligkeit und das Streben nach Heiligung da, in beiden spielt die „contemplatio" neben der „actio" eine große Rolle, in beiden steht die Vermeidung aller Beleidigung Gottes durch Sünden an erster Stelle. Man sieht also ohne Mühe, daß im Schlagwort: Seien wir vor allem positiv, beschäftigen wir uns weniger mit der Verurteilung der Häresien und der Ablehnung und Bekämpfung der Sünde, sondern mehr mit der Verbesserung der sozialen Umstände in der Welt – etwas vorliegt, was mit dem Unterschied von „positiver" und „negativer" Einstellung zu den echten hohen natürlichen Gütern nichts zu tun hat.

Der Einbruch des Kollektivismus in die heilige Kirche

Wir wollen uns jetzt einer anderen unseligen Verirrung zuwenden, die mit der Schwergewichtsverlegung in das Diesseits und zwar in die humanitäre Verbesserung der Welt zusammenhängt, und zwar im besonderen mit der Ersetzung der Ewigkeit durch die irdische Zukunft. Es ist der Kollektivismus und das Zurückstellen der Einzelperson unter dem Schlagwort, daß wir in einer Zeit leben, in der der Sinn für Gemeinschaft erwacht ist und auch in der Kirche das „Kollektivistische" betont werden muß – so sagt z. B. Pater Lombardi in seinem Buch.[20] Diese kollektivistische Tendenz kommt ja vor allem in dem neuen Missale zur Geltung.

Man glaubt, daß diese Tendenz ein großer Fortschritt ist, eine Überwindung eines religiösen Egoismus, des „Devotionalismus", ein Durchbruch zu einer neuen Weite. Aber dies ist leider eine große Illusion. Man verkennt – was ich schon vorher erwähnte – daß alle Betonung der Gemeinschaft auf Kosten der Würde und des Wertes der Einzelperson nicht nur in sich eine Verirrung ist, sondern auch nie zur wahren Gemeinschaft führt, sondern nur zu einem Kollektiv. Man vergißt, daß die Person höher steht als irgend eine natürliche Gemeinschaft, wie Max Scheler richtig hervorhob. Der Staat und die Nation haben ein längeres Leben als der Mensch. Aber nur der Mensch hat eine unsterbliche Seele, nur er transzendiert die irdische Existenz – Staaten und Nationen hingegen sterben einmal und damit versinken sie im Nichts. Aber auch abgesehen davon ist die individuelle Person eine volle Substanz, die natürlichen Gemeinschaften sind es nicht. Der Unterschied von personal und apersonal ist der größte Unterschied ontologischer Art – abgesehen von dem von endlich und unendlich, wie wir schon sahen.

[20] „Für eine bessere Welt".

Die ganze Überlegenheit der individuellen Person gegenüber allen natürlichen Gemeinschaften leuchtet aus dem herrlichen Wort Kierkegaard's hervor, wenn er die Überlegenheit des Individuums gegenüber der Spezies betont: „. . . Die Menschheit unterscheidet sich von einer Tiergattung nicht nur durch ihre allgemeine Überlegenheit als Gattung, sondern durch das Merkmal des Menschen, daß jeder einzelne innerhalb der Gattung (nicht nur besondere Individuen, sondern jedes Individuum) höher steht als die Gattung." [21] Und: „In der Tierwelt ist das Individuum immer weniger wichtig als die Gattung. Es ist aber die Eigentümlichkeit der Gattung Mensch, daß das Individuum über der Gattung steht, weil es als Ebenbild Gottes geschaffen ist." [22]

In meinem Buch „Metaphysik der Gemeinschaft" habe ich auf zwei verschiedene Dimensionen der Gemeinschaft – die Ich-Du- und die Wir-Gemeinschaft – hingewiesen. In allen Beziehungen zu Menschen werden beide Dimensionen je nach der Situation aktualisiert. Aber gewisse Beziehungen sind als Ganzes mehr Ich-Du-Gemeinschaften – wie die eheliche Gemeinschaft – während in der Gemeinschaft von Geschwistern die Wir-Dimension vorherrscht.[23]

In der Ich-Du-Situation steht man sich gegenüber. Für beide ist das „Du" das Thema. In der Wir-Beziehung steht man gleichsam nebeneinander und reicht sich die Hand, man blickt zusammen auf ein Gut, eine Wahrheit, einen anderen Menschen.

---

[21] „Mankind differs from an animal race not merely by its general superiority as a race, but by the human characteristic that every single individual within the race (not merely distinguished individuals but every individual) is more than the race. Sören Kierkegaard, „Point of view for my work as an Author", S. 89.

[22] „In the animal world ‚the individual' is always less important than the race. But it is the peculiarity of the human race that just because the individual is created in the image of God ‚the individual' is above the race. „Journals", S. 187. Torch Books, Harper and Row, New York.

[23] Vgl. auch mein Buch „Zölibat und Glaubenskrise", S. 25 ff.

Von diesem Unterschied müssen wir aber einen anderen trennen, der für unseren Zusammenhang von besonderer Wichtigkeit ist. Wir meinen die Gemeinschaft, die sich auf eine Ich-Du-Beziehung – auf irgend einen Typus von Liebe – aufbaut, einerseits und die Gemeinschaft mit vielen anderen Menschen, die wir als Individuen nicht kennen, mit denen wir aber einen Gemeinschaftscorpus aufbauen, andererseits. Dies ist z. B. bei dem Staat und der Nation der Fall. Hier sind wir Teile des Gemeinschaftscorpus und die Verbundenheit mit allen andern Gliedern ist durch die Beziehung des einzelnen zum Gesamtcorpus hergestellt – bzw. sie ist eine Folge der Teil-Ganzes-Beziehung des einzelnen zum Gemeinschaftscorpus.

Die menschliche Person ist für beide Arten der Gemeinschaft bestimmt, sowohl für die Ich-Du-Gemeinschaft als auch für das Leben in einer Gemeinschaft. Sie hat die Fähigkeit, mit anderen einen Gemeinschaftscorpus aufzubauen. Wir können das volle Wesen der menschlichen Person nicht wirklich erfassen, wenn wir ihre Fähigkeit zu beiden Typen von Gemeinschaft und ihre Zuordnung zu ihnen nicht verstehen. Die individuelle Person ist – wie ich in „Metaphysik der Gemeinschaft" sagte – einerseits eine Welt in sich wie kein anderes Gebilde und zugleich zu einer Beziehung zu anderen Menschen fähig, die alles sonstige Vereintsein in der impersonalen Welt weit überholt – selbst das „Nebeneinander" in der Fusion verschiedener Substanzen zu einer einzigen Substanz. Aus diesen Gründen ist jeder Versuch, die Gemeinschaft über die individuelle Person zu stellen, bzw. sie auf Kosten der individuellen Person zu preisen, völlig abwegig. Aber nun ist die Verkennung der Würde und des Wertes der individuellen Person nicht nur eine der schwerwiegendsten Verirrungen, sondern – wie ich schon sagte – wird damit von vornherein das Wesen der wahren Gemeinschaft unterhöhlt und die Gemeinschaft durch ein bloßes Kollektiv ersetzt. Aber auch die Person kann nie voll verstanden werden, wenn man ihre Fähigkeit und Zuordnung zu beiden Typen von Gemeinschaft übersieht.

Person und Gemeinschaft sind einander so zugeordnet, daß man nur Würde und Wert der echten Gemeinschaft erfassen kann, wenn man die einzigartige Würde der Person, diese neue Welt des Seins in ihr erfaßt.

Das volle Verständnis für das Wesen der Gemeinschaft und ihren Wert setzt daher die ontologische Überlegenheit der individuellen Person gegenüber allen natürlichen Gemeinschaften voraus. Aber andererseits gehört es wesentlich zur menschlichen Person, daß sie für die Gemeinschaft geschaffen ist – und nur Personen sind fähig zur Gemeinschaft.

Wir müssen nun verstehen, daß die wahre Transzendenz und die Überwindung des Egoismus sich nur in der Hingabe an ein Du und nicht in dem Bewußtsein, ein Teil eines größeren Ganzen zu sein, ergibt.

Die wahre Transzendenz und die wahre Überwindung allen Egoismus ergibt sich primär in der Hingabe an Gott: „Fecisti nos ad te, Domine" sagt der hl. Augustinus. Dies ist die Ich-Du-Beziehung, für die die Person primär geschaffen ist. Diese Zuwendung allein sprengt allen Immanentismus, alles Gefangen-Sein in uns selbst und allen Egoismus. Dies ist, wie wir sehen werden, die wahre Weite. Nur durch diese Ich-Du-Hingabe allein können wir aus dem „Ghetto" unserer Ichbefangenheit und Enge befreit werden. Nur in dieser Befreiung gelangen wir gleichzeitig zur vollen Entfaltung unseres wahren Selbst – im Unterschied von dem heute gepriesenen „selffulfillment", das ein mediokres Sich-Einsperren in das Ghetto unserer Ichbefangenheit ist. Wie Christus sagt: „Wer sein Leben verliert um meinetwillen, wird es finden".[24]

Natürlich liegt auch in der Nächstenliebe, die – wie wir sahen – in der Liebe zu Christus fundiert ist und sie wesenhaft voraussetzt, ein wahres Transzendieren und eine wahre Überwindung des Egoismus. Aber die Nächstenliebe ist ja auch auf ein Du, eine individuelle Person gerichtet – wenn auch jeder andere Mensch durch eine bestimmte Situation mein Nächster

[24] Mt 10, 39.

werden kann. Ja, auch in aller wahren Liebe – sei es Eltern- oder Kindesliebe, Freundschaft oder bräutliche Liebe – liegt eine Transzendenz vor, wenn auch wieder anderer Art als die in der Nächstenliebe und in der Gottesliebe.[25]

In dem Bewußtsein, Teil eines Ganzen zu sein, Glied einer natürlichen Gemeinschaft, liegt im Gegensatz zu der Hingabe an ein individuelles Du weder die Transzendenz noch eine wirkliche Überwindung des Egoismus vor. In diesem Sinn sagt Dostojewski: Die Liebe zur Menschheit ist in den meisten Fällen nur Selbstliebe (im Gegensatz zur Nächstenliebe). Das Bewußtsein, ein bloßer Teil eines viel Größeren zu sein, sowie das Bewußtsein, daß dieses Ganze viel wichtiger und bedeutsamer ist als ich und mein Eigenleben, befreit mich weder von dem Egoismus, noch läßt es mich mein wahres Selbst in der gottgewollten Weise finden.

Dieses „Sich-klein-Fühlen“ gegenüber dem Ganzen, das im Pantheismus mich als bloßes kleines Staubkorn im All empfinden läßt, führt leicht zu einem falschen „Sich-Verlieren“, einer Entpersonalisierung, und die Vorstellung, ein realer Teil des großen Ganzen zu sein, gleichzeitig zur Befriedigung des Hochmutes. Wir haben schon im „Trojanischen Pferd“ auf die Verlegung der Befriedigung des Hochmutes in das Ganze, dessen Teil wir sind, hingewiesen. Von Kühnelt-Leddhin nennt diese Haltung witzigerweise „Nostrismus“. Wir begegnen ihm im Nationalismus. Diese Leute sagen vielleicht: Ja, ich bin nichts; aber das Land, dem ich angehöre, ist das bedeutendste und hervorragendste der Welt. Ebenso im „Epochalismus“, bei dem der einzelne vielleicht sagt: Gewiß, ich bin nichts besonderes; aber ich lebe in der Epoche, die allen früheren überlegen ist – wobei er die Zeit, in der er lebt, als die fortgeschrittenste, kulturell, moralisch allen früheren überlegene betrachtet und mit Verachtung auf alle vergangenen Zeiten herabblickt. Die bloße Tatsache, in dieser modernen Zeit zu leben und mit dem

[25] Über die verschiedenen Formen von Transzendenz vgl. mein Buch über „Das Wesen der Liebe“.

„Zeitgeist" mitzuschwingen, befriedigt ihren Hochmut. Etwas Analoges liegt bei allen Versuchen des Hinauswachsens über die Enge des Eingeschlossenseins in unserem Selbst in der falschen Richtung vor. An die Stelle der Hingabe an ein Du tritt das Ein-Teil-Sein eines Gemeinschaftscorpus. Uns kommt es hier auf die Gefahr der Entpersonalisierung im Kollektivismus an, die man fälschlich für ein Heraustreten aus dem Ghetto unseres Egoismus und für eine befreiende Transzendenz hält. In Wirklichkeit ist dieses Schwinden des Interesses am Individuum zugunsten einer Gemeinschaft ein Herabsinken in eine Entpersonalisierung und Zerstörung der wahren Gemeinschaft, die dadurch zu einem Kollektiv absinkt.

Der Kollektivismus und die Entpersonalisierung sind spezifische Merkmale unserer Epoche. Ihr fortschreitender Sieg in der heutigen Zeit wird von vielen verkannt und mit Schlagworten wie „global" gepriesen, ja als ein „Näher-zu-Gott-gezogen-Werden", über unseren Kopf hinweg, interpretiert.

Über den Kollektivismus im Kommunismus brauchen wir nicht zu sprechen. Aber dieser kollektivistische Zug ist leider nicht auf die kommunistischen Länder beschränkt. Er macht sich in anderer Form auch in den Ländern geltend, die besonders stolz auf ihre demokratische Verfassung sind und ständig das Wort Demokratie im Munde führen. Mehr und mehr wird vom Staat in die heiligen humanen Rechte des Individuums eingegriffen durch Gesetze, in sein intimes Leben, wie wir in Kap. 4 gezeigt haben. In Amerika ist es zwar unter dem Schlagwort der Trennung von Staat und Kirche in den Schulen den Lehrern verboten von Gott zu sprechen – gleichzeitig aber wird eine atheistische und amoralische Weltanschauung aufoktroyiert. Aber die Entpersonalisierung, die Nichtachtung vor der individuellen Person, die Gehirnmassage ist nicht nur auf Amerika beschränkt. Sie wird mit wenigen Ausnahmen überall durch die so hoch gepriesenen Massenmedien Radio und Fernsehen ausgeübt. Wir haben ja über diesen Punkt schon ausführlich gesprochen.

Hier genügt es, auf die in unserer Zeit herrschende kollektivistische und entpersonalisierende Tendenz noch einmal hinzuweisen.

Bisher war es immer eine der glorreichen Aufgaben der hl. Kirche, gefährliche Tendenzen, die in einer Epoche gleichsam die Luft erfüllen und eine historisch soziologische Aktualität besitzen, zu bekämpfen und diesen Gefahren besonders entgegenzuwirken. In der Zeit des Rationalismus betonte die hl. Kirche die Grenzen der Vernunft, in der Zeit der Romantik wurde die Bedeutung und Mission der Vernunft hervorgehoben. In der Zeit des Liberalismus wurden in dem herrlichen Syllabus von Pius IX. die Gefahren des Liberalismus aufgedeckt. In den verschiedenen Verurteilungen des Kommunismus und in der wunderbaren Enzyklika „Mit brennender Sorge" wurde der Gefahr des Kollektivismus, der Statolatrie[26] und der Entpersonalisierung entgegengetreten. Heute aber hört man immer wieder: Die Kirche müsse mit der Zeit gehen, das „aggiornamento" sei unerläßlich, damit sie lebendig, ja sogar am Leben bleibe. Ja, man verbindet mit der Anpassung an die Zeit das berühmte Heraustreten aus dem Ghetto. Und dabei vergißt man die Worte dessen, der den Begriff „aggiornamento" geprägt hat – Papst Johannes XXIII. – der sagte: Die Kirche muß den verschiedenen Ländern und Zeitepochen ihr Gesicht aufprägen – nicht umgekehrt.

Es ist kein Zweifel, daß mit der Verlegung des Schwergewichts vom Jenseits in das Diesseits, von der Heiligung der individuellen Person auf die äußere Weltverbesserung, von der Ewigkeit auf die irdische Zukunft, eine Entpersonalisierung und ein Kollektivismus Hand in Hand geht. Sobald die Frage der „glorificatio" Gottes und der ewigen Seligkeit zurücktritt hinter dem „Fortschritt" der Welt und der Weltverbesserung, wird der letzte Ernst des Schicksals jeder einzelnen Seele nicht mehr verstanden, wird die unvergleichliche Überlegenheit der individuellen Person über alle natürlichen Gemeinschaften

---

[26] Vergottung des Staates.

nicht mehr erkannt. So sagt Kardinal Newman: „Die Kirche ... sieht das Tun dieser Welt und das Tun der Seele als einfach inkommensurabel an, wenn man sie ihrer verschiedenen Ordnung nach betrachtet; sie würde lieber die Seele eines einzigen wilden Räubers in Kalabrien oder eines winselnden Bettlers in Palermo retten, als hundert Eisenbahnlinien kreuz und quer durch ganz Italien ziehen oder in allen Einzelheiten eine gesundheitliche Reform in jeder Stadt Siziliens durchführen, es sei denn, diese großen nationalen Werke bezweckten darüber hinaus ein geistliches Gut.“ [27]

Sobald man die unvergleichliche Bedeutung einer unsterblichen Seele gegenüber allen sozialen Verbesserungen und zivilisatorischen Fortschritten nicht mehr sieht, ist man dem Kollektivismus und der Entpersonalisierung zum Opfer gefallen.

Man braucht nur an die unseligen Dialoge mit den Kommunisten zu denken, bei denen man durch den äquivoken Gebrauch des Terminus Zukunft eine illusionäre gemeinsame Basis finden will. Hier wird der Primat der Seele des einzelnen völlig preisgegeben.

Aber auch in der freundlichen Haltung den Kommunisten gegenüber – in der Illusion durch geduldiges Entgegenkommen sie zu gewinnen und sogar zum Katholizismus zu bekehren, tritt diese Tendenz hervor. Statt dieser katastrophalen Gefahr des Kollektivismus entgegenzuwirken, sieht man in ihm ein Zeichen der Zeit, dem man soweit als möglich entgegenkommen müsse.

Man vergißt, daß sich Christus immer an die Einzelseele wendet, wie es Kierkegaard betont hat: Gott kennt nur das Individuum und nicht die Masse.[28]

Die heilige Gemeinschaft unter den Christen kann nur als Frucht der Liebe zu Christus erwachsen, wie wir vorher sahen. Diese hl. Gemeinschaft muß durch die ganz persönliche

---

[27] Vgl. John Henry Newman, „Die Kirche und der Zustand der Welt“, Zeugen des Wortes, Herder 1949.

[28] Kierkegaard, „Pureté de Coeur“, Regis Olivet „Introduction Kierkegaard“, Edition de Fontenelle.

intime Verbindung mit Christus hindurchgehen. Das Wort Christi: „Wo zwei oder drei in meinem Namen versammelt sind, bin ich mitten unter ihnen" [29], wird oft falsch interpretiert. Man glaubt, daß man durch die Gemeinschaft als solche Christus gleichsam in unsere Mitte zieht. Man vergißt die entscheidende Bedeutung dessen, was das „im Namen Christi" bedeutet und fordert. Das „in meinem Namen", von dem Christus auch spricht, wenn er von dem Gebet zu Gott spricht, das erhört werden wird – schließt vieles ein und darf nicht mit dem bloßen Zweck oder Ziel einer Gemeinschaft gleichgesetzt werden.

Es schließt den vollen Glauben an Christus ein und die tiefe Liebesverbundenheit mit Christus in jedem einzelnen und das Sich-Begegnen in Christus, wobei zu der Verbundenheit der Einzelseele mit Jesus eine ganz neue nur durch Ihn und in Ihm mögliche heilige Verbundenheit mit den anderen entsteht. Wie tief die Verbundenheit mit Christus ist, die das „im Namen" enthält, kommt an der Stelle zum Ausdruck, an der Christus sagt: „Bis jetzt habt ihr den Vater noch nicht in meinem Namen gebeten". Durch das „im Namen Jesu" wird das Gebet zu Gott zu etwas völlig Neuem, es erhält eine völlig neue Qualität. Es ist nicht nur die Beziehung der Fürbitte – nicht nur wie bei der Anrufung der hl. Jungfrau oder eines Heiligen, durch deren Fürbitte unser Gebet in den Augen Gottes mehr Gewicht erhält. Es ist ein Gebet in Jesus – aus Seinem Geist, aus der tiefen übernatürlichen Verbundenheit mit Ihm.

Auf der anderen Seite offenbart das Wort: „Wo zwei oder drei in meinem Namen versammelt sind" den unerhörten Wert, den Christus dieser in Ihm verwurzelten Gemeinschaft beimißt. Daß er selbst gegenwärtig sein wird, wenn man in Seinem Namen versammelt ist, zeigt die ganze Bedeutung dieser heiligen Gemeinschaft.

Nun kommt es aber darauf an, diese einzigartige hl. Gemeinschaft mit andern Menschen scharf von allen natürlichen

---

[29] Mt 18/20.

Gemeinschaften zu trennen, in denen man sich im Namen irgendeines Ideals zusammenschließt oder gar im Namen irgendeines praktischen Zweckes. Eine besondere Gefahr, die mit der Verdiesseitigung, der Tendenz das Sakrale und Profane nicht mehr klar zu trennen und dem Kollektivismus verbunden ist, ist das Erblinden für den einzigartigen Charakter der hl. Gemeinschaft in Christus und für den Weltenunterschied zwischen dieser und rein natürlichen Gemeinschaften.

Wir werden dies noch besser verstehen, wenn wir uns kurz die verschiedenen Formen der Gegenwart Christi klar machen. Die erste ist die Gegenwart Christi in unserer Seele, von der der hl. Paulus sagt: „Vivo jam non ego, vivit enim in me Christus.“ [30] Es ist die Gegenwart Christi, wenn Er Sein Reich in einer Seele aufgebaut hat, wenn Christus sagt: „Ille in me et ego in illo.“ [31]

Von dieser zentralen Gegenwart in der Einzelseele, die natürlich auch die in der Taufe sich vollziehende Eingießung des übernatürlichen Lebensprinzips voraussetzt, müssen wir die Gegenwart Christi trennen, das In-der-Mitte-Sein derer, die in Seinem Namen versammelt sind. Dies ist eine neue Art der Gegenwart, die aber die erst genannte in der Einzelseele voraussetzt.

Wir sprechen hier nur von den verschiedenen Arten der Gegenwart Christi und nicht von der Verbundenheit mit Christus. Diese liegt natürlich in eminentem Maß in dem Ein-Glied-des-mystischen-Leibes-Christi-Sein vor. Mit dem neuen übernatürlichen Lebensprinzip in der hl. Taufe ist diese Verbundenheit mit Christus als Glied seines mystischen Leibes unlöslich verknüpft.

Eine ganz neue Art der Gegenwart Christi liegt in dem Altarsakrament vor. Das große Wunder der Wandlung in der hl. Messe, der Konsekration, besteht ja darin, daß Brot in den wirklichen Leib Christi und Wein in das wirkliche Blut

[30] Gal. 2/20.
[31] Jo 6/57.

Christi verwandelt wird. Diese leibliche Gegenwart Christi in der konsekrierten Hostie ist etwas völlig Verschiedenes von Seiner Gegenwart in der Mitte der in Seinem Namen Versammelten.[32]

Von dieser leiblichen Gegenwart im hl. Meßopfer müssen wir wieder die ganz neue einzigartige Verbundenheit mit Christus in der hl. Kommunion trennen, die geheimnisvolle Verbindung, die aus der Tatsache erwächst, daß der einzelne den realen Leib Christi als Speise empfängt.

Auf dem Hintergrund dieses kurzen Hinweises auf die verschiedenen Arten der Gegenwart Christi und der Verbundenheit mit ihm wollen wir nun die Gefahr der Betonung des Kollektivistischen ins Auge fassen.

Indem man das Mahl gegenüber der unblutigen Erneuerung des Kreuzesopfers oder der Gegenwärtigsetzung desselben in der hl. Messe in den Vordergrund rückt, wird die Gemeinschaft mit den anderen Gläubigen zur Hauptsache gemacht. Erstens wird das Hauptthema der hl. Messe: die Gegenwärtigsetzung des Kreuzesopfers, durch die Gott unsagbar verherrlicht wird, in den Hintergrund gerückt. Man vergißt, daß die „glorificatio" Gottes das Zentrum der hl. Messe ist und daß es jedem einzelnen und zwar zusammen mit allen andern Gläubigen vergönnt ist, an dieser „glorificatio" teilzunehmen, die der Priester als Stellvertreter Christi vollzieht. Das fand früher in der Zuwendung des Priesters zum Altar einen tiefen Ausdruck: der Gläubige blickte mit dem Priester auf den Altar, er wurde, ihm folgend in das Geheimnis des hl. Opfers einbezogen. Das war ein tiefer, christozentrischer Gestus: Der Priester,

[32] Henri de Lubac berichtet in seinem Buch „Le Surnaturel", daß diese Gegenwart, die heute als mystische Gegenwart bezeichnet wird, in der ersten Zeit als reale Gegenwart bezeichnet wurde und die in der Gegenwärtigkeit in der konsekrierten Hostie als die mystische. Dies ändert aber nichts an der radikalen Verschiedenheit beider. Die spätere Bezeichnung – auch die des Tridentinums – die von der wirklichen Gegenwart in der Hl. Messe spricht, ist jedenfalls viel adäquater, weil sie eine leibliche Gegenwart darstellt.

der Christus vertritt, ist auch in der hl. Messe Mediator, dem wir folgen - der selbst ganz auf Gott gerichtete Mediator. Und nun kommt die einzigartige geheimnisvolle Verbindung der Einzelseele mit Jesus in der hl. Kommunion. Das ist ein sich organisch an das Hauptthema der hl. Messe anschließendes neues Thema. Erst die volle Richtung Christi auf den Vater, diese letzte Hingabe an ihn und dann die Zuwendung Christi zu jeder Einzelseele, die überfließende Liebe Christi, das in jedem einzelnen als Speise in leiblicher Gegenwart Eingehen und zugleich in Ihn Aufgenommen-Werden. Durch diese Verbindung Christi mit jeder Einzelseele erwächst dann eine einzigartige Verbundenheit, Einheit mit allen, die Seinen heiligen Leib empfangen. Unfaßbares Geheimnis: Er bleibt derselbe, es ist Sein identischer Leib, den alle empfangen - ungeteilt - und dadurch entsteht noch eine hl. Einheit mit allen anderen Gläubigen, die noch über das In-Seinem-Namen-Versammelt-Sein weit hinausgeht.

Aber sobald man das gemeinsame Mahl zum Hauptthema macht, liegt ein Versuch vor, all das ungleich Wichtigere zu überspringen. Damit wird auch die hl. Gemeinschaft, das übernatürliche Mahl verfälscht. Hier liegt auch eine spezifische Infektion durch den Kollektivismus vor - ein Betonen der Gemeinschaft auf Kosten der individuellen Person. Und dabei wird gerade das, was man betonen will, die Gemeinschaft, *nicht* erreicht. Denn diese heilige Gemeinschaft - wenigstens das Bewußtsein der hl. Gemeinschaft - mit den andern, der Charakter des heiligen Mahles, das von allen natürlichen Gemeinschaften radikal verschieden ist, kann nie erreicht werden, wenn die wahre Rangordnung zerstört wird. Die wahre heilige Rangordnung: Erst die „glorificatio“ Gottes, wobei der anbetende Blick ausschließlich auf Gott gerichtet ist, dann die intime Liebesvereinigung mit Jesus in der hl. Kommunion und endlich die sieghafte hl. Verbundenheit mit allen gegenwärtigen Gläubigen, aber über diese hinaus mit der ganzen hl. Kirche. Sobald man direkt auf diese Gemeinschaft abzielt und die hl. Rangordnung ignoriert, gelangt man nie zu ihr und ersetzt sie wenigstens subjektiv, durch die profane Verbundenheit, wie sie in einem Veteranenverein vorliegt. Die Erblindung für das Heilige, die Säkularisierung geht hier Hand in Hand mit der Überbetonung des „Kollektivistischen", dem Sieg des Kollektivismus.

Demokratisierung der Kirche

Nachdem wir auf die furchtbare Gefahr der Infektion durch den Kollektivismus hingewiesen haben, die mit der Schwergewichtsverlegung von der Ewigkeit in das Diesseits Hand in Hand geht und zwar als eine logische Konsequenz dieses Urfehlers, wollen wir uns noch einer anderen verhängnisvollen Folge derselben kurz zuwenden: der „Demokratisierung" der Kirche.

Auch hier, wie bei dem Kollektivismus weht uns die ganze mediokre Atmosphäre der heutigen Welt entgegen anstelle des heiligen Lichtes, das von oben kommend verklärend die Welt umgestaltet. Und dieses Licht auszustrahlen gehört zu den Wesenszügen der glorreichen hl. Kirche. Es ist ihre Aufgabe alle neuen Probleme, die sich aus der objektiven Situation ergeben, im Geiste Christi zu beantworten. Sie muß uns immer wieder die Stimme Christi vernehmen lassen und darf sich nicht dem Zeitgeist anpassen. Denn wir dürfen nie vergessen: Wenn auch die Kirche sich *in* der Welt befindet, so ist sie doch nicht *von* dieser Welt. Trotz aller Unvollkommenheit ihrer Glieder legt sie doch auch in ihrer äußeren Struktur ein Zeugnis von ihrer göttlichen Institution ab.[33]

---

[33] Kardinal Journet hat schon früher und Jacques Maritain in seinem letzten Buch auf den Unterschied der Kirche als Braut Christi, als einer Person für sich und den einzelnen Gliedern der Kirche hingewiesen, die Menschen sind. Die Kirche hat nie gesündigt, mögen auch viele ihrer Glieder schwere Sünden auf sich geladen haben, und zwar nicht nur Laien, sondern auch Mitglieder des Klerus bis hinauf zu den Päpsten. Unser besonderes Thema ist aber hier ein anderes.

Die Kirche ist nicht nur die „sponsa Christi", sondern auch die Mutter der Heiligen. Sie hat ihre Identität durch allen Wandel der Geschichte als Künderin und Beschützerin der Offenbarung Christi bewahrt. Uns kommt es darauf an zu zeigen, daß, sobald uns dieser ihr heiliger Glanz nicht mehr berauscht und glühende Liebe in uns erweckt, wir das Verständnis dafür verlieren, daß in ihr andere Gesetze herrschen als selbst in einer vollkommenen Welt und das, was in einer rein natürlichen Sphäre gut und nützlich ist, nicht ohne weiteres auf sie anwendbar ist. Demokratie ist zweifellos - wenn richtig verstanden - etwas Gutes im Staat. Der primäre Wert der Demokratie liegt in ihrem Respekt für die unantastbaren menschlichen Rechte der individuellen Person, in dem radikalen Gegensatz zu allem totalitären Eingreifen des Staates in die Sphäre der Rechte, die der Mensch von Gott direkt empfangen hat und die sich auf die Gestaltung seines privaten Lebens beziehen. Mit der totalitären Konzeption des Staates geht die Auffassung Hand in Hand, daß die einzelne Person primär für den Staat da sei, daß der Staat an Wert die individuelle Person überrage. Die wahre Demokratie hingegen geht von der Würde der einzelnen Person aus und tritt der Betrachtung des Menschen als bloßes Mittel für den Staat schroff entgegen. Im Kommunismus - und früher im Nationalsozialismus - findet die totalitäre Antithese zu aller wahren Demokratie ihre volle Verkörperung. Im Faschismus Mussolinis herrschte schon in milder Form - und nicht so konsequent durchgeführt - die Hegel'sche These, daß der Staat ein höheres Gebilde sei als die individuelle Person, daß die menschliche Person primär als ein Glied des Staates anzusehen und ihr Wert danach zu bemessen sei, was sie für den Staat leiste. Unnötig zu sagen, daß jede totalitär gefärbte Geistesart mit dem Kollektivismus Hand in Hand geht. Die recht verstandene wahre Demokratie, die sich nicht primär auf die politische Form eines Staates, sondern auf das richtige Verhältnis des Staates zu der individuellen Person bezieht, und die Erkenntnis, daß die Person keineswegs primär ein Glied des Staates ist und in dieser Funktion aufgeht, ist auch allem Kollektivismus entgegengesetzt.

Aber die Demokratie beinhaltet über den ersten und wichtigsten Zug des Anti-totalitären hinaus auch eine Beteiligung aller Glieder des Staates an der Regierung der „res publica". Sie bejaht nicht nur die heiligen menschlichen Rechte der Person, sondern räumt dieser auch politische Rechte ein. Darüber hat Maritain viel geschrieben und auf den Wert auch dieses Aspektes der Demokratie hingewiesen. In dieser Hinsicht bildet die Demokratie eine Antithese auch zum autoritativen Staat. Die Antithese zum Totalitarismus aber ist natürlich viel wichtiger – das ist ein viel höherer Wert der Demokratie. Der Totalitarismus ist ein grauenvoller Irrtum, ein Greuel in den Augen Gottes und mit der christlichen Offenbarung völlig unvereinbar. Die Demokratie als Antithese zu einer autoritären Staatsform mag besser sein als diese und, wenn nicht außerordentliche Situationen eine zeitweilige autoritäre Struktur erfordern, Gott wohlgefälliger sein. Aber alle autoritären Regierungen – wie die Monarchien früherer Zeit oder gewisse Oligarchien wie in Venedig – können nicht als solche als ein Greuel in den Augen Gottes bezeichnet werden, noch als unvereinbar mit dem Evangelium Christi. Den Staat des hl. Ludwig z. B., der keine Spuren von Totalitarismus aufwies, kann nur ein voreingenommener Mensch als etwas rein Negatives betrachten. Es sei aber ausdrücklich betont, daß die rein politische Demokratie, d. h. eine Staatsform, in der einem aus dem allgemeinen Wahlrecht hervorgegangenen Parlament die Regierung der „res publica" anvertraut ist, in keiner Weise ausschließt, daß dieser Staat in Totalitarismus verfällt und sich an den heiligen Rechten der individuellen Person vergreift. Solch ein politisch demokratischer Staat kann durchaus totalitär werden. Und wenn dann die Menschenrechte des einzelnen mißachtet werden, wenn er vergewaltigt wird vom Staat – was macht es für einen Unterschied, ob dies von einem einzelnen ausgeht oder von einer Mehrheit? Das Unglück für den einzelnen ist gleich groß und der Greuel in den Augen Gottes ebenso.

Daß die Kirche die individuelle Person in ihrem vollen Wert erkennt und die Überlegenheit der unsterblichen Seele des einzelnen über alle natürlichen Gemeinschaften, braucht nicht erwähnt zu werden. Die Lehre der hl. Kirche bildet die äußerste Antithese zu allem totalitären Geist und sie hat die Statolaterie verdammt.

Aber was uns hier interessiert, ist die Frage, wie weit die Kirche demokratisch in ihrer Struktur sein kann im zweiten Sinn von Demokratie, der allem autoritären Vorgehen entgegengesetzt ist. Und hier begegnen wir der unsinnigen These: In unserer demokratischen Zeit müsse auch die Kirche in ihrer äußeren Struktur, in ihrem kanonischen Recht und in ihrer Verwaltung demokratisiert werden. Man übersieht die radikale Verschiedenheit der hl. Kirche von natürlichen Gemeinschaften – wie dem Staat –, man ist durch die Säkularisierung und die „Verdiesseitigung" verhindert worden zu sehen, daß dasselbe, was für die Struktur und Verwaltung eines Staates möglich, ja vielleicht sogar berechtigt und wünschenswert ist, in der Kirche unmöglich, ja ein katastrophales Übel wäre, weil es Sinn und Wesen der hl. Kirche widerspricht. Die hl. Kirche ist aufgrund ihres übernatürlichen göttlichen Ursprungs, aufgrund ihres Wesens und ihrer Mission „autoritär", wobei dieser Terminus einen völlig anderen Sinn annimmt als wenn er auf einen Staat angewandt wird, ja einen ganz neuen Sinn.

Die Autorität der Kirche ist eine sakrale. Alle echte Autorität ist eine partielle Stellvertretung Gottes – sei es die Autorität der Eltern oder die des Staates. Aber im Fall der Kirche ist die Stellvertretung Gottes nicht nur eine in der Natur der Gemeinschaft begründete, sondern eine ausdrücklich von Christus, dem Sohne Gottes, eingesetzte Autorität. Seine Worte: „Du bist Petrus und auf diesen Felsen will ich meine Kirche bauen" sowie die darauf folgenden zu den Aposteln: „Was Ihr auf Erden binden werdet, soll auch im Himmel gebunden sein . . ." zeigen deutlich die direkte, ausdrückliche Autorität, die der Kirche von Gott übertragen ist, und daß sie, ungleich allen natürlichen Autoritäten, einen sakralen Charakter hat.

Sie bezieht sich auch auf ganz andere Gebiete als die natürlichen Autoritäten, auf Gebiete, die als solche einen sakralen Charakter haben. Vor allem aber ist die Stellvertretung Gottes eine völlig andere, ungleich engere und direktere. Diese direkte sakrale Autorität hat einen absoluten Charakter. Vor allem die theoretische Autorität der hl. Kirche als Verkünderin und Beschützerin der Offenbarung Christi – in Sachen des Glaubens und der Moral – hat einen absoluten Charakter und schließt alle Demokratisierung aus. Für den gläubigen Katholiken steht es außer Zweifel, daß es ein unfehlbares Lehramt der hl. Kirche gibt, daß alles, was der Papst allein oder mit einem Konzil in Sachen des Glaubens und der Moral „ex cathedra" verkündet, absolut wahr ist. Hier gilt „Roma locuta – causa finita", sobald eine Proklamation in Sachen des Glaubens und der Moral „de fide" ist.

Bei der praktischen Autorität, d. h. wenn der Papst etwas anordnet, ist der Schutz des hl. Geistes nicht in derselben Weise garantiert. Verordnungen können unglücklich, verfehlt, verhängnisvoll sein. Ja, es hat viele unglückliche, verfehlte Anordnungen gegeben. Hier gilt nicht „Roma locuta – causa finita". Der Gläubige ist nicht verpflichtet, diese Anordnungen als gut und glücklich anzusehen. Er kann sie bedauern, beten, daß sie zurückgenommen werden, ja in aller Ehrerbietung für ihre Aufhebung arbeiten. Aber er muß, solange sie bestehen, ihnen gehorchen, es sei denn, daß sie gegen das Sittengesetz verstoßen und dadurch Gott beleidigen.

Auch diese praktische Autorität erstreckt sich nur auf einen bestimmten Bereich. Die Stellvertretung Gottes ist auch hier eine partielle. Sie hat ihren Kompetenzbereich, den sie nicht überschreiten darf. Aber sie ist auch wesenhaft autoritär und jeder Versuch einer Demokratisierung dieser praktischen Autorität ist abwegig und verrät nur, daß man den Sinn für das wahre Wesen der Kirche verloren hat. Die Vorstellung, daß man mit dieser „Demokratisierung" die hl. Kirche dem Zeitgeist zugänglicher macht, ja daß man damit einen Fortschritt bzw. eine Verbesserung einführt, hat bald einen bösartigen, bald einen nur naiven Charakter – aber es ist immer eine Illusion. Auf die Forderung einer Demokratisierung der hl. Kirche kann nur der kommen, der das Verständnis für die wahre Natur dieser hl. Institution verloren hat. Wenn die Kirche nur eine humanitäre Institution wäre, wenn ihre Aufgabe nur eine auf das Diesseits gerichtete wäre, eine Realisierung des Ideals von Auguste Comte – dann könnte man sinnvollerweise von einer Demokratisierung sprechen. Der autoritäre Charakter in der Struktur der hl. Kirche darf aber nie zu der Auffassung führen, es sei erlaubt, ihre Anordnungen mit physischem Zwang durchzuführen. Aller physische Zwang ist dem Wesen der hl. Kirche zuwider. Der im Staat – auch im demokratischen – unvermeidliche physische Zwang widerspricht dem Wesen der kirchlichen Autorität. Es ist sinnvoll und möglich, durch physische Machtmittel die Respektierung des Staatsgesetzes zu erzwingen – aber den Glauben erzwingen wollen ist völlig abwegig. Erstens kann der äußere Zwang den Glauben nicht in einer Seele erstehen lassen – zweitens ist es offenbar unrecht und Gott nicht wohlgefällig, dies zu versuchen. Wenn dies in der Geschichte der hl. Kirche auch vorgekommen ist, so nicht deshalb, weil man zu autoritär und undemokratisch war, sondern weil man aufgrund eines naturalistischen Geistes den radikalen Unterschied zwischen einer natürlichen Gemeinschaft wie dem Staat und der hl. Kirche nicht mehr genügend klar sah. Aus einer in sich edlen Intention: Dem brennenden Interesse für das ewige Seelenheil des Menschen, versuchte man die Bekehrung mit untauglichen Mitteln zu erreichen und ließ sich dabei sogar zu moralischem Unrecht hinreißen.

Mit der Demokratisierung der Kirche ist auch eine Angst verbunden, von der gottgewollten Autorität Gebrauch zu machen.

Wir wiesen schon am Anfang im Kapitel „Lethargie der Wächter" auf die Furcht, von der legitimen Autorität Gebrauch zu machen, hin. Wir müssen hier im Zusammenhang mit der unseligen Demokratisierung der Kirche darauf zurückkommen. Denn der gegenwärtige Mißkredit der Autorität hängt auch mit der Vergötzung der Demokratie zusammen. Der Respekt vor der Demokratie ist so groß geworden, daß dadurch die Autorität als solche suspekt geworden ist. Aber je mehr die wahre Autorität in Verruf kommt, um so mehr verfallen junge Leute einer Pseudo-Autorität, d. h. sie ordnen sich blind einem „Demagogen" unter. Es ist wie bei Leuten, die von der wissenschaftlichen Medizin nichts wissen wollen – sie fallen meist in die Hände von Kurpfuschern. Aber die anti-autoritative Stellung der modernen Jugend ist ein uraltes Symptom. Schon Plato sagt in den „Nomoi", daß die Jugend seiner Zeit alles besser wissen und nichts mehr von den Eltern annehmen will.

Die antiautoritative Haltung der Kinder gegenüber den Eltern und der Schule, das Schwärmen für Revolutionen, Streiks und Protestversammlungen ist viel weniger gefährlich als die Angst derer, denen eine gottgewollte Autorität anvertraut ist, von dieser Gebrauch zu machen. Sie entstammt teils dem Respekt vor einer – mißverstandenen – Freiheit, teils einer Furcht vor der öffentlichen Meinung – man möchte nicht unpopulär, reaktionär erscheinen – teils allgemeiner Menschenfurcht, vielfach aber der mangelnden Stärke, der Antipathie gegen alles „unfreundliche" Auftreten, bei anderen wiederum einfach der Feigheit, wie wir schon im Kapitel I sahen. Dieses Unterlassen, von seiner Autorität Gebrauch zu machen, wird von den aus den obigen Gründen dazu Motivierten oft mit der These entschuldigt: Heute wirkt Autorität nicht mehr.

Leider ist diese Angst, von seiner Autorität Gebrauch zu machen, auch in die hl. Kirche eingedrungen, und macht sich bei vielen Bischöfen und Ordensleuten geltend. Unnötig zu sagen, daß die Unterlassung in diesem Fall noch ungleich folgenschwerer und unverantwortlicher ist. Mir sagte ein hoher Würdenträger in der Kirche, ein Ordensgeneral, der selbst alle Verirrungen innerhalb des Klerus zutiefst bedauert und die ganze Gefahr der Verwüstung des Weinbergs des Herrn klar erkennt: „Was wollen Sie, Autorität ist heute nicht mehr wirksam, wir müssen vielmehr die Haltung einer hl. Monika annehmen: Beten, weinen und Geduld haben."

In dieser These sind viele Irrtümer enthalten. Erstens ist es gar nicht wahr, daß die Autorität an Wirksamkeit verloren hat. Ein Oberer kann auch heute ein Ordensmitglied suspendieren, ihm verbieten zu lehren oder ihn eventuell aus dem Orden entfernen. Er kann von seiner Autorität ebenso wirksam Gebrauch machen wie der Chefarzt eines Hospitals, der seine ihm untergegebenen Ärzte entläßt, wenn sie unfähig sind oder Patienten zu Experimenten benützen. Der Obere ist erst recht verantwortlich, wenn er es nicht tut - seine Verantwortung ist noch größer als die des Heli im Alten Testament. Es ist einfach nicht wahr, daß die Autorität hier nicht wirksam sei. Der Vergleich mit der hl. Monika kann nur auf die Konversion eines Menschen angewandt werden. Wenn es sich aber darum handelt, jemand davon abzuhalten, andere Seelen zu vergiften - wenn die Autorität dieses Menschen, die Möglichkeit, dieses Unrecht andern zuzufügen, von meiner Autorisation abhängt, wenn er mein Untergebener ist - dann ist der Vergleich mit der hl. Monika völlig unzutreffend. Der Obere kann und muß einschreiten. Er kann es so gut wie in irgendeiner anderen Zeitepoche und wenn er es nicht tut, handelt er wie der Mietling, von dem unser Herr im Evangelium spricht.

Die Anwendung der legitimen gottgewollten Autorität ist niemals von dem Untergebenen, wenn er von einem revolutionären Ethos erfüllt war, als angenehm empfunden worden. Meist wird ein Kind innerlich rebellieren, wenn ihm etwas verboten wird, aber das hindert nicht, daß es doch, wenn auch unwillig, gehorcht. Dieser Widerwille gegen das Sich-Unterordnen unter eine Autorität - sei sie noch so legitim und gottgewollt - liegt in der gefallenen menschlichen Natur, und das war zu allen Zeiten so. Die Behauptung, daß die Autorität heute unwirksamer sei, wenn sie von den legitimen Oberen und Vorgesetzten ausgeübt wird, ist darum falsch. Solange es sich um formales Eingreifen handelt - wie die Absetzung oder das Entlassen von jemand, der sich etwas zuschulden kommen läßt – ist das autoritative Eingreifen durchaus wirksam und ganz besonders, was die Autorität der Bischöfe und Ordensoberen betrifft. Daß der Widerstand gegen die Autorität, der Unwille zu gehorchen heute besonders entwickelt ist und durch Demagogen aller Art gefördert wird – sehr oft von kommunistischen Agenten, die selber Sklaven einer rücksichtslosen, illegitimen totalitären Autorität sind – soll nicht geleugnet werden. Aber das Nicht-Gebrauch-Machen von der von Gott in besonderer Weise übertragenen Autorität ist im Grunde doch von Menschenfurcht bedingt, von einem Sich-Ausweisen vor der öffentlichen Meinung statt vor Christus, von der Tatsache, daß man den Ruf, reaktionär und zurückgeblieben zu sein, mehr scheut als die Beleidigung Gottes, die in dem Nicht-Gebrauch-Machen von der gottgewollten Autorität liegt, und den Schaden der in den Seelen entsteht. Auch dies ist eine Folge der Verdiesseitigung.

Gewiß, es mag durch die revolutionäre Propaganda, durch den Zeitgeist das wirksame autoritative Einschreiten schwerer sein als in manchen früheren Epochen. Aber ist dies ein berechtigter Grund dafür, feige Kompromisse einzugehen? Auf der anderen Seite sind die Folgen einer Suspendierung oder eines Ausschlusses aus dem Orden für den Betroffenen viel weniger schlimm als in früheren Zeiten: Ja, er wird von der liberalen Weit gefeiert, geehrt, ihn umgibt die Aureole eines „Märtyrers" der Freiheit. Das rechte Gebrauch-Machen von der sakralen Autorität des Bischofs, Ordensoberen usw. ist noch viel notwendiger, gebotener, unerläßlicher vor Gott, wenn es sich nicht nur um eine individuelle Verirrung eines Untergebenen handelt, sondern um Verbreiter einer allgemeinen furchtbaren Seuche – um bösartige oder auch nur schwache und dumme Verbreiter dieser geistigen Seuche. Hier wird das Nicht-Gebrauch-Machen von der gottgewollten Autorität, das Nicht-Einschreiten gegen die Betreffenden ein *Verrat* an Christus. Alle, die aus bloßer Feigheit, aus Mangel an allem moralischen Mut den Kampf nicht aufnehmen, laden eine furchtbare Verantwortung auf sich.

Dieses Versäumnis, von der gottgewollten Autorität Gebrauch zu machen, da, wo der eindeutige Ruf Gottes an einen Bischof oder Ordensoberen ergeht – ist, wie man leicht sehen kann, mit der verfälschten Idee der Nächstenliebe, der Verweltlichung derselben verknüpft. Alles autoritäre Einschreiten wird im Licht einer Lieblosigkeit, eines Mangels an Respekt vor der Persönlichkeit des Untergebenen gesehen. Zugegeben, daß die Autorität in früheren Zeiten oft mißbraucht worden ist, sei es die Autorität der Eltern, des Ordensoberen, des Beichtvaters, manchmal auch des Bischofs – so ist das Nichtgebrauchmachen von der gottgewollten Autorität keineswegs ein Überwinden des früheren Fehlers oder eine bloße Reaktion, sondern es entstammt derselben Wurzel eines Verlustes des wahrhaft übernatürlichen Geistes. Es gibt natürlich eine Gefahr für einen Menschen, der in eine echte autoritäre Position versetzt ist, diese Autorität zu mißbrauchen. Und zwar denken wir hierbei nicht nur an den Mißbrauch, den Kompetenzbereich einer Autorität zu überschreiten und sich in Dinge autoritär einzumischen, die jenseits des Kompetenzbereiches dieser besonderen Autorität liegen. Wir denken vor allem an die psychologische Gefahr, die eine große gottgewollte Autorität innezuhaben für viele, auch sehr edle und fromme Menschen bedeutet: die Gefahr, aus dem Verantwortungsbewußtsein der Autorität heraus, seine eigene Meinung für unfehlbar zu halten und die Grenze zwischen der Verwaltung des Amtes im übernatürlichen Geist und dem Ausleben einer natürlichen autoritären Veranlagung nicht mehr klar zu erkennen. Es ist auch eine Form von Naturalismus, vom Verlust des wahrhaften „sensus supranaturalis", wenn man aus dem subjektiv edlen und von Verantwortungsbewußtsein erfüllten Eifer – ein Sklave seiner rein natürlichen autoritären Veranlagung wird. Dies war die Tragödie des Papstes Paul IV., Carafa.

Der Verrat an der gottgewollten Autorität: Schweigen und Nichteinschreiten, wo Einschreiten die hl. Pflicht Gott gegenüber darstellt, ist immer eine sehr schwere Verfehlung – sei es, daß man in einer Vogelstrauß-Politik die Augen verschließt und die Übelstände, die, unsere Autorität abstellen *kann* und soll, nicht sehen will – sei es, daß man unter dem Motto: Autorität ist heute nicht mehr wirksam, sie gehört einer mittelalterlichen Zeit an, schweigt, wo man reden sollte und die Hände in den Schoß legt, wo man handeln sollte. Das ist noch gefährlicher als der oben erwähnte Mißbrauch; es ist erst recht ein reiner Naturalismus, ein Übersehen dessen, was das sakrale Amt eines Ordensoberen und eines Bischofs verlangt, ein „Von-außen-Sehen" der Autorität als lieblos und hart ohne zu verstehen, daß von dieser wahren gottgewollten Autorität im Geiste Christi und im vollen Verantwortungsbewußtsein vor Gott Gebrauch-Machen eine Tat größter Liebe, wahrer Nächstenliebe ist.

Gott sei Dank gibt es noch viele orthodoxe Bischöfe, die mutig gegen die Verwüstung des Weinbergs des Herrn ankämpfen. Sie haben den wahren Mut des christlichen Bekenners. Ihr Verdienst ist um so größer, weil so viele andere Bischöfe diesen Mut nicht aufbringen. Und ihr wirksames Eingreifen ist durch die neue Bürokratie und ihren „Legalismus" sehr erschwert. Denn durch die Einführung der Nationalkonzile der Bischöfe ist eine Abhängigkeit für den einzelnen Bischof von der Majorität bei diesen Konzilien geschaffen, die das von seinem Gewissen als orthodoxer Bischof ihm vorgeschriebene Vorgehen und Eingreifen unterbindet. Dazu kommen die Priesterräte, die im Namen der Demokratie das Eingreifen der Bischöfe erschweren, sowie die Pfarrgemeinderäte, die die orthodoxen Pfarrer lähmen in ihrem konsequenten Kampf gegen den „Progressismus".

Der energische Kampf gegen die immer weiter greifende Arbeit Satans, die hl. Kirche von innen her zu unterhöhlen, fordert aber nicht nur einen heiligen Mut – er verlangt auch den glühenden Glauben, den unerschütterlichen Glauben an Christus und seine hl. Kirche, der sich von keiner Zeitströmung, von keiner Fülle von Büchern bekannter, zum Teil bis vor dem Konzil rechtgläubiger Theologen beeinflusssen, von keiner Presse und öffentlichen Meinung beirren läßt.

Es ist klar, welche Kraft des Glaubens zum Martyrium gehört. Für den wahren Glauben sogar zu sterben bereit zu sein, legt Zeugnis ab von einer unerhörten Kraft des Glaubens. Es gibt ja so viele Grade des Glaubens. Ich meine hier nicht als untersten Grad den Zweifel. Nein, der Zweifel ist nicht eine schwache Stufe des Glaubens, sondern ein Nicht-mehr-Glauben – wie Kardinal Newman klar zeigt. Erst recht denke ich nicht an die Haltung dessen, der den Glaubensinhalt zwar nicht leugnet, der ihn aber ebenso für unmöglich wie für möglich hält; jemand, der etwa sagen würde: „Vielleicht ist es wahr, daß Christus Gottes Sohn ist, aber wie soll man das genau wissen", hätte offenbar noch keinerlei Glauben. Hingegen kann derjenige zweifellos einen echten Glauben besitzen, der von Zweifeln gequält wird, aber gegen sie ankämpft. Über diesen hat der große Sören Kierkegaard vieles Schöne und Wichtige gesagt.

Aber wir denken bei den Stufen oder Graden des Glaubens an etwas ganz anderes. Ich denke bei der ersten Stufe an einen echten Glauben, der aber noch stark von der Umgebung der ganzen Gemeinschaft, in der man lebt, getragen ist, an einen, wenn man so sagen darf, zu traditionellen und fast konventionellen Glauben. Von diesem Glauben bis zu dem, der aus dem „Mémorial" von Pascal spricht, der einen Kardinal Mindszenty lieber alle Qualen auf sich nehmen ließ, als ein Jota seines Glaubens zu verleugnen, bis zu dem Martyrium eines hl. Ignatius von Antiochien gibt es unzählige Stufen der Stärke des Glaubens.

Diese gegenwärtige Zeit erfordert für die Bischöfe, die „guten Hirten", eine hohe Stufe des Glaubens. Wir denken hier nicht an den heiligen Mut, die Kraft und „Envergure" der Persönlichkeit, sondern an die Kraft und Unbedingtheit des Glaubens, die „opportune – importune", („Sei es gelegen oder ungelegen")[34] den wahren Glauben allen noch so verborgenen Verfälschungen des Glaubens entgegensetzt – wir meinen

[34] 2 Tim 4/2.

die Kraft und Unbedingtheit des Glaubens, die einen immun macht gegen die unheimliche Kraft von Zeitströmungen, von Ideen, die die Luft erfüllen und die sich als gesunder Fortschritt, als notwendige Evolution präsentieren, gegen die nur ein in Gewohnheit gefangener, nicht mehr lebensfähiger Geist oder ein „angry old man" protestieren könne.

Und hier begegnen wir heute einem höchst merkwürdigen Phänomen. Es gibt zarte, von Natur unkämpferische Menschen – irenische Typen –, die tief gläubig sind und die bereit wären, als Märtyrer bei einer Christenverfolgung zu sterben – aber sie sind unfähig, gegen die Zeitströmungen innerhalb der Kirche und gegen die falschen Propheten in ihr aufzutreten.

Falsche Interpretation der Autorität

Wir unterschieden in einer früheren Arbeit[35] die echte Autorität von aller bloß funktionellen Autorität. Es gibt ein Verhältnis von Vorgesetzten und Untergebenen, das aus einem Kontrakt resultiert. Dies ist eine praktische, technische Autorität, die für das Funktionieren einer Fabrik, einer Klinik, irgendeiner Anstalt, in der mehrere zusammenarbeiten, unentbehrlich ist. Sie ist nur legitim, wenn sie aus einer Selbstbindung der Untergebenen hervorgeht. Wenn, wie in früheren Zeiten, die Arbeiter und Untergebenen aus einem Zwang Untergebene wurden, so lag darin sicher ein Mißbrauch. Aber, wie wir in dieser Abhandlung zeigten, muß von dieser funktionellen Autorität die wahre, echte Autorität klar geschieden werden, die ihr Recht zu befehlen aus einer partiellen Stellvertretung Gottes ableitet. Solcher Art ist die Autorität der Eltern und auch des Staates. Ob es die Autorität eines Königs ist, wie in früheren Zeiten, oder die eines aus allgemeinem Wahlrecht hervorgegangenen Präsidenten oder die des Parlamentes – immer stammt sie von „oben" und erwächst aus einer

---

[35] Vgl. „Menschheit am Scheideweg".

partiellen Stellvertretung Gottes, im Gegensatz zu aller bloß funktionellen Autorität. Es gehört zum Wesen der wahren Autorität, daß sie sich nicht nur auf einen bald engeren, bald weiteren Kompetenzbereich erstreckt, sondern auch, daß ihre Vorschriften und Gesetze bindend sind, nicht, weil der einzelne sich ausdrücklich dazu verpflichtet hat. Es ist, wie ich in der oben erwähnten Arbeit zeigte, eine der verschiedenen echten Verpflichtungsquellen und etwas sehr Merkwürdiges, daß eine Vorschrift einfach dadurch verpflichtend wird für ein Individuum, daß sie von einer legitimen Autorität erlassen wurde.

Wir weisen auf diese Dinge hin, weil Karl Rahner in einem Vortrag in der Katholischen Akademie in München über eine Uminterpretation der Autorität sprach. In dieser Rede wurden elementare philosophische Irrtümer vorgebracht, die auch eine überraschende Blindheit für den Unterschied von sakraler und profaner Autorität verraten.

Schon die Behauptung, daß die bisherige Auffassung der Autorität in der Kirche eine „feudalistische" gewesen sei bzw. nur für die feudalistische Gesellschaft passe und nicht mehr für die „moderne" Menschheit – ist mehr wie bedauerlich. Derselbe Mann, der noch vor 20 Jahren bedeutende theologische Werke schrieb, fällt hier der spezifisch mediokren Soziologisierung zum Opfer, einer unseligen Modeströmung. Die Redensarten sind bekannt: Wir müssen uns von dem platonischen Irrtum frei machen, von der griechischen Mentalität, die behauptet, daß es eine objektive Wahrheit gebe. Letzte grundlegende Tatsachen –, die man im Moment, wo man sie zu leugnen sucht, wieder voraussetzt – für einen Ausdruck einer Nation, einer Zeit, einer soziologischen Struktur zu halten, ist ein kindischer Irrtum. Denn was man erarbeitet in einer wissenschaftlichen Soziologie, setzt ja all diese Grundwahrheiten voraus. Analog ist die Behauptung, ein solches Urphänomen wie die echte Autorität sei eine Frucht besonderer soziologischer Strukturen – wie des Feudalismus – ein unseliger, in sich widerspruchsvoller Irrtum. Und aus dem Munde eines Theologen ist sie umso unbegreiflicher, da sie eine Blindheit für das

Urphänomen der Autorität Gottes, die „causa exemplaris" aller Autorität, verrät.

Wenn dieser Vortrag Rahners zunächst durch das Hineingleiten in die mediokre Sozialisierungsmode auffällt, so überrascht uns als zweites die philosophische Konfusion in Bezug auf das Wesen der Autorität. Das Wesen eines so zentralen und fundamentalen Datums wie der Autorität wird in krassester Weise verkannt. Die wahre Autorität soll nach Rahner „abgeschafft" werden und durch eine rein funktionale ersetzt werden. Aber das Schlimmste ist noch ein Drittes: die Nichtunterscheidung der sakralen und profanen Autorität. Indem er das „Paternale" aus aller kirchlichen Autorität entfernen will, will er die kirchliche Autorität entsakralisieren und gerade den wesentlichen Unterschied von sakraler und profaner Autorität eliminieren. Ja, er will damit die sakrale Autorität auf eine profane reduzieren und zwar nicht einmal auf die wahre profane Autorität, sondern auf die neutrale – ihrer Kraft und Würde entkleidete – rein technische funktionale Autorität. Macht er sich klar, welche Konsequenzen dies auch für die Art des Gehorsams hat, die wir der sakralen Autorität schuldig sind?

Was soll diese Furcht vor der Paternalität, die doch ihren Ursprung in der Beziehung zu Gott hat, der im Evangelium immer wieder als unser himmlischer Vater bezeichnet wird. Im Gebet, das uns Christus lehrt, wird der allmächtige Gott, der Schöpfer Himmels und der Erde, der unendlich heilige, unnahbare Gott als Unser Vater angesprochen. Warum soll der Vikar Christi auf Erden, der Nachfolger des Apostelfürsten uns nicht mehr seine geliebten Söhne und Töchter nennen?

Diese Uminterpretation der Autorität in der hl. Kirche ist nicht eine neue Interpretation der Autorität, sondern ein einfaches Mißverständnis dieses Urphänomens der sakralen Autorität. Sie steht auf derselben Stufe, wie wenn jemand den Unterschied zwischen einem Universitätsprofessor und einem „Doctor Ecclesiae", einem heiligen Kirchenlehrer, nicht sehen würde. Die ganze Größe und Würde, das Durchsetztsein von heiliger väterlicher Liebe, das der Autorität eines Bischofs und

Oberen anhaftet, wird eliminiert, der ganze Glanz der einzigartigen direkten Verbindung mit Gott durch Christus soll ersetzt werden durch eine öde, glanzlose, rein irdische Beziehung, der die echte übernatürliche Liebe fehlt. Alle verschiedenen Typen von Autorität werden nicht unterschieden, alle kategorialen Unterschiede in der Liebe, wie die väterliche Liebe, Nächstenliebe, Liebe zu einem Vorbild usw. werden ignoriert.

Gewiß, alle Autorität haftet am Amt und nicht an der Person, die das Amt innehat. Aber die Liebe, die zu der sakralen Autorität gehört und die im Amt dieser sakralen Autorität fundiert ist, hat notwendigerweise einen paternalen Charakter ebenso wie der Gehorsam der sakralen Autorität gegenüber ein Element der filialen Liebe einschließt. Und all diese zeitlosen Grundphänomene, Grundtatsachen sollen wegen des mythischen „modernen“ Menschen – der nur in der Phantasie der Soziologen lebt – geopfert werden. Bald wird man hören, daß es für den „modernen“ Menschen nicht mehr zumutbar ist, daß er von Eltern abstammt.

Diese Uminterpretation der Autorität ist leider nicht eine Privatauffassung von Karl Rahner, sondern eine weit verbreitete Tendenz. Sie ist auch eine Folge der „Verdiesseitigung“, des Schwundes des „sensus supranaturalis“, der Entsakralisierung oder Säkularisierung, die mit dieser Hand in Hand geht. Die Verdiesseitigung ist ja nicht nur mit der Lehre der hl. Kirche, mit der Offenbarung Christi sondern mit aller Art von Religion unvereinbar.

Das Schlagwort vom „Ghetto“

Das Wort „die Kirche muß das Ghetto verlassen, in das sie sich so lange Zeit eingesperrt hat“ ist zwar als Schlagwort – wie die meisten Schlagwörter – sehr wirksam, enthält aber in Wahrheit viele schwere, primitive Irrtümer. Es wäre eine interessante philosophische Aufgabe, einmal das Wesen des Schlagwortes zu analysieren und zu zeigen, worauf seine eigenartige, illegitime Wirksamkeit beruht. Ich habe in meinem Buch „Das Trojanische Pferd“ schon versucht, darauf hinzuweisen, aber es wäre der Mühe wert, auf diese gefährliche geistige Waffe und ihre hinterlistige Wirksamkeit weiter einzugehen. Es ist erstaunlich, wie naiv es hingenommen wird, wie leichtgläubig – wie leicht es aber auch eine sogar gute und große Sache diffamieren kann.

Auf die Analyse des Wesens eines Schlagwortes als solches können wir hier leider nicht eingehen, wohl aber auf die verschiedenen gefährlichen Irrtümer, die in dem Schlagwort vom katholischen Ghetto enthalten sind.

Wenn man mit Ghetto die glorreiche Festung der Wahrheit meint, die die hl. Kirche gegenüber allen Zeitirrtümern, allen Häresien durch zweitausend Jahre darstellt – so ist dies eine ausgesprochen törichte und dumme Bezeichnung. Ghetto war ein Bereich, in dem Juden – mehr oder weniger gegen ihren Willen – abgetrennt von der übrigen Welt leben mußten. Mit diesem ursprünglichen Begriff von Ghetto verbindet sich heute der negative Beigeschmack eines Abgeschnittenseins von der übrigen Welt, einer Geistesenge, einer geistigen Beschränkung, eines Mangels an geistiger Geöffnetheit.

Nun verrät die Tatsache, daß man oft die glorreiche Abgeschlossenheit der hl. Kirche gegenüber allem Irrtum, ihre Undurchlässigkeit für Häresien mit einem Ghetto vergleicht, eine Unzahl schwerer und törichter Irrtümer.

Die Wahrheit ist die Quelle aller wahren Weite und Universalität. Aller Irrtum ist ein Gefängnis des Geistes, das eine bedrückende Enge ausatmet. Die wahre Weite und Offenheit des Geistes besteht nicht in einem Pluralismus auf dem Gebiet der Philosophie oder Religion, sondern nur darin, daß der Geist die Exklusivität aller Wahrheit klar erkennt und in der Wirklichkeit beheimatet ist. So wenig es ein Zeichen von Weite und Geistesgeöffnetheit ist, wenn man Gut und Böse nicht mehr klar unterscheidet –wenn man alle Sittlichkeit relativiert – so wenig ist es ein Symptom von Geistesweite, wenn man die Exklusivität der Wahrheit nicht mehr erfaßt.

Relativismus und Geistesweite - Geöffnetheit des Geistes - schließen sich aus. So sehr der Eigensinn eine Geistesenge verrät wegen seiner Unsachlichkeit, wegen einer Pseudosicherheit, die nicht im Objekt begründet ist - so sehr ist der Relativismus, der auf die Forderung des Objektes nicht eingeht und sich in seiner Unsachlichkeit überlegen, frei und unabhängig fühlt, eine katastrophale Selbsttäuschung. Er ist in seiner Unsachlichkeit spezifisch eng und schließt sich dadurch, daß er sich vom Logos abschneidet, in besonderer Weise in sich ein. Es muß ein für allemal gesagt werden: Eine Geistesgeöffnetheit dem Irrtum gegenüber ist eine „contradictio in adjecto". Dieser Terminus steht auf derselben Stufe, wie wenn man die Anfälligkeit für Krankheiten als ein besonderes Merkmal von Gesundheit preisen würde. *Nein*, nur die Wahrheit macht uns frei und läßt uns der wahren Universalität teilhaftig werden. Und ein besonderes Zeichen dieser Freiheit, Geöffnetheit des Geistes und Universalität ist die Immunität gegen die Irrtümer und besonders die philosophischen, metaphysischen Irrtümer und noch viel mehr gegen alle Häresien, gegen alle Lehren, die mit der göttlichen Offenbarung, der Offenbarung Christi unverträglich sind. Es ist gerade die einzigartige Universalität der Kirche - die in dem Terminus „catholica" zum Ausdruck kommt - der mit ihrem Charakter der Schützerin der göttlichen Offenbarung, der Immunität gegen alle Häresien - der undurchdringlichen Wände dieser hl. Festung der Wahrheit eng zusammenhängt. Sie ist das Gegenteil der unzähligen echten Ghettos des Geistes - wie das Ghetto des Irrtums, der Vorurteile, der Unsachlichkeit, des Immanentismus, des Relativismus, des Eingesperrtseins in den Zeitgeist, die Mode, der Nationalismus u. a.

Zusammenarbeit mit Atheisten?

Aber manchmal spricht man auch davon, die Kirche müsse aus ihrem Ghetto heraustreten und nicht nur mit den Anhängern anderer Religionen in wahrem Ökumenismus zusammenarbeiten, sondern auch mit Atheisten – marxistischer oder nichtmarxistischer Observanz – um eine bessere Welt aufzubauen, ein menschenwürdigeres Leben für den einzelnen. In diesem Fall ist der Name Ghetto nicht mehr auf die Kirche als Festung der Wahrheit angewandt, sondern auf ein vermeintliches Sich-Abschließen von allen Nichtkatholiken in der Lösung großer irdischer Probleme in Bezug auf den Aufbau einer besseren irdischen Welt. Hier wirft man ihr – ob mit Recht oder Unrecht, werden wir noch sehen – eine Indifferenz gegenüber der Humanisierung der Welt vor und vor allem eine Weigerung mit Nichtkatholiken an diesen dringenden Aufgaben mitzuarbeiten.

Um zu entscheiden, ob dieser Vorwurf gerechtfertigt ist und wie weit diese Zusammenarbeit möglich ist, müssen wir zunächst klarstellen, was Humanisierung bedeutet, denn darunter können sehr verschiedene Dinge verstanden werden.

Wenn man unter Humanisierung den Kampf gegen die Armut, die Einführung hygienischer Lebensbedingungen – mit einem Wort eine rein äußere zivilisatorische Verbesserung versteht – so ist es klar, daß an dieser Aufgabe Katholiken auch mit Atheisten zusammenarbeiten können. Aber dies zu empfehlen, hieße Eulen nach Athen tragen – denn dies ist in der Politik seit langem eine selbstverständliche Praxis. Sozialdemokraten und Katholiken hatten für Jahre in der Weimarer Republik eine Koalition. Die Zusammenarbeit für diese Art Humanisierung ist erschwert von Parteien mit ausgesprochen wirtschaftlichen Interessen und Verschiedenheiten soziologischer Theorien, aber nicht durch religiöse und weltanschauliche Fragen. Aber mit Kommunisten ist selbst diese Form der Zusammenarbeit unmöglich – da sie nicht an der Verbesserung der wirtschaftlichen Lage der Menschen interessiert sind, sondern an der Verbreitung des kommunistischen Systems.

Es ist wirklich ein naiver rosenroter Optimismus, bei den echten Kommunisten vorauszusetzen, daß ein solches Interesse für die Wohlfahrt des Individuums vorliege. Für sie ist jedes andere Interesse als das der unbedingten Loyalität gegenüber der Partei undenkbar und der absolute Sklavengehorsam der Partei gegenüber das *einzige*. Jedes Mitleid, jedes Interesse für etwas, das dieser Loyalität nicht nur widerspricht, sondern sie auch nur irgendwie beeinträchtigen könnte – wäre ein Unrecht, eine unerlaubte Schwäche. Wer annimmt, er könne mit einem überzeugten Kommunisten einen sachlichen Dialog führen, er könnte wirklich das, was wir ihm sagen, unter dem Gesichtspunkt der Wahrheit betrachten, beweist eine Unkenntnis für das Wesen des Kommunismus. Aber selbstverständlich kann man in der Politik mit der kommunistischen Partei eines Landes z. B. für den Bau einer Straße gemeinsam stimmen oder mit einem kommunistischen Land wie China in der UNO zusammen stimmen gegen Sowjetrußland – oder umgekehrt – in irgendeiner Frage.

Aber die Vorstellung, daß es eine gemeinsame prinzipielle Basis für die Förderung einer humanitären Verbesserung der Welt sogar in Bezug auf ganz äußerliche Güter gebe mit Kommunisten, ist eine reine Illusion.[36]

[36] Wenn wir von Zusammenarbeit hier sprechen, so meinen wir eine systematische programmatische Zusammenarbeit und nicht nur ein Zusammengehen bei der Abstimmung über einzelne konkrete Fragen im Parlament oder in der UNO. Dies letztere ist natürlich mit allen, welche Gesinnung sie auch immer haben mögen und aus welchen Motiven sie dafür stimmen, möglich, im italienischen Parlament stimmten die Kommunisten seinerzeit mit den christlichen Demokraten dafür, die katholische Kirche als die Staatsreligion anzuerkennen. Bei solch einer Abstimmung spielt natürlich die Frage, aus welchen Gründen sie dafür stimmten, keinerlei Rolle. Aber dieses gelegentliche politische, fast zufällige Zusammengehen ist offenbar keine programmatische Zusammenarbeit, die ein gemeinsames Ziel voraussetzt, ein Gut, das man aus denselben Gründen anstrebt.

Aber viel wichtiger für unseren Zusammenhang ist der weit verbreitete falsche Begriff von Humanisierung.

In diesem Begriff wird die Verbesserung im Leben des einzelnen in wirtschaftlicher Hinsicht – ein Wegfall von Kriegen usw. mit der natürlichen vollen Entfaltung der Person und ihres wahren irdischen Glückes gleichgesetzt.

Nun ist es klar, daß die wahre Humanisierung den Kampf gegen eine systematische Entpersonalisierung und Entmenschlichung, die die heutige Welt durchsetzt, einschließt. Wir haben darüber an anderer Stelle, als wir über die Illusion des Fortschrittes in der modernen Welt sprachen, ausführlich gehandelt. Der Kampf gegen diese Entmenschlichung schließt vor allem den Kampf gegen den Kollektivismus ein, gegen die illegitime Beeinflussung (alle Art der Gehirnmassage), gegen alle totalitären Eingriffe der Staatsautorität, gegen alle Zerstörung der organischen Lebensformen, gegen allen Uniformismus, gegen alles, was den intimen Raum der Person zerstört – gegen alle Unreinheit, alle Schamlosigkeit. Können wir diesen prinzipiellen Kampf zusammen mit Menschen führen, die weder an Christus glauben, noch die christliche Moral anerkennen? Können wir mit Atheisten an dieser wahren Humanisierung der Welt – wir müßten in vieler Hinsicht Rehumanisierung sagen – in diesem Sinn zusammenarbeiten? Wir denken nicht an marxistische Atheisten – denn schon diese Frage aufzuwerfen, wäre unsinnig.

Aber selbst wenn wir den Marxismus „ab ovo“ hier ausschalten, bleibt der Begriff Atheisten noch sehr vieldeutig.

Meinen wir mit Atheisten Menschen, die Gott noch nicht gefunden haben – Menschen, die glücklich wären, wenn sie an Gott glauben könnten – oder solche, die den Gedanken eines lebendigen Gottes nicht ertragen können – die wie Dietrich Kerler sagen: „Selbst wenn man die Existenz Gottes mathematisch beweisen könnte, wünschte ich Sein Dasein doch nicht, weil Er meine eigene Größe begrenzen würde.“ [37] Offenbar

[37] „Menschheit am Scheideweg“, S. 257.

sind dies ganz verschiedene Typen. Mit all denjenigen, die den Gedanken, daß es keinen Gott gebe, vorziehen – ist offenbar eine Zusammenarbeit an dieser wahren natürlichen Humanisierung der Menschheit unmöglich. Alle diejenigen, die sich in keiner Weise der Transzendenz des Menschen, sein Geschaffensein für etwas, das über ihm steht, bewußt sind – wie Diderot, wenn er sagt: es gibt nichts größeres für den Menschen als den Menschen – und erst recht die, die in ihrem Atheismus eine besondere Befriedigung ihres Hochmuts finden, sind nicht imstande, das wahre Wesen des Menschen zu verstehen, die Quellen seines wahren Glückes, das Übel der Entpersonalisierung. Mit ihnen zusammenarbeiten zu wollen an der wahren Humanisierung wäre eine mehr als naive Illusion. Mit einem Nietzsche kann es keine Zusammenarbeit an der wahren Humanisierung geben.

Sicher gibt es gewisse Einzelfragen, in denen wir mit Atheisten zusammenarbeiten könnten, die zu den suchenden Atheisten gehören, zu denen, die glücklicher wären, wenn sie an einen Gott glauben könnten, die die Transzendenz des Menschen erkennen und unter der Tatsache leiden, daß sie kein Objekt für dieses Sich-selbst-Transzendieren finden können, denn alle die, die Gott durch die „Menschheit", durch das „All" usw. ersetzen, haben schon die wahre Transzendenz verfälscht. Mit ihnen gerade ist die Zusammenarbeit in Bezug auf die wahre Humanisierung völlig unmöglich. Sie haben ja die Transzendenz mit einer Veruneigentlichung der individuellen Person verwechselt – mit einer Pseudodemut – die, wie wir schon sahen, den Hochmut durch das Teil-eines-größeren-Ganzen-Sein befriedigt.

Aber auch mit den „tragischen" Atheisten – wie wir die suchenden Atheisten nennen wollen – ist die Zusammenarbeit an der wahren Humanisierung sehr beschränkt.

Wenn wir hingegen an einen Sokrates denken, der ja niemals ein Atheist genannt werden könnte, so gibt es ein weites Feld möglicher Zusammenarbeit in der Frage natürlicher Humanisierung.

Diese wahre Humanisierung kann ja nicht einfach durch äußere Mittel, Gesetze des Staates usw. erreicht werden – wie die rein äußere Wohlfahrt. Sie erfordert eine Erziehung, eine tiefgreifende Veränderung der Einstellung zum Leben, ein Wieder-Entdecken der wahren Glücksquellen. Und hier erhebt sich die Frage: Ist eine solche tiefgreifende Heilung der Menschheit – denn die furchtbare Entpersonalisierung ist eine schwere Krankheit – ohne Christus möglich? Kann eine unerlöste Menschheit, kann der Mensch ohne die Hilfe der Gnade diese Krankheit überwinden? Hat man die Realität des Sündenfalls vergessen? Gewiß, wir sprachen vorläufig nur von dem Ideal einer natürlichen irdischen Humanisierung. Wir denken noch nicht an die Erfüllung der eigentlichen Bestimmung des Menschen: Gott zu verherrlichen, indem er heilig wird und die ewige Seligkeit erlangt. Aber auch bei einer Überwindung der heutigen fortschreitenden Entpersonalisierung, die nur auf eine rein natürliche Gesundung abzielt – ist die Frage aufzuwerfen, ob sie ohne Christus, ohne das neue übernatürliche Lebensprinzip, das wir in der Taufe empfangen, ohne die wahre Sittenlehre der Kirche möglich ist.

Wir berühren hier die große Frage, ob das nur natürliche „Wachsein" der Menschheit im Advent, d. h. vor der Ankunft Christi, je nach der Ankunft Christi sich wiederholen kann. Ist ein Sokrates heute noch möglich? Ist diese hohe natürliche Humanität noch heute möglich, nachdem Christus die Welt durch ein ganz neues Licht erleuchtet hat? Er hat gesagt: „Wer nicht für mich ist, ist gegen mich". Diese Alternative bestand für Sokrates noch nicht. Können wir heute hoffen, selbst eine natürliche Rehumanisierung zu erreichen ohne Christus?

Eine analoge Idee hat Sören Kierkegaard geäußert, wenn er auf den Unterschied zwischen dem Heiden und dem Apostaten hinwies.

In diesem Lichte muß die Frage der Zusammenarbeit mit Nichtgläubigen und denen, die die christliche Moral nicht anerkennen, geprüft werden.

Aber viel wichtiger ist in unserem Zusammenhang die katastrophale Tatsache, daß die „Verdiesseitigung" den Blick für den Unterschied zwischen einer äußeren Verbesserung der Welt und den äußeren Lebensbedingungen des Menschen einerseits und der wahren natürlichen Humanisierung andererseits getrübt hat. Und zugleich - was noch ungleich schlimmer ist - wird der absolute Primat der Verherrlichung Gottes, der Umgestaltung in Christus, der ewigen Seligkeit auch gegenüber der höchsten wahren irdischen Humanisierung nicht mehr klar gesehen. Aber - wie wir oben sahen - nur dann, wenn dieser Primat voll verstanden wird, kann es eine wahre, gültige Humanisierung geben. Ohne Gott, ohne Christus, ohne die Erlösung durch Christus, ohne die Liebe zu Christus, ohne das neue übernatürliche Lebensprinzip kann es auch keine letztliche natürliche Erfüllung des Menschen geben und auch kein wahres irdisches Glück.

Religiöser Utilitarismus

Die Verdiesseitigung wirkt sich auch in folgender Weise aus. Es gibt Katholiken, die wohl an die Dogmen glauben, bei denen aber der Blick auf die Verbesserung der Erde so im Vordergrund steht, daß sie - nicht als Lehre, aber in ihrer Haltung - die Inkarnation, die Erlösung, die heiligmachende Gnade als *Mittel* für das Aufblühen der Nächstenliebe unter den Menschen ansehen. Das scheint ihnen das Ziel, um dessentwillen alles andere von Gott gefügt wurde. Sie werden nicht mehr die unfaßbare Herrlichkeit der Inkarnation als solcher sehen - in ihrer alle Begriffe übersteigenden Manifestation der unendlichen Liebe und Barmherzigkeit Gottes - und anbetend niederfallen. Sie werden nicht mehr den letzten Ernst der Erlösung sehen - die Furchtbarkeit der Trennung von Gott, das „in umbra mortis sedere" - und die unerhörte Quelle aller wahren Freude - die Erlösung durch Christus, von der die hl. Kirche an Ostern singt: „Agnus redemit oves: Christus innocens Patri reconciliavit peccatores" [38]. Darin liegt die Möglichkeit für die ewige Seligkeit jedes einzelnen, die ungleich wichtiger ist als aller irdische Fortschritt.

Sie verkennen das unerhörte Geschenk der heiligmachenden Gnade in der Taufe, in dem die Möglichkeit zur Heiligung uns dargeboten wird und dadurch zum Wichtigsten von allem: der „glorificatio Dei".

Die Katholiken, die ich im Auge habe, würden dagegen protestieren, daß sie dies nicht glauben und dafür Gott danken. Aber die unbewußte Tendenz, dies alles als ein Mittel zu behandeln und das eigentliche Ziel in der Tatsache zu sehen, daß wir einander auf Erden lieben und im Frieden leben, ist das Zeichen, daß sie der Verdiesseitigung zum Opfer fallen.

Dabei erblindet man aber auch für die wahre Glorie der Nächstenliebe und ihren Eigenwert. Denn, wie wir schon sahen, ist wahre Nächstenliebe nur als Frucht der Liebe zu Jesus Christus möglich. Sie ist ihrem Wesen nach ein Ausfluß der kategorial ganz verschiedenen Liebe zu Christus, und in Ihm und durch Ihn zu Gott – der Liebe, mit der alle Liebe zu einem Geschöpf unvergleichbar ist – die Wertantwort auf Seine unfaßbare Heiligkeit.

Die Nächstenliebe in ihrem Eigenwert, in ihrer Verherrlichung Gottes wird nicht mehr verstanden – sondern sie wird vor allem in ihrer Wirkung der Verbesserung dieser Welt gesehen: „Verso un mondo migliore". Es ist dies eine besonders gefährliche Form der Verdiesseitigung – weil in ihr immanent eine völlige Umkehrung der objektiven Rangordnung vorgenommen wird, eine Art religiöser Utilitarismus, der in keiner Weise in seiner Unverträglichkeit mit der Lehre der Kirche erfaßt wird.

---

[38] „Das Lamm erlöste die Schafe – Christus der Schuldlose, versöhnte die Sünder mit dem Vater." Sequenz am Ostersonntag.

Verharmlosung der Religion

Eine der unseligsten Folgen der Verdiesseitigung ist, daß selbst in der Kirche mehr und mehr die wahre Hoffnung durch Optimismus ersetzt wird. Die metaphysische Tragödie des Menschen – seine Schwäche in der Beobachtung der Gesetze Gottes, seine Anfälligkeit für Sünde, sein Sterben-Müssen, das Gericht Gottes – die uns in grandioser Weise im „Dies irae" vor Augen gestellt wird, wird möglichst verschwiegen. Das „vallis lacrimarum" wird nur in Armut, sozialer Ungerechtigkeit, Krankheit gesehen – also rein innerweltlich, aber nicht mehr in der metaphysischen Dimension.

Selbst der Aspekt des tiefsten Leides auf Erden, der Tod geliebter Menschen, tritt in den Hintergrund in der Verdiesseitigung.

Diese platte Verschleierung des Ernstes der metaphysischen Situation des Menschen kommt auch in der Liturgie in beklagenswerter Weise zum Ausdruck. Man hat die Totenmesse – das Requiem – ihres großartigen Ernstes beraubt, man hat das „Dies irae" entfernt, ja man hat sogar das Alleluja eingefügt.[39] Darin zeigt sich eine Verdrängung des menschlichen Aspektes des Todes, der ja etwas Furchtbares ist, die Strafe für den Sündenfall. Daß wir durch Christus erlöst wurden und der Tod zugleich der Eingang in das selige ewige Leben sein kann, hebt den menschlich-schmerzlichen Aspekt des Todes nicht auf.

---

[39] Daß das Alleluja bei den Totenmessen zwar nicht vorgeschrieben ist (aber durchaus erlaubt und häufig gesungen) ändert nichts an der deplorablen Verharmlosung der Religion und der Verkennung der metaphysischen Situation des Menschen, die eine solche Totenmesse darstellt. Es handelt sich ja bei diesem Alleluja nicht um einen verurteilten Mißbrauch, wie bei manchen blasphemischen Messen, denen gegenüber manchmal der jeweilige Bischof nur ein Auge zudrückt, sondern um etwas offiziell Erlaubtes. Dasselbe gilt, in erhöhtem Maß für das Weglassen des „Dies irae".

In der gegenwärtigen Situation, in der vieles „Erlaubte" wie ein Gebotenes von den „Erneuerern" behandelt wird, spricht das „Erlauben" des Alleluja Bände für die vorherrschende Tendenz.

Selbst im Lichte des Glaubens bleibt der Tod – als die Begegnung mit dem Gericht Gottes – etwas letztlich Ernstes, ja zu Fürchtendes. Es bleibt der große Moment der Entscheidung. Die ganze Majestät Gottes, die Größe des Schicksals jeder menschlichen Seele, die letzte Bedeutsamkeit von Heiligkeit und Sünde leuchtet auch in der übernatürlichen Sicht des Todes auf. Der Freudengesang des Alleluja ist hier künstlich, unecht – er veruneigentlicht den letzten Ernst des Momentes, wo noch alles auf dem Spiel steht, und nimmt dem Alleluja seinen echten, beseligenden Klang. Es ist generell ein großer Fehler, wenn man den menschlichen Aspekt überspringt und verdrängt und so tut, als ob für den Christen nur der übernatürliche Aspekt existieren würde. Es ist dies nicht etwa ein Sieg des Glaubens, auch nicht etwa ein einseitiger Supranaturalismus, sondern merkwürdigerweise eine Folge der Verdiesseitigung und des Zurücktretens der übernatürlichen Wirklichkeit.

Das Sehen des rein menschlichen Aspektes ist eine notwendige Unterlage, das ihn Nicht-Sehen ist eine Stumpfheit und Oberflächlichkeit, die mit dem wahren Glauben unverträglich ist. Je tiefer man die natürliche Tragik des Todes sieht, um so fähiger ist man, die ungeheuerliche Größe der Erlösung durch Christus zu erfassen, um so mehr ist man fähig, den wahren Glauben zu besitzen, den der hl. Paulus zum Ausdruck bringt mit den Worten: „Tod, wo ist Dein Stachel?"

Sobald man den menschlichen Aspekt überspringt, steigt man nicht auf zu dem übernatürlichen Aspekt, sondern man setzt an die Stelle des natürlichen den Aspekt, der nur durch den Glauben gewährt wird – man behandelt ihn als Selbstverständlichkeit, so als ob es der natürliche Aspekt wäre und unterläßt das notwendige „sursum corda", den Aufstieg in die übernatürliche Welt, der nur im Glauben möglich ist. Wenn der menschliche Aspekt nicht gesehen wird, wird der Aspekt des Glaubens naturalisiert – auf die Stufe des Selbstverständlichen herabgezogen – wie andere natürliche Aspekte. Wird der menschliche Aspekt verdrängt oder übersprungen, so wird der Glaubensaspekt unecht, unreal.

Aber mit dem Alleluja im Requiem und dem Wegfall der schwarzen Farbe der Gewänder wird nicht nur der menschliche Aspekt des Todes ignoriert, sondern auch die im Lichte des Übernatürlichen gesehene Situation verfälscht. Wenn ein Mensch stirbt, ist es ja der Moment des Gerichtes, der großen schaudererregenden Begegnung mit dem göttlichen Richter, die zwar durch Hoffnung verklärt ist – Hoffnung für den Sterbenden, Hoffnung für alle, die ihn lieben und um ihn trauern – aber das nimmt den Ernst und die heilige Furcht nicht weg. Es ist doch nicht die adäquate Form der Totenmesse, wenn man sie so begeht, als ob man den Einzug des Verstorbenen in die ewige Seligkeit feiere. Wo bleibt der Unterschied zur Feier des Festes eines Heiligen, von dem wir glaubend wissen, daß er in die ewige Seligkeit eingegangen ist?

Der Optimismus, die Verharmlosung des Gerichtes, die in der jetzigen Liturgie der Totenmesse im Unterschied zu dem Tridentinischen Requiem vorherrscht, sind in ihrer Flachheit tief mit der Verdiesseitigung verbunden, mit dem Ersterben des „sensus supranaturalis".

Die Verdiesseitigung äußert sich auch in der Verharmlosung der Religion. Gewiß, die Gefahr der Verharmlosung, Verbürgerlichung, Konventionalisierung bestand schon lange vor dem 2. Vatikanischen Konzil. Man wollte ja in diesem Konzil gerade auch gegen die Konventionalisierung ankämpfen. Aber leider suchte man die Überwindung dieser Verharmlosung und Verbürgerlichung in einem „aggiornamento" – in einer Anpassung an den „modernen Menschen". Man glaubte, besonders in der nachkonziliaren Zeit, die „Verlebendigung" durch ein Hineinstellen des religiösen Lebens in den Alltag dieser Zeit zu erreichen – wobei man nicht nur nicht eine Sakralisierung des täglichen Lebens erreichte, sondern mehr und mehr in eine Entsakralisierung der Religion hineinglitt.

Gewiß bestand die Gefahr der Verbürgerlichung und Verharmlosung schon lange – sie ist ja eine tief in der menschlichen Natur gegründete Gefahr. Kierkegaard hat einen großartigen und unerbittlichen Kampf gegen die Verharmlosung der christlichen Offenbarung im dänischen Protestantismus geführt. Und ebenso finden wir diesen Kampf bei Newman, schon in der Zeit vor seiner Aufnahme in die hl. Kirche. In seinen anglikanischen Predigten finden wir diese Stelle[40]: Zuerst spricht er über die Gefahren früherer Zeiten und geht dann auf die Gefahr seiner Zeit ein: „Das Zeitalter war roh und gewalttätig. Satan machte sich die dunklere Seite des Evangeliums zunutze: Und hier gipfelt *sein* Bild der Wahrheit in dem Satz: ‚Gott ist ein verzehrendes Feuer'. . . Welches ist Satans Kunstgriff in diesen Tagen? Ein ganz anderer; aber vielleicht ein um so verderblicherer. . . . Er hat die lichtere Seite des Evangeliums angenommen – seine Botschaft des Trostes, seine Vorschriften der Liebe; dagegen sind alle dunkleren, tieferen Einblicke in des Menschen Lage und Zukunft ziemlich vergessen. Das ist die Religion, die für ein zivilisiertes Zeitalter *natürlich* ist, und geschickt hat sie Satan in ein Trugbild der Wahrheit gekleidet und ausgeschmückt. . . . Die Religion ist angenehm und leicht; Wohlwollen ist die Haupttugend; Unduldsamkeit, Frömmelei und Übereifer sind die schlimmsten Sünden." [41]

Wenn in der Zeit Kierkegaards die Verharmlosung und Konventionalisierung darin bestand, die christliche Offenbarung „salonfähig" zu machen, so äußert sie sich heute vor allem in der Zerstörung des ganzen Ernstes unserer Situation vor Gott und einem Verdrängen aller Furcht Gottes, alles Zitterns vor dem Gericht, einem Verfallen in einen harmlosen Optimismus. Das ist noch ungleich schlimmer als der vorkonziliare Konventionalismus. Wir wiesen schon auf die Vogelstrauß-Haltung hin gegenüber der Tragik des menschlichen Aspektes des Todes und des ungeheuren Ernstes des zu erwartenden Gerichtes nach dem Tode, die sich in der „Reform" des Requiems zeigt. Aber auf Schritt und Tritt begegnen wir

[40] Die folgenden Zitate sind einem ausgezeichneten Artikel „Holy Fear and Burning Zeal" von Dr. John Crosby entnommen; erschienen im April 1972 in der amerikanischen Zeitschrift „Triumph".

[41] John Henry Newman, „Predigten", Schwabenverlag, Stuttgart, 1948, Bd. I, S. 349 ff.

dieser Blindheit für den Ernst der metaphysischen Situation des Menschen. In wie vielen Stellen im Evangelium spricht Christus von der Hölle, von der engen Pforte, von dem Gast, der kein festliches Gewand hatte – „multi sunt vocati, pauci vero electi“, „viele sind berufen, aber wenige auserwählt“. Von diesem Ernst hört man heute wenig in Predigten, Hirtenbriefen und selbst Enzykliken.

Es ist nur zu verständlich, daß durch die Schwergewichtsverlegung von den Dingen, von denen der hl. Paulus sagt: „Quae sursum sunt sapite non quae super terram“ [42] („Was droben ist, habt im Sinn, nicht das, was auf Erden“), auf den irdischen Fortschritt – die Linderung der irdischen Nöte und Leiden, die Überwindung von Armut und Kriegen – auch die Gottesfurcht in den Hintergrund tritt. Wie man alles Übernatürliche verharmlost, um in seiner Zuwendung zur Verbesserung dieser Welt nicht gestört zu werden – und auch nicht in der fröhlichen, optimistischen Entfaltung seiner natürlichen Kräfte für den irdischen Fortschritt – sucht man, wie wir schon sahen, das Kreuz möglichst zu eliminieren. Ja man vermeidet in Predigten, Katechismen, Hirtenbriefen, die Existenz der Hölle zu erwähnen – und in konsequenter Weise die hl. Furcht.

Die heilige Furcht, das Zittern vor der unfaßbaren Größe und Heiligkeit Gottes, die weit über die so zentrale Antwort der Ehrfurcht hinausgeht – die heilige Furcht, die einen hl. Petrus sprechen ließ: „Herr, geh weg von mir, denn ich bin ein sündiger Mensch“ – die heilige Furcht, die Rudolf Otto im Auge hat, wenn er von Gott als dem „mysterium tremendum“ spricht, ist – im Gegensatz zur sklavischen Furcht – ein wesentliches Element echter Religion. Sie ist eine Wertantwort auf Gott. Sie ist ein zentraler Bestandteil des religiösen Aktes als solchem. Wo sie nicht existiert, liegt überhaupt keine Religion vor.[43]

---

[42] Kol 3/2.

[43] Selbst in den östlichen Religionen, in denen ein apersonaler Gott angenommen wird, findet sich diese Furcht, wenn auch nur in analoger Form. Schon in dem Bewußtsein des „Sakralen“, das bei diesen Religio-

Es gibt aber noch eine andere heilige Furcht, die die Antwort auf Gott den Richter darstellt und die in der judäo-christlichen Offenbarung eine prominente Rolle spielt. Sie ist mit dem Bewußtsein unserer Sündigkeit verknüpft und mit dem Bewußtsein, sich vor dem göttlichen Richter verantworten zu müssen. Die Liebe zu Gott in Christus und durch Christus geht noch weit über diese Antwort der heiligen Furcht hinaus, aber nicht, indem sie dieselbe ausschaltet, gleichsam an ihre Stelle tritt. Je mehr man Gott liebt, desto mehr fühlt man auch die heilige Furcht als Antwort auf die unnahbare Majestät Gottes – aber auch als Antwort auf den göttlichen Richter. Gewiß, durch Hoffnung und Liebe, durch den Glauben an die Erlösung durch Christus, wird diese heilige Furcht vor dem Gericht erhellt, aber nie durch eine falsche Sicherheit ersetzt. Die wahre Gottesliebe setzt die Furcht voraus.

Ohne die echte Gottesfurcht gibt es keine wahre Liebe zu Gott. Gewiß, die Gottesliebe beseitigt die sklavische Furcht – aber nie die wahre Gottesfurcht. Sie geht über diese heilige Gottesfurcht hinaus, glorreich hinaus, aber ohne sie aufzuheben. Es ist ähnlich wie mit dem Verhältnis von Gehorsam und Liebe. Die Liebe zu Gott geht viel weiter als der bloße Gehorsam – ja sie ist etwas ganz Neues, aber sie hebt den Gehorsam nicht auf – ganz im Gegenteil, sie setzt ihn voraus und steigert ihn. Unsere Beziehung zu Gott, dem unendlich Heiligen, dem absoluten Herrn muß immer eine anbetende bleiben und von einer letzten, zitternden Ehrfurcht durchsetzt sein. Aber auf Erden muß auch die Furcht vor dem Richter und die Furcht, nicht zu der ewigen Vereinigung mit dem über alles Geliebten zu kommen, verbunden sein. „Rex tremendae majestatis qui salvandos salvas gratis: salva me *fons* pietatis“ [44] – diese heilige Furcht Gottes, in der wir uns des ganzen Ernstes unserer Situa-

---

nen eine so prominente Rolle spielt, steckt ja ein Element der Furcht. Auch hier ist das Absolute ein „mysterium tremendum, wenn auch in sehr anderer Form als in den monotheistischen Religionen, in denen Gott die absolute Person ist.

[44] „Dies irae“ aus der Totenmesse.

tion vor Gott bewußt werden, führt nicht zu einem düsteren Gefangensein, zu einer ständigen Unruhe und Angst, sondern verbindet sich in Christus und durch Christus mit der beseligenden Hoffnung und Liebe.

Hand in Hand mit der Verdiesseitigung geht auch der Schwund des brennenden Eifers für die Verherrlichung Gottes, für die Nachfolge Christi und für seine hl. Kirche. Der hl. Benedikt unterscheidet in dem Vorwort zu seiner Regel den guten Eifer von dem Eifer der Bitterkeit. An bösem Eifer fehlt es heute wahrhaft nicht – jede Gesandtschaft kommunistisch regierter Länder ist ein Beispiel eines unübertrefflichen bösen Eifers.

Aber auch in der hl. Kirche finden wir den bösen Eifer in voller Intensität bei denen, die die Kirche zerstören oder zum mindesten verdiesseitigen wollen. Wir brauchen nur an IDOC[45] und unzählige andere Organisationen modernistischer, progressistischer Art zu denken. Aber der brennende Eifer für die Wahrheit, für Gott, für Christus und Seine hl. Kirche wird als fanatisch, intolerant und unverträglich mit der „caritas" angesehen.

Von diesem brennenden heiligen Eifer, der auch ein wesentliches Element des wahren Christen ist, sagt Newman: „Ich fürchte, wir alle lassen es an dem fehlen, woran er (der hl. Barnabas) es bei gewissen Gelegenheiten fehlen ließ, an Festigkeit, Männlichkeit und gewissenhafter Strenge. . . . Wir sind überfein in der Behandlung der Sünde und des Sünders. Wir lassen es fehlen an der eifrigen Behütung der geoffenbarten Wahrheiten, die Christus uns hinterlassen hat. Wir lassen Menschen gegen die Kirche, ihre Vorschriften oder ihre Lehren sprechen, ohne ihnen Vorstellungen zu machen. Wir sondern uns von Häretikern nicht ab, ja wir wenden ein, dieses Wort sei lieb-

---

[45] IDOC ist eine Abkürzung des Französischen: Information Documentation sur l'Eglise conciliaire. Sie ist eine mächtige und straffe Organisation der radikalen Progressisten und Modernisten.

los“ [46] . . . Und dann spricht Newman in wunderbarer Weise von der tief christlichen Verbindung von brennendem Eifer und Liebe: „O daß auch in uns diese edle Haltung der Strenge mit Liebe gepaart wäre! Wir begreifen kaum die Strenge und die Güte in sich; wer aber will sie gar zusammenreimen? Und doch glauben wir, daß wir nicht gütig sein dürfen, ohne aufzuhören, strenge zu sein. Aber wo ist der Mann, der durch die Welt geht und nach der Vorschrift des Eifers verwundet und freigebig in der Fülle der Liebe zugleich Balsam ausstreut; der schlägt aus Pflicht und heilt, weil es sein Vorrecht ist; der am meisten liebt, wenn er offenbar am strengsten ist und jene am innigsten umarmt, die er offenbar hart behandelt?“ [47]

Diese Verbindung von brennendem Eifer und sieghafter Nächstenliebe finden wir in den Heiligen – man denke nur an die Apostel – den hl. Petrus, Paulus und Johannes, an einen hl. Athanasius, einen hl. Augustinus, einen hl. Franz von Sales, eine hl. Katharina von Siena, eine hl. Theresia von Avila und unzählige andere.

In der Abnahme des brennenden Eifers für die Verherrlichung Gottes und das Heil der Seelen und der Zunahme des Eifers für die Verbesserung der Erde und des vermeintlichen Fortschritts begegnen wir einem typischen Symptom der Verdiesseitigung. Diese Schwergewichtsverlegung, auch in Betreff des Eifers, verbindet sich in furchtbarer Weise mit der oben erwähnten Verharmlosung, Verbürgerlichung der christlichen Offenbarung. Was Sören Kierkegaard in so einzigartiger Weise im dänischen Protestantismus erkannte und Newman so klar im anglikanischen England sah, ist – wie Newman auch sagte – eine ständige Gefahr. Heute aber ist dieses zweifache Übel: die Verharmlosung und das Schwinden der Furcht und das Ersterben des brennenden Eifers für die übernatürlichen Dinge in das Heiligtum der katholischen Kirche eingedrungen und zwar in der Verkleidung eines Fortschritts – eines „Heraustre-

[46] John Henry Newman „Predigten“ Bd. II (Schwabenverlag, Stuttgart, 1948) S. 310.

[47] ibid., Bd. III, S. 206–207.

tens aus dem Ghetto" – einer „Überwindung alles Aberglaubens" – eines „Sieges der Toleranz" usw.

Die Botschaft des „Pater noster"

Wenn wir hier wagen, über das „Pater noster" zu sprechen, um zu zeigen, wie hier die radikale Antithese zu aller Verdiesseitigung vorliegt – so sind wir uns voll bewußt, daß unsere Worte über dieses Gebet der Gebete nur ein Stammeln ist. Es existieren ja so viele Interpretationen von Kirchenvätern und anderen großen hl. Theologen früherer Zeiten, daß es anmaßend erscheinen mag, wenn ich die folgenden Betrachtungen über das „Vater Unser" bringe. Aber als Aufweis der ungeheuren Gefahr der Verdiesseitigung und ihrer völligen Unverträglichkeit mit der christlichen Offenbarung sind sie unerläßlich.

Das „Vater Unser", das Gebet, das Christus die Apostel gelehrt hat mit den Worten: „So sollt Ihr beten", enthält in den ersten Worten – in der Anrufung – eine entscheidende Offenbarung. Die Anrufung von Jahve, dem Unnahbaren, mit „Vater Unser" – enthält schon die ganz neue, beseligende Offenbarung, daß Gott unser Vater ist. All die Geborgenheit in Gott, all die Liebe Gottes zu uns ist in dem einen Wort Vater Unser enthalten. Wenn der größte Schritt der von einer apersonalen Gottheit zu einem personalen Gott ist, zum „Deus videns et vivens", „Zum Gott, der sieht und lebt", so ist doch auch der Schritt von dem unnahbaren Gott, dem absoluten Herrn, dem Schöpfer Himmels und der Erde, von dem lebendigen Gott, in dessen Hände zu fallen furchtbar ist, dem Richter über Lebende und Tote – zu dem uns liebenden Vater, ein großer und bedeutender. Gewiß, der erste Schritt – von dem apersonalen Gott zu dem personalen Gott, dem „Deus videns et vivens" ist ein Übergang vom Dunkel ins Licht und enthält die Überwindung eines Irrtums.

Gott – das absolut Seiende – ist *nicht* apersonal. Ein apersonales Wesen kann nie absolut sein. Bei dem Schritt, den die

Anrufung „Vater Unser“ darstellt, bleibt hingegen all das vorher von Gott Ausgesagte: daß er der Unnahbare ist, der zu fürchtende Richter, all das, was uns in Furcht und Zittern versetzt, voll bestehen; aber daß Gott auch der liebende Vater ist, daß unsere Beziehung zu ihm nicht nur die des Knechtes, des Dieners Gottes ist, sondern zu ihr auch die der Kindschaft hinzutritt, ist ein beseligender, ungeheurer Schritt – aber nicht einer, der das Vorige aufhebt, sondern transzendiert und krönt. Es ist ein analoger Schritt wie der von Gehorsam zu Liebe. Der Gehorsam gegenüber Gott wird nie überholt durch die Liebe zu Gott, sondern bleibt in seiner Wichtigkeit voll bestehen. Aber ein Neues, noch Sublimeres stellt sich ein. Wir bleiben immer Knechte und Diener Gottes, wenn wir auch seine Kinder sind.

Aber gleich nach all dem unerschöpflich Herrlichen, was schon in der Anrufung „Vater Unser“ enthalten ist – kommen die Worte: „Der Du bist im Himmel“. Hier wird die ganze unaussprechlich geheimnisvolle Glorie Gottes uns vor Augen geführt. All die Intimität, die in der Anrufung „Vater Unser“ liegt, wird von aller Gefahr einer Anbiederung an Gott befreit; das unbegreiflich Geheimnisvolle dessen, der über uns thront – die ganze Transzendenz Gottes wird in den Worten „der Du bist im Himmel“ klar ausgedrückt. Die dem wahren Gebet wesenhaft eigene Richtung nach oben – die vertikale Richtung –, die Teilhard durch eine horizontale zu ersetzen sucht, steht hier vor uns. Diese bedeutsamen Worte in der Anrufung Gottes „der Du bist im *Himmel*“ sollen ja von uns im Gebet vollzogen werden. Beten ist ja nicht ein Feststellen, sondern eine Verlautbarung, ein Sich-an-Gott-Wenden; die Worte der Anrufung sind ein inneres Vollziehen der Kindschafts-Haltung und des Aufblicks zu dem, der über uns thront im Himmel. Es ist nicht schwer zu sehen, wie in diesen Worten alle Versuche, die Transzendenz Gottes zu leugnen, ein für allemal in ihrer radikalen Unverträglichkeit mit der christlichen Offenbarung aufscheinen.

Und nun kommt als erstes der Niederschlag der Anbetung: „Geheiligt werde Dein Name". Dies ist kein Bittgebet, kein Dankgebet, es ist auch nicht ein Preisgebet wie im „Gloria": „Laudamus te, benedicimus te". Es ist das Vollziehen einer anbetenden Anrufung.

Der Name Gottes ist objektiv unendlich heilig. Das „geheiligt werde Dein Name" ist ein Mitschwingen in dem objektiv bestehenden Rhythmus der „glorificatio Dei". Es ist kein Bittgebet, daß Gott fügen möge, daß alle ihn anbeten, es ist vielmehr das Aussprechen einer objektiv bestehenden Sollensbeziehung, das den Primat der „glorificatio" Gottes deutlich zum Ausdruck bringt.

Und nun das „adveniat regnum tuum", „Dein Reich komme zu uns". Auch dies ist primär der Mitvollzug des objektiv Gesollten – die letzte Teilnahme, das primäre Interesse an der Verherrlichung Gottes. Das Reich Gottes ist vor allem das Reich Gottes in der Seele des einzelnen. Die Heiligkeit der Seelen – die Verherrlichung Gottes, die darin liegt, ist das erste. Aber es enthält auch den Sieg über den Fürsten der Welt, das Sich-Ausbreiten der Gemeinschaft der Heiligen schon auf Erden. Die Worte: „Verkündet ihnen das Reich Gottes" und „das Reich Gottes ist nahe" durchziehen ja das ganze Evangelium.

Bei den Propheten im Alten Testament, besonders bei Isaias, wird auf eine Art der Restitution des Paradieses hingewiesen, in dem kein Leid mehr existiert, der Friede herrscht, selbst unter den Tieren.

Aber im Neuen Testament wird nur auf die glorreiche Wiederkunft Christi hingewiesen – die Parusie – wobei nicht eindeutig klar dieses Reich Christi von dem Letzten Gericht und dem Ende dieser Welt und der Auferstehung aller – in einem Wort – von der Erfüllung in der Ewigkeit getrennt ist.

Auf alle Fälle bezieht sich das „Dein Reich komme" nicht auf ein irdisches Paradies, das durch einen Fortschritt in der äußeren Lebensgestaltung für die Menschen durch Wissenschaft und Technik sich erreichen läßt. Das „regnum tuum" ist auf alle Fälle – wie es in der Präfation der Messe am Christkönigsfest heißt: „Regnum veritatis et vitae: regnum sanctitatis et gratiae: regnum justitiae, amoris et pacis" („Ein Reich der Wahrheit und des Lebens, ein Reich der Heiligkeit und der Gnade, ein Reich der Gerechtigkeit, der Liebe und des Friedens"). Dieses „Dein Reich" ist eindeutig aller Verdiesseitigung entgegengesetzt. Die Tatsache, daß es gleich am Anfang kommt, ist höchst charakteristisch für den absoluten Primat des Übernatürlichen – der „glorificatio" Gottes.

In den Worten „Fiat voluntas tua sicut in coelo et in terra", „Dein Wille geschehe, wie im Himmel so auf Erden" erreicht dieses Mitvollziehen des objektiv Gesollten seinen Höhepunkt.

Hier gilt es vor allem den Sinn von „Wille Gottes" zu verstehen. Der erste Sinn ist das Gottwohlgefällige. Der Wille Gottes in dem Sinn des Gebotenen, der sich in den Geboten Gottes ausspricht, dem Willen Gottes, dem wir gehorchen sollen. Der zweite Sinn ist der, der sich in jedem von Gott Gefügten oder Zugelassenen ausdrückt. In diesem Sinn ist der Wille Gottes alles, was geschieht: Erfreuliche, schöne, beglückende Ereignisse sowie die unerfreulichen, die Prüfungen, jedes Kreuz, das uns auferlegt wird, aber auch die Herrschaft des Bösen.

Hier muß noch ein wichtiger Unterschied gemacht werden. Solange es sich um persönliche Kreuze handelt – wie den Tod eines geliebten Menschen oder eine eigene schwere unheilbare Krankheit – ist es ein Gott Gefügtes und unsere Antwort muß hier die des ergebenen „fiat voluntas tua" sein. Wir dürfen und sollen sogar um die Abwendung solcher Übel bitten, solange sie noch abwendbar sind und wir sollen alles tun, was mit natürlichen Mitteln getan werden kann, um sie abzuwenden. In Gethsemane hat sogar unser Herr gebetet: „Wenn es möglich ist, so gehe dieser Kelch an mir vorüber". Aber dann kam das „Dein Wille geschehe". Aber sobald es sich um Kreuze handelt, die nicht mehr abzuwenden sind – wie bei dem Tod eines geliebten Menschen – bleibt nur das „Dein Wille geschehe".

Ein ganz anderer Fall liegt vor, wenn Gott den Sieg des Bösen in der Geschichte zuläßt, wenn es sich um Häresien und

Apostasie handelt, um das Anwachsen gottfeindlicher Bewegungen wie Nazismus und Kommunismus. Hier läßt es Gott zwar zu aus Gründen, die für uns nicht erkennbar sind, wie der hl. Paulus sagt: „Quam incomprehensibilia sunt judicia eius et investigabiles viae eius“.[48]

Und hier müssen wir den Ruf Gottes erfassen, gegen diese Übel mit allen Kräften anzukämpfen. Hier zu glauben, daß alles, was Gott von uns erwartet, ein ergebenes „Dein Wille geschehe“ sei, wäre ganz falsch. Das wäre ein verderblicher Quietismus. Der Maßstab für die gottgewollte Antwort ist hier der Wille Gottes im Sinne des von Gott Gebotenen – das Gott Wohlgefällige. Zu glauben, daß etwas, weil es geschehen ist, in die Wirklichkeit eingegangen ist, schon deshalb als gottgewollt im Sinne von gottwohlgefällig zu betrachten sei, wäre ein großer, ja katastrophaler Irrtum. Wir haben ja darüber schon an einer früheren Stelle gesprochen. Aber hier sei noch einmal ausdrücklich auf diesen gefährlichen Irrtum hingewiesen.

In diesen Fällen ist der Kampf gegen das Böse und Falsche unsere Aufgabe, das Gottgewollte. Aber ob wir siegen, bzw. den Sieg noch erleben – das wissen wir nicht und hier tritt wieder das „Dein Wille geschehe“ in den Vordergrund. Wie Pascal herrlich sagt: Wir müssen mit Christus kämpfen, aber ob wir mit ihm Siegen, das wissen wir nicht. Aber daß Christus am Ende siegen wird – das wissen wir.

Auch die ergebene Antwort auf die Kreuze, die uns Gott auferlegt, dieses „fiat voluntas tua“, gehört zu dem Gottgewollten im ersten Sinn, dem in sich Guten, Gottwohlgefälligen, das wir vollziehen sollen und das Gott verherrlicht. So reicht das Gottgewollte im ersten Sinn, im Sinn des Gebotenen, auch in die Sphäre des von Gott Gefügten hinein, insofern es unsere Antwort betrifft, aber ohne den Unterschied von dem Willen Gottes im Sinn des Gebotes und des von Gott Gefügten aufzuheben.

---

[48] Röm 11, 33 „Wie unbegreiflich sind Seine Gerichte, wie unerforschlich Seine Wege!“

Aber sobald es sich nicht um persönliche Kreuze handelt, nicht um ein „malum" für mich oder für eine andere Person, sondern um etwas Schlechtes, Gott Beleidigendes, um Sünde und Apostasie, um Häresien – ist es nur ein von Gott aus geheimnisvollen Gründen Zugelassenes, zu dem das „fiat voluntas tua" eine ausgesprochen *falsche* Antwort wäre.

Der Wille Gottes in dem Sinn des Gefügten und des Zugelassenen geschieht auf alle Fälle. Es kann nichts geschehen gegen Seinen Willen in diesem Sinn des Wortes. In diesem Sinn von Willen Gottes soll der Schwergeprüfte sprechen „fiat voluntas tua", „Dein Wille geschehe". Es ist der Wille Gottes in diesem Sinn, den wir annehmen sollen, während wir dem Willen Gottes im Sinn des von Gott Gebotenen gehorchen sollen. Wenn wir von dem Willen Gottes im zweiten Sinn ausgehen, so wäre das „Dein Wille geschehe wie im Himmel so auf Erden" ein Ausdruck der vollen Ergebenheit und Hingabe an Gott. Dieser Wille Gottes ist ja kein Gesolltes, sondern auf alle Fälle ein voll Existierendes, Verwirklichtes. Es ist darum nicht ein Mitschwingen mit dem objektiv Gesollten, sondern ein Vollzug der letzten anbetenden, ergebenen Hingabe an Gott. Wenn der Wille Gottes aber in dem ersten Sinn des Gottwohlgefälligen, Ihn Verherrlichenden gefaßt wird, dann ist das „fiat" ein Ausdruck des Hungerns und Dürstens nach Gerechtigkeit, das „quaerite primum regnum Dei", „suchet zuerst das Reich Gottes", ein Mitschwingen mit dem objektiv Gesollten. Der Wille Gottes in diesem Sinn ist verwirklicht im Himmel. Also in Bezug auf den Himmel ist es eine voll erfüllte Realität –und darum ist unser Gebet ein reines Mitvollziehen eines objektiv Gegebenen; aber wenn es heißt „et in terra", „so auf Erden" – so ist es ein Sein-Sollendes, aber noch nicht voll Realisiertes. Das „sicut", „wie" zeigt deutlich, daß der Himmel als Vergleich erwähnt ist, daß das Geschehen des Gottgewollten im Himmel als Vorbild erwähnt ist – und der Nachdruck auf das „et in terra", „so auf Erden" gelegt ist. Dann ist es, wie gesagt, der Vollzug eines objektiv Sein-Sollenden, dann ist es dem „adveniat regnum tuum", dem „Dein Reich komme" sehr ähnlich.

Aber das Entscheidende ist für unseren Zusammenhang, daß der ganze erste Teil des Gebetes des Herrn das ausgesprochene Gegenteil der Verdiesseitigung der Religion ist, des Verlegens des Schwergewichtes von der Ewigkeit in den irdischen „Fortschritt", von dem Übernatürlichen ins Natürliche, von der „glorificatio" Gottes in die Errichtung eines irdischen Paradieses.

Dieser ganze erste Teil ist konzentriert auf die „glorificatio" Gottes und indem wir dies beten, stellen wir uns ganz in den Rhythmus des objektiv Gesollten hinein.

Erst im zweiten Teil setzt die Bitte ein, die sich auf unser irdisches Glück bezieht, das Bittgebet „panem nostrum quotidianum da nobis hodie", „unser tägliches Brot gib uns heute", die zum Leben erforderliche Nahrung. Aber wir dürfen auch wohl alles hier einschließen, was die legitimen objektiven Güter für uns darstellen, die unsrigen und auch die der uns in besonderer Liebe Verbundenen. Diese Bitte bringt klar zum Ausdruck, daß wir in keinen falschen Supranaturalismus verfallen dürfen, daß es wesenhaft zum Menschen gehört, daß er ein Eigenleben besitzt, daß er auch an objektiven Gütern für ihn interessiert ist, daß er sich nach Glück sehnt.[49] Gewiß, der absolute Primat Gottes, seine Verherrlichung ist im ersten Teil klar ausgesprochen und damit auch der absolute Vorrang der Verherrlichung Gottes, selbst über das höchste objektive Gut für die Person – das von Gott ausdrücklich Gewünschte, die ewige Seligkeit. Aber solange wir auf Erden sind, wären wir keine vollen Menschen, wenn es – lange nach der „glorificatio" Gottes und selbst unserer ewigen Seligkeit – nicht auch objektive Güter für uns gäbe – vor allem Freundschaft, Liebe, Ehe, die Berührung mit allem Schönen und Hohen, mit allen Gütern, die Träger hoher Werte sind – die kostbaren Geschenke Gottes. All dies dürfen wir in das „panem quotidianum", „das

[49] Vergl. „Das Wesen der Liebe", Kap. IX.

tägliche Brot" einbeziehen. Selbst die Kirche betet ja in der Allerheiligenlitanei: „a peste, fame et bello, libera nos Domine", „von Pest, Hunger und Krieg befreie uns o Herr!"

Im Evangelium sagt Christus: „Petite et dabitur vobis", „Bittet und ihr werdet empfangen".[50] Also fordert er uns zum Bittgebet auf; und das Bittgebet auch für irdische Güter ist ein erhabener Ausdruck unseres Glaubens an die Allmacht und unendliche Güte Gottes.

Wir betonten ja früher, daß die Verdiesseitigung nicht darin besteht, allen wahren irdischen Gütern eine echte Bedeutung beizumessen, sondern das Schwergewicht von den übernatürlichen Gütern auf die natürlichen zu verlegen. Ich habe in vielen meiner Arbeiten auf die Bedeutung irdischer Güter, die Träger eines hohen Wertes sind im Unterschied von weltlichen Gütern hingewiesen – auf ihre positive Mission uns näher zu Gott zu führen – ohne die Gefahr zu leugnen, die sie für unsere gefallene Natur besitzen, die Gefahr in eine ungeordnete Anhänglichkeit an sie zu verfallen.

Aber all dies setzt voraus, daß keine Verdiesseitigung vorliegt und der absolute Primat des „unum necessarium", des „einen Notwendigen" klar gewahrt ist.

Die nächste Bitte „et dimitte nobis debita nostra, sicut et nos dimittimus debitoribus nostris", „und vergib uns unsere Schuld, wie auch wir vergeben unsern Schuldigern" bezieht sich nicht mehr auf irdische Güter, sondern auf unser Verhältnis zu Gott. Es ist der Appell an die Barmherzigkeit Gottes, der sich auf das Wichtigste auf Erden und für unsere ewige Seligkeit bezieht: Die Vergebung unserer Sünden – das Angewiesensein auf die Barmherzigkeit Gottes, von dem schon der Psalmist sagt: „Si iniquitates observaveris Domine, Domine quis sustinebit" (Ps. 129). Es ist dieselbe Bitte wie im „Confiteor", wenn die hl. Jungfrau und alle Engel und Heiligen um ihre Fürbitte angerufen werden, wie im „Kyrie eleison" – der Appell an die unendliche Barmherzigkeit Gottes. Hier keh-

[50] Lk 11, 9.

ren wir in unserer Bitte wieder zu dem „unum necessarium" zurück. Gewiß, die Vergebung unserer Sünden bildet nicht das Zentrum des „unum necessarium" – denn das ist die „glorificatio" Gottes. Aber sie betrifft das zweite *Urthema* – die „salvatio" des Menschen, seine ewige Seligkeit. Und wenn sie auch erst an zweiter Stelle kommt gegenüber der „glorificatio" Gottes, so gehört sie doch ganz zu dem Übernatürlichen. Die Bitte um die Vergebung der Sünden, der Appell an Gottes Barmherzigkeit bezieht sich eindeutig auch auf das „unum necessarium". In ihr sind nicht, wie in der Bitte um das tägliche Brot, auch alle echten irdischen Güter das Thema, sondern unser ewiges Heil, die „reconciliatio", „die Versöhnung" mit Gott – eine Bitte, die gerade auch der Ausdruck der Liebe zu Gott und unserer Reue über alle unsere Sünden ist.

In dieser Bitte liegt aber auch ein Versprechen, allen denen zu verzeihen, die uns Unrecht getan. Jeder hofft, daß Gottes Barmherzigkeit unendlich größer ist als unsere gegenüber unseren Schuldigern. Unsere Barmherzigkeit ist kein Vorbild für Gottes Barmherzigkeit – aber wir müssen in demselben Atemzug, in dem wir diese Bitte um Vergebung unserer Sünden an Gott richten, den Vorsatz einschließen unseren Schuldigern zu verzeihen – die Bereitschaft es zu tun und das Bewußtsein, daß Christus an vielen Stellen des Evangeliums betont hat, daß Gott uns vergeben und uns beschenken wird in dem Maß, in dem wir verziehen haben und dem Nächsten gegenüber gebefreudig waren. Er mißt dadurch der Tatsache, daß wir barmherzig sind, die allerzentralste Bedeutung zu. Aber in dem „Vater Unser" können wir diese Urbitte um die Vergebung unserer Sünden von unserer Seite aus nicht von unserer Haltung unseren Schuldigern gegenüber abhängig machen. Der Nachsatz „sicut et nos dimittimus debitoribus nostris", – der ein zentrales Element unserer Heiligung bildet – hat mehr den Charakter eines Versprechens, eines Willens, dies zu tun und nicht den eines Vergleichs, und, wie gesagt, nicht eines Vorbilds für die Barmherzigkeit, die wir von Gott erhoffen und um die wir bitten. Diese Worte sind eine Bitte und sogar eine

Urbitte und im zweiten Teil ein Ausdruck unseres Willens, ein Sich-bewußt-Werden, daß die Barmherzigkeit gegenüber unsern Schuldnern eine zentrale Bedingung für unsere ewige Seligkeit ist. Auch hier ist die ewige Seligkeit und unsere Heiligung Thema und vor allem dieses allbeglückende Thema der Barmherzigkeit. „Selig sind die Barmherzigen, denn sie werden Barmherzigkeit erlangen“.

In der Bitte „et ne nos inducas in tentationem“, und führe uns nicht in Versuchung“ kommt dies so zentral notwendige Bewußtsein unserer Schwäche voll zum Ausdruck – sowie das Bewußtsein, daß die erste all unserer Aufgaben darin besteht: Gott nicht zu beleidigen. Hier tritt wieder die Antithese zu aller Verdiesseitigung klar zu Tage. Die Sorge, daß wir in unserer Schwäche Gott beleidigen könnten, das Bewußtsein, daß dies den Primat vor allem andern hat – verbunden mit der Demut, die sich bewußt ist, daß wir mit eigener Kraft diese Aufgabe nicht erfüllen könnten, wird ausgesprochen in der demütigen Bitte, die Versuchung zur Sünde von uns fern zu halten. Zwar sind die Prüfungen, die Gott uns auferlegt aus Liebe, auch mit Versuchungen verknüpft – aber trotzdem hat uns Christus diese Worte in den Mund gelegt. Wir dürfen nicht nur, wir *sollen* diese Bitte an Gott richten. Diese Worte sind ein einzigartiger Niederschlag der Demut, die ja ein zentrales Element der Heiligkeit und eine unerläßliche Vorbedingung für die ewige Seligkeit darstellt.

In der letzten Bitte „sed libera nos a malo“, „sondern erlöse uns von dem Bösen“ ist das Thema wieder vor allem das „malum“ schlechtweg, die Trennung von Gott, die Verdammung – wie ja auch der Priester vor der Kommunion nach dem „Agnus Dei“ betet: „et ne umquani a te separari permittas“ „und laß nicht zu, daß ich jemals von Dir getrennt werde“. Es heißt ja nicht „a malis“, sondern „a malo“. In der Tridentinischen Liturgie wird nach dem „Vater Unser“ gebetet: „libera nos Domine ab omnibus malis, praeteritis, praesentibus et futuris“, „befreie uns, o Herr, von allen Übeln, vergangenen, gegenwärtigen und zukünftigen“. Von den vergangenen Übeln befreit zu werden hat offenbar keinen Sinn, wenn wir unter diesen Übeln irdische Übel verstehen - alle Kreuze, Schmerzen und Leiden. Inwiefern können wir von ihnen befreit werden?

Wenn das „malum" hingegen das sittliche Übel, die Sünde, die Trennung von Gott mit ihren ewigen Folgen bedeutet - dann hat die Bitte „libera nos a praeteritis malis" einen vollen Sinn.

Im „Vater Unser" selbst ist ja nur von dem „malum" im Singular die Rede und diese großartige Zusammenfassung von allem sittlichen Übel, von aller Sünde, von aller Beleidigung Gottes, von aller Trennung von Gott ist ja das absolute „malum" - das zur Verdammnis führt. In dem „libera nos a malo" liegt auch die Bitte um die Befreiung vom Teufel, dem personalen „malum", dem Bösen - es ist die Bitte um Befreiung von dem Reich des Bösen.

Und hier ist der ganze Nachdruck darauf verlegt, daß wir Gott nicht beleidigen, daß wir der ewigen Seligkeit teilhaftig werden - denn das „bonum", das „Gute" schlechtweg für uns ist die ewige Seligkeit und das „malum" schlechtweg - die Hölle, die ewige Trennung von Gott.

So sehen wir deutlich, wie das Gebet, das Christus die Apostel und durch sie alle Christen gelehrt hat, das sprechendste Zeugnis dafür ist, daß die Verdiesseitigung eine eindeutige Antithese zur christlichen Offenbarung bildet, ja der radikale Abfall von Christus ist.

DIE GOTTGEWOLLTE ANTWORT

Und nun erhebt sich wieder die große Gewissensfrage für uns: Was muß unsere Antwort sein angesichts des verwüsteten Weinbergs des Herrn?

Wir stellten diese Frage schon bei der vielleicht zentralsten Verwüstung, der Verfälschung der hl. Menschheit Christi. Jetzt kommen wir auf diese so wesentliche Frage zurück, wobei es sich um die gottgewollte Haltung jedes einzelnen, der die Verwüstung erkennt, diesem gesamten unseligen Geschehen gegenüber handelt.

Es wäre ganz falsch zu sagen: Wenn Gott es zuläßt, so entspricht es ja seinem Willen und wir müssen sprechen „fiat voluntas tua", auch wenn uns diese Verwüstung das Herz bricht. Einer solchen Haltung läge die Äquivokation des Terminus „Gottes Wille" zugrunde[51], von dem wir schon anläßlich des „Pater noster" sprachen.

Wenn Gott etwas in sich Unwertiges zuläßt, den Sieg des Bösen, die Apostasie, Häresien aller Art – so wäre das „fiat voluntas tua" nicht die gottgewollte Antwort, wie schon der hl. Paulus sagt: Gott läßt diese Übel zu, damit wir geprüft werden. Die Vorstellung aber, daß wir, weil er zuläßt, daß Häresien sich ungehemmt verbreiten, nicht gegen sie ankämpfen sollen, sondern ergeben mitmachen – ist eine zutiefst falsche und verderbliche. Sie ist eine falsche Interpretation der Ergebenheit in Gottes Willen.

Die Verwüstung des Weinbergs des Herrn soll vielmehr unseren tiefsten Schmerz auslösen und uns zum Kampf aufrufen

---

[51] „. . . so one errs also in supposing that what happens, for the mere fact that it happens, indicates God's approving consent". („. . . so irrt man auch, wenn man meint, daß das, was geschieht, einfach deshalb, weil es geschieht, Gottes Zustimmung anzeigt.") Kierkegaard, zitiert bei Lowrie, II, p. 551.

gegen das Böse und Gott Beleidigende, gegen die Häresie – mit allen legitimen Mitteln, die uns zur Verfügung stehen.

Eine zweite falsche Antwort wäre die Resignation. Die hl. Kirche befindet sich in einem Zustand der Desintegration. Dies ist ein furchtbarer Schmerz. Aber wie sollen wir diese Desintegration aufhalten? In dieser Haltung der Verzweiflung gibt man die Hoffnung auf ein mögliches neues Aufblühen des Weinbergs auf - man legt die Hände in den Schoß, ja man ist in Gefahr, sich von der Kirche innerlich loszulösen.

Es ist eine große Gefahr, sich durch das Ärgernis des neuen Missale und vor allem das Wegfallen der Tridentinischen Messe so abschrecken zu lassen, daß man glaubt, nun sei man zum sonntäglichen Besuch der hl. Messe nicht mehr verpflichtet. Im Gegenteil: So notwendig es ist, den Geist und die Tendenz, die hinter dieser Veränderung steht – und die, wir können nicht anders als offen sagen, eine Verstümmelung der hl. Messe ist – zu erkennen und darunter zu leiden, so muß unsere wahre Antwort sein: Ein verstärkter Glaube an die leibliche Gegenwart des Herrn und ein größerer Eifer, täglich in die hl. Messe und zur hl. Kommunion zu gehen. Dabei dürfen wir uns nicht durch die neue Formulierung und den Wegfall wesentlicher Gebete von dem ablenken lassen, was *objektiv* da ist: Z. B. im „Confiteor" die Anklage vor Gott und dem ganzen himmlischen Hof, denn objektiv sind unsere Sünden Beleidigungen Gottes und nicht der Pfarrgemeinde und objektiv ist das Eintreten in diese himmlische Öffentlichkeit das Entscheidende.[52]

---

[52] Daß der Priester sich im „Confiteor" in der Tridentinischen Messe an die Gemeinde wandte in dem „et vobis, fratres", „und euch, Brüdern" ist kein Einwand dagegen, daß die Ersetzung der Heiligen im ersten Teil des „Confiteor" durch die Pfarrgemeinde eine unselige Einführung ist. In dem Dialog von Priester und Gemeinde war es sehr sinnvoll, daß der Priester sich auch vor denen anklagt, die seiner geistlichen Sorge anvertraut sind. Auch die Anklage im „Confiteor" im Brevier in den Klöstern hat einen tiefen Sinn, da die Ordensleute im Kloster ja eine Familie bilden, in der sich auch ihr Alltag abspielt.

Man wende auch nicht ein, daß unsere Sünden ja auch ein Unrecht gegen die gesamte Kirche, den „Corpus Christi Mysticum" seien. Denn dies

Padre Pio hat einem Bekannten, der über die Abschaffung des Tridentinischen Missale klagte, geantwortet: Gewiß – aber Christus haben sie uns gelassen, Er ist noch immer gegenwärtig im Tabernakel – das heilige Opfer vollzieht sich noch objektiv!

Daß die Haltung der Resignation nicht die gottgewollte ist, liegt auf der Hand.

Eine dritte falsche Haltung – vielleicht die gefährlichste – wäre die, sich vorzumachen, es läge gar keine Verwüstung des Weinbergs vor – es schiene uns nur so und unsere Aufgabe als Laien sei die, uns in vollkommener Loyalität an alles zu halten, was unser jeweiliger Bischof sagt und uns nicht ein Urteil über all die Dinge anzumaßen, die ich in diesem Buch als Elemente der Verwüstung des Weinbergs des Herrn anführte. Das ist die Haltung, die leider, wie ich vorher erwähnte, gerade von den Bischöfen vorgeschrieben wird, die selbst eine Vogelstrauß-Politik betreiben und denen darum alle, die gegen die Häresien und die Verwüstung des Weinbergs protestieren, als lästige Ruhestörer erscheinen.

Dieser Haltung liegt eine falsche Vorstellung der Loyalität der Hierarchie gegenüber zugrunde. Wenn vom Papst etwas in Bezug auf Glauben und Sittlichkeit „ex cathedra“ erklärt wird – dann ist die bedingungslose Annahme und Ergebenheit von jedem Katholiken gefordert. Aber dieselbe Loyalität auf Enzykliken, in denen neue Thesen entwickelt werden, auszudehnen ist schon falsch. Gewiß, das Magisterium der Kirche reicht weiter als die Dogmen. Wenn es sich um Fragen des Glaubens und der Moral handelt und die Enzyklika an die Tradition der hl. Kirche anknüpft – bzw. etwas ausspricht, was die hl. Kirche immer gelehrt hat – haben wir es auch mit einer Lehre zu tun, die wir demütig empfangen sollen. Das ist der Fall bei der Enzyklika „Humanae Vitae“. Die strikte Unfehlbarkeit wie bei der Definition eines Dogmas liegt nicht vor, aber ihr Inhalt

---

kommt in dem in der Landessprache gesprochenen „und euch Brüdern“ in keiner Weise adäquat zum Ausdruck.

gehört zum Bereich des Magisteriums der hl. Kirche, den wir als wahr annehmen müssen. Aber es gibt viele Enzykliken, die sich auf andere Gebiete z. B. soziologische Probleme beziehen und die eine, durch neue Verhältnisse bedingte Stellungnahme der Kirche bedeuten. So ist z. B. die Enzyklika des großen Papstes Pius XI. „Quadragesimo Anno", die Idee des Ständestaates eine, die mit Enzykliken Pauls VI. über soziologische Fragen differiert. Wenn es sich aber um praktische Verfügungen handelt, z. B. Konkordate, oder die Aufhebung des Jesuitenordens durch Papst Klemens XIV. oder um die Einführung des neuen Missale und die Umgestaltung des Kirchenjahres, die neue Gestaltung der Liturgie, so ist – wie ich an anderer Stelle ausführte[53] – hier der Gehorsam, aber keineswegs die innere Zustimmung verlangt. Es hat in der Kirchengeschichte viele unselige Verordnungen gegeben und praktische Eingriffe von Seiten des Papstes, die von einem anderen Papst wieder aufgehoben wurden. Hier darf man in aller Ehrfurcht diese Verfügung bekämpfen, beten für die Aufhebung derselben und den Papst mit Bittgesuchen überhäufen.

Wenn es sich gar um unsere Haltung zu allen Verfügungen eines Bischofs handelt, so wäre diese Loyalität ein Unrecht in einer Zeit, in der eine „Fünfte Kolonne" in der Kirche existiert, zu der auch Bischöfe gehören und in der auch viele Bischöfe, obwohl sie nicht selbst dazu gehören, doch die öffentliche Meinung mehr fürchten als Gott und darum immer mit dem Strom des Zeitgeistes mitschwimmen oder wenigstens den Kampf gegen die herrschenden Tendenzen nicht aufzunehmen wagen.

Nein, all diese Antworten sind nicht die gottgewollten.

Unsere Antwort muß vielmehr ein Wachstum sein in unserem Glauben, unserer Hoffnung und unserer Liebe. Ist nicht die Verwüstung des Weinbergs ein Aufruf für uns: Gott, Christus und Seine heilige Kirche mehr zu lieben denn je? Ist nicht ein verärgertes Sich-Zurückziehen auch ein Verrat an

---

[53] Vgl. „Una Voce" aus „Triumph", März 1970.

Christus? Ist es nicht gerade *unsere* Aufgabe, die wahre Schönheit des Weinbergs des Herrn zu sehen, die ja objektiv weiter besteht, trotz der Verwüstung?

Unsere Antwort muß also sein: Mit doppeltem Eifer die „glorificatio“ Gottes anzustreben, an unserer Heiligung zu arbeiten und der Verdiesseitigung durch unsere unbedingte Nachfolge Christi entgegenzuwirken.

Gewiß, es ist viel schwerer. Wir sind nicht mehr, wie in der vorkonziliaren Zeit, umfangen von dem Glanz der hl. Kirche. Wenn wir in einer Kirche in ein Hochamt kamen, wie umwehte uns der unbeschreibliche Atem der hl. Wahrheit, wie wurden wir getragen, gestützt in unserem Glauben, wie wurden wir in die Welt Christi hineingezogen. Heute muß unser Glaube ohne diese Stütze, ohne diese Hilfe, allein durch vieles, was eine andere Welt ausatmet, hindurchdringen zu dem unerhörten heiligen Geschehen, zu dem Mysterium der unblutigen Erneuerung des Kreuzesopfers und der Liebesvereinigung unserer Seele mit Jesus in der Kommunion. Aber gerade darum ist die Verwüstung des Weinbergs des Herrn eine Prüfung, eine Stunde der Bewährung unseres Glaubens – ein Aufruf mehr zu glauben, zu hoffen, zu lieben. Aber es ist auch eine Stunde der Bewährung, die eine ganz neue Wachsamkeit fordert. Und damit kommen wir zu einer weiteren notwendigen Antwort: Wir müssen uns bewußt sein, daß unsere Zeit der des Arianismus gleicht und wir immer mit großer Vorsicht darauf achten müssen, daß wir nicht, ohne es zu merken, vergiftet werden. Wir dürfen die Macht der Ideen, die die Luft in einer Zeit erfüllen, nicht unterschätzen, die Ansteckungsgefahr eines geistigen Klimas, in dem wir täglich leben und auch nicht die Gefahr der Abstumpfung durch die Gewohnheit. Am Anfang sieht man vielleicht die Verwüstung des Weinbergs an einer Stelle und reagiert in der richtigen Weise. Aber „gutta cavat lapidem – non vi sed saepe cadendo“, „Steter Tropfen höhlt den Stein“ – nach einiger Zeit schon gewöhnt man sich daran. Dazu trägt noch die Tatsache bei, daß die Verwüstung des Weinbergs ja ein wachsender Prozeß ist und so erscheint uns in einem fortgeschritteneren Stadium der Verwüstung das schon als harmlos, was einem früheren Stadium angehört. Wir werden abgestumpft einerseits durch die Gewohnheit, andererseits durch die Tatsache, daß die Verwüstung fortschreitet und im Lichte der fortgeschrittenen Verwüstung das Frühere harmlos erscheint.

Aber noch schlimmer als die Abstumpfung ist die Anstekkung. Die erste Bedingung, um keinem von beiden zum Opfer zu fallen ist: Uns völlig der außergewöhnlichen Situation bewußt zu sein in der wir heute leben. Der hl. Petrus sagt uns: „Fratres, sobrii estote et vigilate, quia adversarius vester diabolus tamquam leo rugiens circuit quaerens quem devoret", „Seid wachsam, Brüder, denn euer Widersacher, der Teufel, geht umher wie ein brüllender Löwe und sucht, wen er verschlinge" [54]. Diese Wachsamkeit bezog sich noch vor 50 Jahren vor allem auf unsere Versuchungen zur Sünde, auf die Gefahr, Gott zu beleidigen durch Sünden der Unreinheit, des Pharisäismus, des Hochmuts, der Habgier, des Ehrgeizes und des Mangels an Nächstenliebe, auf den Ungehorsam gegen die Gebote Gottes. Gewiß, auch damals bestand die Gefahr der Versuchung durch Geistesströmungen der Zeit, die mit der Offenbarung Christi nicht vereinbar waren – aber diese Strömungen blieben außerhalb der Kirche und es bestand die Gefahr, durch sie von der Kirche abzufallen (was oft genug vorkam). Aber heute entfalten sich diese Geistesströmungen innerhalb der Kirche. Wir hören sie in Predigten und Hirtenbriefen, lesen sie in Büchern weltbekannter Theologen. Da sie sich ungestört entfalten können, ist es für den schlichten Gläubigen viel schwerer, sie in ihrer Unverträglichkeit mit dem „depositum catholicae fidei" zu erkennen.[55] Wir müssen dar-

---

[54] 1 Petrus 5, 8.

[55] Wie groß war mein Erstaunen, als mir eine tief fromme katholische Freundin von ihrer begeisterten Teilnahme an einem Kreis erzählte, der sich die Vertiefung in die Werke von Teilhard de Chardin zur Aufgabe macht. Und sie, die eine gescheite, gebildete Person ist, fand Teilhard herrlich und merkte nicht, wie absolut unverträglich seine Theorien mit

um den Aufruf des hl. Petrus zur Wachsamkeit auch in ganz besonderer Weise auf die Wachsamkeit gegenüber Häresien in der Kirche beziehen. Wir müssen uns ständig vergewissern, ob nicht in neuen Büchern katholischer Theologen, in Predigten Häretisches enthalten ist. Früher war das „Imprimatur" eine große Garantie und erst recht der Index. Aber heutzutage ist es an uns, eine besondere Wachsamkeit zu entwickeln, ein heiliges Mißtrauen, denn wir leben nicht nur in einer verpesteten Welt, sondern in einem verwüsteten Weinberg. Diese Wachsamkeit, diese heilige Furcht vor Ansteckung verlangt Gott von uns in dieser Prüfung.

Es wäre ein Mangel an Demut, wenn wir glaubten, eine Ansteckung komme für uns nicht in Frage. Es wäre eine auf Hochmut beruhende falsche Sicherheit zu glauben, man sei immun.[56] Jeder muß sich seiner Gebrechlichkeit bewußt sein und diese Wachsamkeit als eine Forderung Gottes in der Prüfung, durch die wir gehen, ansehen.

Wir müssen uns nähren mit dem Gedankengut der großen Theologen der Vergangenheit, den Werken des hl. Augustinus, Anselm, Thomas, Franz von Sales und Kardinal Newman. Wappnen wir unsere Seele gegen das Eindringen des Giftes durch das Lesen der von dem Tridentinischen und dem 1. Vatikanischen Konzil ausgesprochenen Verurteilungen von Irrtümern. Lesen wir das „Credo" unseres Heiligen Vaters Paul VI. Schärfen wir unseren Sinn für das spezifisch übernatürliche Ethos durch die Lektüre der Heiligenleben. Bewahren wir den lebendigen Kontakt mit den Heiligen, bitten wir sie um ihre Fürsprache.

Und weiterhin müssen wir mit allen Kräften kämpfen – jeder im Rahmen der ihm gegebenen Möglichkeiten – gegen alle

---

der Lehre der hl. Kirche sind. Es gelang mir aber, sie davon zu überzeugen!

56 „. . . I would maintain that the fear of error is simply necessary to the genuine love of truth". Kardinal Newman „Grammar of Assent". „Ich halte dafür, daß die Furcht vor dem Irrtum einfach notwendig ist für eine echte Liebe zur Wahrheit" (Übersetzung vom Verfasser).

Häresien, die heute ohne erneute Verurteilung, ohne Anathema, ohne Exkommunikation der Häretiker täglich verbreitet werden. Lassen wir uns nicht durch Phrasen über die Einheit der Katholiken hindern, an diesem heiligen Kampf teilzunehmen. Vergessen wir nicht, daß der hl. Franz von Sales - der Heilige der Sanftmut - uns in der „Introduction à la vie dévote" zuruft: „Ich nenne hier vor allem die offenkundigen Feinde Gottes und seiner Kirche; sie muß man offen anprangern, soviel man nur kann. Es ist ein Liebesdienst, laut vor dem Wolf zu warnen, wenn er in die Schafherde einbricht oder sie umschleicht."

Gewiß, zu diesem Kampf gehört auch das Apostolat des Seins - die große Verantwortung jedes Christen vor Gott - nicht nur durch sein Wort, sondern durch sein Sein - manchmal auch ohne Wort - ein Zeuge für Christus zu sein. In diesem Sinn ist jeder Christ zum Apostolat berufen und auch für die Seele des Nächsten mit verantwortlich.

Zu diesem Ethos gehört auch die Rolle der Kontemplation in jedem Leben, die gewiß verschieden groß sein soll je nach der besonderen Berufung, die aber im Leben jedes wahren Christen eine wichtige Stelle haben muß.

Wenn wir uns all dessen bewußt werden, wenn wir die Heiligen betrachten und die unverfälschte Lehre der hl. Kirche, so können wir nicht anders als klar sehen, worin die wahre Erneuerung, Erweckung, Lebendigmachung unseres Glaubens, unseres Lebens als Christen bestehen kann.

Wenn die Antwort, die Haltung, die Gott von uns erwartet angesichts der Verwüstung Seines Weinbergs erstens das besondere Wachstum in Glaube, Hoffnung und Liebe ist und zweitens eine neue Wachsamkeit, nicht angesteckt zu werden und drittens der unerbittliche Kampf gegen die Verwüstung mit allen uns zur Verfügung stehenden Mitteln, so ist es viertens das Bewußtsein, daß die absolute Wahrheit des „depositum catholicae fidei" objektiv unberührt bleibt von all dem Gerede gewisser Theologen. Die Welt, von der die Tridentinische Messe uns kündet, die sie zusammen mit dem Gregorianischen

Choral ausstrahlt, bleibt objektiv die wahre, beseligende, die uns in der Ewigkeit erwartet. Die unfaßbare Heiligkeit und Schönheit der heiligen Menschheit Jesu besteht objektiv trotz aller Versuche der Säkularisierung und Entsakralisierung.

Wir dürfen nie vergessen, daß trotz aller teuflischen Verwüstung des Weinbergs des Herrn die Glorie der heiligen Kirche, der Braut Christi mit der Schar aller Heiligen objektiv besteht – ja die wahre Realität ist. Was sind alle wechselnden Geistesströmungen? Schall und Rauch gegenüber der ewigen Wahrheit, der objektiven Herrlichkeit und Glorie Jesu Christi und der Heiligkeit, die in allen Heiligen Gott verherrlicht. Gewiß, es ist furchtbar, den Weinberg des Herrn verwüstet, die Seelen der unschuldigen Kinder durch grauenvolle Katechismen und sexuelle Belehrung vergiftet zu sehen; wir können nicht genug Tränen vergießen darüber und nicht genügend mit allen Kräften und allen Mitteln dagegen ankämpfen. Aber trotzdem muß auch die heilige Freude in uns erblühen, weil wir wissen, was objektiv das wahre Gesicht der Erlösung ist, weil Gott derselbe Gott ist und bleibt, den uns Christus offenbart und seine heilige Kirche im „depositum catholicae fidei" uns erschließt. Und die wahre heilige Menschheit Christi bleibt dieselbe, von der wir in allen Heiligen einen Abglanz finden.

„Jesu nostra redemptio
Amor et desiderium
Deus Creator omnium
Homo in fine temporum.

Tu esto nostrum gaudium,
Qui es futurus praemium:
Sit nostra in te gloria
Per cuncta semper saecula. Amen."

(Aus dem Hymnus der Vesper an Christi Himmelfahrt)

DIE WERKE DIETRICH VON HILDEBRANDS

Da frühere Werke Dietrich von Hildebrands in diesem Buch nur unter Angabe des Titels zitiert werden, geben wir an dieser Stelle die nötigen bibliographischen Hinweise:

Die Idee der sittlichen Handlung, in: Jahrbuch für Philosophie und phänomenologische Forschung, Bd. III, (Max Niemeyer) Halle 1916, Sonderdruck ebenda 1930.

Sittlichkeit und ethische Werterkenntnis, Halle (Niemeyer) 1921. (Die Wissenschaftliche Buchgesellschaft, Darmstadt, hat 1968 eine Neuauflage dieses Buches erscheinen lassen, 3. Aufl. (Patris-Verlag) Vallendar-Schönstatt 1982).

Reinheit und Jungfräulichkeit, 3. Aufl. (Benziger) Einsiedeln 1950.

Die Ehe, 2. Aufl., (Ars Sacra) München 1958.

Metaphysik d. Gemeinschaft, 2. Aufl., (Habbel) Regensburg 1955, neu erschienen in Bd. 4 der Gesammelten Werke ebenda 1975.

Das Katholische Berufsethos, (Haas/Grabherr) Augsburg 1931.

Liturgie und Persönlichkeit, 3. Aufl., (Styria) Graz 1955. (Eine Neuauflage ist 1989 im EOS-Verlag, St. Ottilien erschienen).

Zeitliches im Lichte des Ewigen, (Habbel) Regensburg 1932.

Sittliche Grundhaltungen, 4. Aufl., (Habbel), Regensburg 1969.

Der Sinn philosophischen Fragens und Erkennens, (Peter Hanstein) Bonn 1950.

Umgestaltung in Christus, 5. Aufl., (Gesammelte Werke Bd. 10), (Habbel) Regensburg 1971.

Christliche Ethik, (Patmos-Verlag) Düsseldorf 1959.

The New Tower of Babel, (P. I. Kenedy & Sons) New York 1953, Reprint (Sophia Institute Press) Manchester, NH 1994.

Die Menschheit am Scheideweg, (Habbel) Regensburg 1955.

Wahre Sittlichkeit und Situationsethik, (Patmos-Verlag) Düsseldorf 1957.

Graven Images, Substitutes for True Morality, (Franciscan Herald Press) Chicago 1976.

What is philosophy?, (Bruce) Milwaukee 1960. Deutsche Übersetzung in Gesammelte Werke Bd. 1, (Kohlhammer/Habbel), Regensburg 1976.

„Der Sinn der Ehe und das Problem der Überbevölkerung“ in „Stimmen der Zeit“, Dezember 1961.
Not as the World Gives, (Franciscan Herald Press) Chicago 1963.
The Art of Living, (Franciscan Herald Press) Chicago 1964, Reprint (Sophia Institute Press) Manchester, NH 1994.
Man and Woman, (Franciscan Herald Press) Chicago 1966, Reprint (Sophia Institute Press) Manchester, NH 1992.
The Sacred Heart, (Helicon Baltimore) Dublin 1965.
Mozart, Beethoven, Schubert, (Habbel) Regensburg 1964.
Über das Herz, (Habbel) Regensburg 1967.
Morality and Situation Ethics, (Franciscan Herald Press) Chicago 1967, Reprint (Oxford University Press) Oxford 1978.
The Trojan horse in the City of God, 1. u. 2. Aufl., (Franciscan Herald Press) Chicago 1967, Reprint (Sophia Institute Press) Manchester, NH 1993. *Das Trojanische Pferd in der Stadt Gottes*, 2. Aufl. (Habbel) Regensburg 1968 und 4. Aufl. (EOS-Verlag) St. Ottilien 1992.
Das Wesen der Liebe, 1. Aufl., (Gesammelte Werke Bd. 3), (Habbel) Regensburg 1971.